RESILIENCE 9

리질리언스
9

RESILIENCE 9

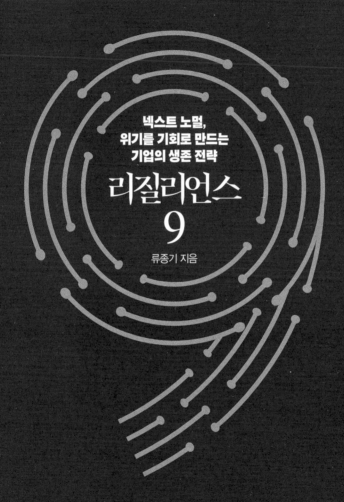

넥스트 노멀,
위기를 기회로 만드는
기업의 생존 전략

리질리언스
9

류종기 지음

ć
청림출판

위기를 기회로 바꾸는
리질리언스 경영

　　'면역immunity'이란 생물이 감염이
나 질병에 대항해 병원균을 죽이거나 무력화하는 작용, 또는 그
상태를 말한다. 유해한 세균이나 바이러스의 침입을 방어하는 면
역은 태어날 때부터 가지고 있는 '선천 면역(자연 면역)'과 감염,
예방 접종 등을 통해 얻는 '후천 면역(획득 면역)'으로 나뉜다. 재
해와 같은 엄청난 스트레스가 닥치면 인체는 즉각적이고 반사적
으로 생존 반응을 하는데, 이는 우리 몸속에 선천적으로 프로그래
밍된 '방어기제', 즉 선천 면역이 작동한 결과다. 여기에 후천적으
로 만들어진 방어기제가 가세하는데, 이런 후천 면역은 경험과 훈
련을 통해 길러진다. 우주비행사, 특수부대원 등 극한 상황에서도
맡은 바 임무를 철저히 완수하는 조직을 훈련하는 전문가들은 공
통적으로 "실제 위협은 준비 수준에 미치지 못한다"고 조언한다.
　　이번 코로나바이러스감염증-19(이하 코로나19) 사태는 그야
말로 세상을 바꾼 사건이다. 어떤 기업에는 단기 생존이 유일한
경영 안건이겠지만, 또 다른 기업은 불확실성의 안갯속을 유심히

들여다보고 있을 것이다. 한 가지 확실한 것은 포스트 코로나 시대의 '넥스트 노멀next normal'은 최근 몇 년간 우리에게 익숙했던 모습과 다른 방식으로 다가올 것이라는 사실이다. 포스트 코로나 시대의 글로벌 비즈니스 환경에서 기업은 생존과 성장을 위협하는 수많은 리스크를 관리하고 위기를 극복하기 위한 '면역 체계'가 제대로 작동하고 있는지 반드시 점검해 보아야 한다.

코로나19 위기를 맞으면서 우리는 공급망, 의료, 공중보건 등 우리 사회의 주요 시스템이 얼마나 취약한지 절실히 깨닫게 되었다. 많은 비즈니스 리더는 앞으로 이런 위기도 잘 극복할 수 있는 기업으로 거듭나겠다고 얘기하지만, 사실 '리질리언스resilience(회복탄력성)'를 어떻게 구축해야 할지 아는 사람은 많지 않다. 리질리언스는 경영대학원에서도 가르치지 않는 주제다. 학교에서 가르치는 대부분의 경영 이론과 방식은 여전히 재무 성과를 관리하는 데 치우쳐 있기 때문이다. 따라서 회복탄력성을 명시적으로 설계하고 측정·관리할 수 있는 기업은 현실 비즈니스에 거의 없다고 해도 과언이 아니다. 세부적으로 들어가기 전에 일단 기업 리질리언스가 왜 중요한지, 그리고 그렇게 중요한데도 그동안 왜 이를 확보하지 못했는지 간단히 정리해 보자.

리질리언스란 무엇인가

리질리언스는 변화하는 환경에서 스트레스를 흡수하고, 중요한 기능을 회복해 성과로 연결하는 회사의 역량을 의미한다. 비즈니스 환경이 점점 더 역동적으로 변하고 예측 불가능해지면서 회복탄력성의 중요성도 커지고 있다. 앞으로 기술 발전의 가속화, 세계경제의 상호 연결성, 불평등의 심화, 자원 고갈과 기후변화 문제 같은 리스크가 비즈니스 시스템을 더욱 압박해올 것이다. 코로나바이러스야말로 대표적인 사례다. 자연을 개발해온 인간들 때문에 이종 간 바이러스 감염 위험이 더 커졌다. 인구 밀집도가 매우 큰 도시 구조는 바이러스의 빠른 초기 발병과 전염을 확산시켰고, 해외여행은 감염병의 전 세계적인 확산을 촉진했다. 그동안 매우 복잡하게 확장되어온 글로벌 공급망도 무너졌고, 경제활동은 대규모로 중단되었으며, 불평등과 사회적 긴장, 그리고 갈등은 더욱 악화했다.[1]

그러나 이번 코로나19는 일회성 이벤트가 아니다. 과거 사스, 메르스, 에볼라바이러스 사태가 향후 피할 수 없는 세계적인 감염병 대유행을 미리 경고했는데, 앞으로 다가올 미래에 또 다른 비슷한 감염병이 언제 발생할지는 아무도 모른다. 또 사이버 바이러스의 확산과 기후변화나 사회적 갈등으로부터 야기될 수 있는 경제, 사회 불안정 역시 앞으로 일어나지 않을 거라고 누구도 장담할 수 없다.

COVID-19

코로나19는 현대 역사에서 인류가 직면했던, 그리고 직면하고 있는 도전 과제 중 가장 어려운 것으로 기록될 것이다. 감염병 대유행이 확산하면서 수많은 생명을 앗아 갔고, 사회·경제·정치 혼란과 불안을 불러일으켰고, 건강 시스템을 무력화했으며, 지정학적 변화를 지속적으로 만들어내고 있다. 국제통화기금IMF은 세계경제가 대공황 이후 최악의 침체에 직면해 있다고 밝혔으며, 옥스팜Oxfam 인터내셔널은 코로나 위기가 전개되면서 5억 명이 빈곤에 내몰릴 수 있다고 경고했다. 전 세계적으로 심각한 파괴적 발병이 된 것을 억제하기 위한 노력이 필사적으로 이루어지고 있다.[2]

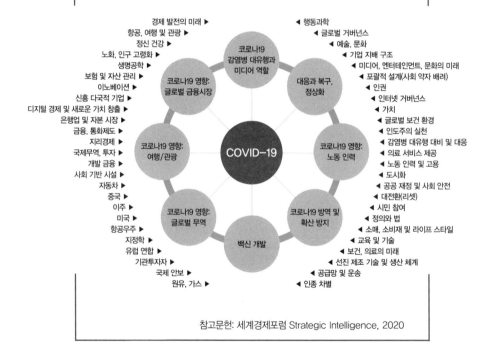

참고문헌: 세계경제포럼 Strategic Intelligence, 2020

리질리언스 관리가 어려운 이유

기존의 기업 경영 방식으로는 다음의 몇 가지 이유로 회복탄력성을 측정하거나 달성하기가 어렵다.

- 기업은 그간 주주 가치를 극대화하도록 설계돼 왔다. 몇 가지 중요한 위험을 단순 공시하는 것 이상으로 회복탄력성을 측정하려고 시도하는 기업은 거의 찾아보기 어렵다.
- 기업과 주주들은 대부분 단기적인 수익 극대화에 초점을 맞추고 있다. 이와 대조적으로 회복탄력성은 중기·장기적 관점으로 보아야 한다. 미래에 지속 가능한 성과를 내기 위해 현재 일정 수준의 효율성 또는 성과를 포기해야 한다는 말이다.
- 대부분의 기업은 인과관계가 명확하고 예측 가능하며 변화가 적을 때 잘 작동하는 안정적인 계획을 만들고 실행하는 데 주력해왔다. 그러나 회복탄력성은 비즈니스에 심각한 영향을 미칠 수 있는 알 수 없는 것, 변화하기 쉬운 것, 예측 불가능한 것, 실현 불가능한 것들을 다룬다.
- 현재 기업자본주의 모델에서 회사는 개별적으로 비즈니스를 최적화하는 경제적 단위로 취급된다. 이런 개념은 경영과 책임을 단순화할 수 있다는 장점이 있는 반면, 서로 다른 이해관계자들 간의 경제적·사회적 상호의존성에 관해서는 설명하지 못한다. 그러나 회복탄력성은 기본적으로 시스템의 속성이다. 공급망 기반, 고객 기반 또는 사회 시스템이 붕괴하는 상황에서 개별 기

업의 회복탄력성은 아무런 의미가 없다.

따라서 회복탄력성을 관리하려면 그간의 경영 방식에 단순히 새로운 아이디어나 솔루션을 접목하는 것 이상의 무언가가 필요하다. 복잡성, 불확실성, 상호의존성, 시스템적 사고 및 중장기적 척도와 관점을 수용하는, 근본적으로 다른 비즈니스 모델이 요구된다. 물론 많은 기업이 이미 특정 유형의 리스크를 관리하고는 있다. 그러나 대부분이 이미 알려진 특정 리스크에 대한 노출과 취약성을 이해하고 최소화하기 위해 노력하고 있는 정도다. 회복탄력성은 예상치 못했거나 파악하지 못한 위험에 대처하고, 비즈니스 환경의 급격한 변화에 따른 스트레스를 흡수하고, 오히려 이런 상황을 유리하게 만들 수 있는 적응과 변혁 방안을 제시해야 한다.

포스트 코로나 시대, 효율성보다 중요한 것

사실, 안정적인 비즈니스 환경 아래에서는 '효율성'이 기업에 가장 좋은 솔루션이다. 그러나 예측할 수 없는 상황이 이어지는 미래에는 '효율성'보다 '리질리언스(역동적으로 변하는 환경 속에서 다양한 위기를 입체적으로 파악하고 빠르게 대응하는 역량)'가 더욱 중요해질 것이다.[3] 이번 코로나19 사태는 발생 가능성이 작아 리스크 담당자는 물론 위험을 살피기 위해 기업이 마련한 '레이더'에도 포착되지 않은 희귀한 사건이다. 그러나 이런 사건은 한번 발생하면 큰 충격과 영향을 미칠 수 있다. 향후 기업이 비즈니스 위기를 극복하기 위해서는 위기 감지력을 극대화하고 예방·대응할 수 있는 역량을 키우는 것이 중요하다.[4]

효율화를 위해서 기업은 소요 비용을 경쟁 업체와 항상 비교하고, 비즈니스 영역별 비용 절감 목표를 설정하고 이를 달성하고자 노력한다. 또는 더 단순하게는 수익성을 원하는 수준으로 높이는 데 필요한 비용 절감 목표를 설정하고 추진한다. 매우 익숙한 모습이다. 어찌 보면 단순한 숫자 계산의 문제처럼 보이고 수익성을 높이기 위해 당연한 문제 해결의 방법처럼 보이지만, 현실은 반드시 그렇지만은 않다.

경쟁사에 비해 수익성이 현저히 떨어지는 항공사 운영 사례를 예로 들어 보자. 항공사 비즈니스에서 가장 중요한 자원이면서 비용 요소인 항공기, 조종사, 승무원의 활용도를 높여 자원 효율성을 업계 최고 수준으로 높이는 방법을 찾는 것이 당연한 해법으로 보일 수 있다. 경쟁사와 비교해 봐도 이러한 항목들이 크게 초과하고 있어 대책은 바로 비용 절감으로 귀결될 가능성이 컸다. 그러나 조금 더 깊이 들여다보니 시스템 전체가 크게 상호 연결되어 있다는 것을 알 수 있었다. 즉 시스템 규모가 커지고 더 연결될수록 복잡성은 증가하며, 이 경우 숨겨진 비용은 통상적으로 예상되는 비용보다 커질 수 있다. 실제로 현장을 조사해 보니 조종사, 승무원 또는 항공기 출발·도착 지연은 각각 시스템 전체에 걸쳐 연쇄적인 서비스 지연을 유발할 가능성이 있다는 것을 알수 있었다. 이러한 연쇄반응에 대비하기 위해 항공사는 여분의 자원(예비 항공기, 예비 조종사 및 승무원, 여분의 게이트 요원 및 정비 요원, 여분의 탑승 게이트 등)을 유지하고 있었던 것이다.

항공기의 출발·도착 및 수속 지연을 유발하는 변동성은 외생적이고 통제할 수 없는 요인들이었고, 여분의 자원은 단지 '사업하는 데 발생하는 비용'으로 여겨졌다. 이러한 여분을 제거하면 계획된 비용이 감소하고 효율성이 향상되지만, 상호의존성과 취약성이 증폭되어 궁극적으로 문제를 악화할 수 있다. 따라서 더 나은 해결책은 근본적으로 시스템 자체를 재편성하여 조종사, 항공기, 승무원 간의 앙상블을 함께 유지함으로써 복잡성과 상호의존성을 줄이는 것이었다. 수치상·문서상으로는 각 자원을 최적 수준으로 줄이는 것보다 효율성이 떨어지는 것처럼 보였지만, 지연과 그로 말미암은 영향에 대한 리질리언스가 향상되어 전체적인 비용 효율성은 개선되었다.

'최적으로 운영할 수 있다optimal is operable'는 가정은 거의 모든 산업에서 당연한 것으로 받아들여지고 있지만, 사실 다음 여러 가정이 반드시 옳다는 것에 근거하고 있다는 점에서 불완전하다.

● 전체 시스템은 부분을 보고 이해할 수 있다.
● 부분을 최적화하는 것이 전체 시스템을 최적화하는 결과를 가져온다.
● 시스템의 역동성은 주어진 것으로, '사업하는 데 어쩔 수 없이 감내해야 하는' 제약 조건이다.

물론 이런 잘못된 가정들도 어느 정도는 이해가 된다. 재무

회계 관점으로 비즈니스를 바라보면 누적 수익과 원가에 초점을 맞추고 있기 때문에, 사실 회복탄력성이나 복잡성을 측정하는 표준 방법이나 지표는 어디에도 없다. 주류 경영학 사고를 뒷받침하는 테일러리스트 접근Taylorist approach(경영자의 직관이나 경험 등 주관적인 요소가 아닌 객관적 수치와 데이터를 바탕으로 경영하는 과학적 관리론)은 복잡한 업무를 더 간단한 것으로 분해하고 각각의 업무를 독립적으로 최적화하고 관리하는 데서 시작되기 때문이다.

그러나 상호 연결의 수가 많고 수요·공급의 변동성이 큰 경우에는 기업에 대한 좀 더 역동적이고 체계적인 관점이 요구된다. 이러한 상황에서 전체 시스템의 움직임은 부분에 대한 분석, 특히 정적 분석으로 파악·반영될 가능성이 높지 않다. 국지적·부분적 동요와 움직임은 예측할 수 없는 비국지적nonlocal 영향으로 변질 가능성이 있다. 디지털화의 영향 중 하나는 기업이 더욱 상호 연결되고 변동성이 순간적으로 전달된다는 점인데, 이는 대상 시스템의 경계를 개별 기업을 넘어 확대해서 바라볼 필요가 있다는 것을 의미한다.

글로벌 리스크

국제연합United Nations, UN은 코로나19가 제2차 세계대전 이후 인류에게 가장 커다란 도전과 위협을 주고 있다고 선언했다. 세계경제포럼World Economic Forum, WEF은 중국이 2020년 1월 코로나19 감염 관련 첫 사망 사례를 보고한지 불과 며칠 지나지 않아 2020년 글로벌 리스크 보고서를 발간한 바 있다.[5] 이 보고서에는 다가오는 기후 재앙과 관련된 당면 과제, 디지털 시대의 사이버 공격 증가, 글로벌 경제의 불확실성 증대 상황 등이 강조되어 있다. 글로벌 리스크 도전 과제가 복합적으로 결합되고 규모가 더 커지는 오늘날에는, 기업을 포함한 사회, 국가의 즉각적이고도 집단적인 행동 조치가 요구된다.

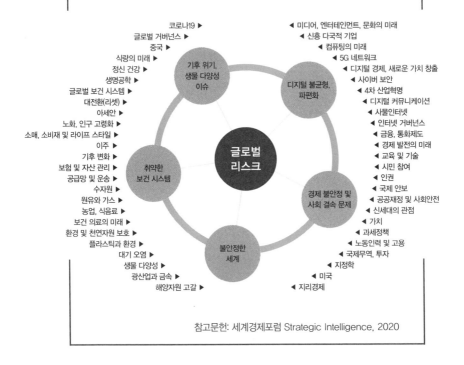

참고문헌: 세계경제포럼 Strategic Intelligence, 2020

불확실한 환경에서의 경영전략, 리질리언스

코로나 사태로 전 세계가 지역·산업별로 각각 다양한 위기 단계에 놓여 있고, 대부분의 글로벌 기업 역시 극단적으로 매우 다양한 상황에서 비즈니스를 운영하고 있는 실정이다. 역경을 이겨내고 포스트 코로나 시대의 생존과 성장을 위해 '다시', '새롭게'를 의미하는 영어의 '리re-'를 부르짖는 외침이 커지고 있다. 리셋reset, 리부트reboot, 리싱크rethink, 리셰이프reshape, 리디자인redesign, 리툴retool 등 재편, 재구성, 재정비를 뜻하는 단어들을 최근 보고서에서 어렵지 않게 볼 수 있다.

보스턴컨설팅그룹Boston Consulting Group, BCG의 조사에 따르면, 1986년 이후 네 차례의 커다란 경기침체와 위기 상황에서도 전체 기업 중 14%는 세전 영업이익과 매출액에서 모두 성장을 일궈냈다고 한다. 물론, 이번 코로나 사태는 많은 면에서 과거의 경기침체와는 다르다. 그럼에도 어떠한 위기 상황에서도 14% 정도의 기업은 침체기에도 성장하고 수익을 늘려 나간다고 해석할 수 있다. 침체기에 더 빠르고 강하게 움직이는 기업들은 장기적 안목을 갖고 위기를 기회로 여기는 경향이 크다.

BCG의 조사 결과를 분석해 보면, 대다수의 기업이 당면한 위기 대응에 급급한 반면 일부 기업은 새롭게 부상하는 장기적 기회를 보고 실행하고 있음을 알 수 있다. 중대한 위기 상황에서도 추진력으로 대담하게 극복해 나가는 기업들이 결과적으로는 더 나은 성과를 낼 가능성이 크며, 이러한 전략적 행보를 가능하게 하는 기업의 역량이 바로 리질리언스다.

먼저 제1부에서는, 다가오는 역동적인 비즈니스 환경 변화의 흐름과 맥락을 정리해 보고 최근 코로나 사태와 관련하여 얻을 수 있는 경영전략적 교훈을 짚어 본다.

제2부에서는, 불확실성과 예측 불가능성이 어느 때보다도 커진 극한 비즈니스 환경에서 실질적인 '리질리언스'란 무엇이고 어떻게 실천하고 강화할 수 있을지를 WEF 〈글로벌 리스크 보고서〉에서 제시한 '9가지 리질리언스 렌즈'와 '기업 리질리언스 실천을 위한 9가지 액션 플랜'을 통해 살펴본다. 풍부한 기업 사례를 소개하여 좀 더 실질적으로 접근할 수 있는 내용을 제시한다.

통상 '리질리언스'를 말할 때, 개인은 물론 조직에서도 목표 달성을 위해 끝까지 식지 않는 열정, 또는 실패와 역경에 굴하지 않고 계속해서 노력하는 끈기 등을 이야기한다. 그리고 전문가들조차 결국 그것이 '성과와 성공을 좌우하는 비결'이라고 말하며 결론을 맺는 경우가 많다. 그러나 기업의 리질리언스란 그렇게 두리뭉실한 것이 아니다. 매우 실질적이고 지속적으로 학습하고 실천해야 하는 과제를 포함하고 있다는 것을 강조하고 싶다. 특히 다음 세 가지를 염두에 두고 이 책을 본다면 기업에서 리질리언스가 왜 중요한지 이해하는 데 더욱 도움이 될 것으로 확신한다.

◆ 리질리언스는 위기에 대한 경계심과 내재된 즉각적 대응력, 유연함 덕분에 예기치 못한 사건을 신속하고 효과적으로 감지

하여 대응할 수 있도록 해준다.

◆ 리질리언스는 감지, 예방, 대응이라는 리스크 관리 차원에서 준비를 통해 얻을 수 있으며, 이것으로 기업은 위기의 충격과 영향을 최소화할 수 있다.

◆ 리질리언스는 블랙 스완black swan, 파괴적 혁신과 같은 비즈니스상의 중대한 변화가 발생할 때도 기업에 대응할 수 있는 기회를 제공하고 경쟁사와 차별화된 전략적 행보를 가능케 한다.

전대미문의 사태에 직면하여 이를 극복해 나가야 하는 지금, 리질리언스가 효율성보다 중요한 이유를 다시 한번 생각하며, 이 책이 불확실성 시대의 위기 경영 방안을 재점검해보는 계기가 되기를 기대한다.

차례

1부.
포스트 코로나 시대의 새로운 미래, '넥스트 노멀'

1장. 코로나 시대, 그 이후

2장. 코로나19 위기에서 배우는 경영전략

2부.
극한 경영 환경, 생존과 성장 전략
'리질리언스'

3장. 리질리언스 프레임워크 9

4장. 기업 리질리언스 실천 액션 플랜 9

나가며

포스트 코로나 시대의 새로운 미래, '넥스트 노멀'

- 코로나 시대, 그 이후
- 코로나19 위기에서 배우는 경영전략

원격, 분산, 유연 근무	초연결성 비즈니스 환경, 시스템적 사고로 대응하라
	회복탄력성을 고려한 설계와 관리 방안을 마련하라
네트워크, 팀워크, 민첩성	긴박감을 조성하고 안일함에서 벗어나라
저스트 인 케이스(만약 대비)	커뮤니케이션 정체 상태, 비효율을 해결하라
	빠르게 변화하는 환경에 전략을 맞춰 대응하라
불확실성 장기화 대비	순차적이 아닌 여러 시간 척도를 동시에 고려하라
지속가능성, ESG 부상	비선형적 위기 대응, 빠른 학습능력을 키우고 경쟁하라
	수동적·방어적 자세에서 벗어나 역경 속에서 유리함을 탐색하라
컨택트 프리 경제로 진입	새로운 태도, 패턴에 대응하는 상상력을 키워 경쟁하라
비즈니스 재편, DT 가속화	문제 해결의 주도적 역할자로 협업 솔루션을 준비하라

극한 경영 환경, 생존과 성장 전략 '리질리언스'

- 리질리언스 프레임워크 9
- 기업 리질리언스 실천 액션 플랜 9

**기업 리질리언스
실천 액션 플랜 9**

R1. 당연한 것을 다시 한번 생각하라

R2. 경계심과 긴박감을 지속적으로 유지하라

R3. 가속도와 모멘텀을 항상 고려하라

R4. 핵심 연결성을 고려하고 관리하라

R5. 잠재적 실패를 미리 예상하라

R6. 정보를 거듭 확인하고 입증하라

R7. 안전 마진을 설계하고 확보하라

R8. 다양한 시간 척도를 설정하고 계획하라

R9. 계산된 위험은 충분히 감수하라

포스트 코로나 시대의
새로운 미래,
'넥스트 노멀'

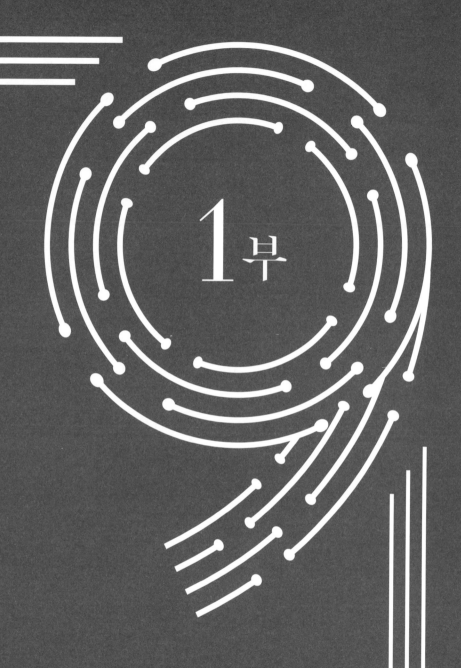

1부

RESILIENCE 9

RESILIENCE

1장

코로나 시대,
그 이후

앞으로 무엇을
할 것인가

　　　　　　　　"인생은 짧고 예술은 길다." 우리
에게 너무나도 유명한 이 말은 고대 그리스의 의사이자 철학자인
히포크라테스의 명언이다. 사실 잘 알려져 있지는 않지만 히포크
라테스의 이 명언 뒤에는 다음과 같은 말이 이어 나온다. "기회는
순식간에 달아나고 오롯이 경험에만 의존할 수밖에 없으니 판단
은 더욱 어렵기만 하다." 2000년 전 고대 그리스의 석학 히포크
라테스의 근심은, 현재 더욱 커져가는 불확실성 아래에서 비즈니
스를 해나가는 기업 CEO들의 심정과 크게 다르지 않아 보인다.

　　'앞으로 어떻게 될 것인가?' 현재 모두가 가장 궁금해하는 질
문일 것이다. 불과 몇 달 전 우리가 생각했던 것과는 다른 미래가
전개되고 있고, 지금도 진행 중이다. 포스트 코로나 시대에 기업
은 이전에 통했던 경영 방식과 앞으로의 성공을 위해 필요한 방
식 사이에서 균형을 찾아야 한다.

　　이 책에서도 기업 리질리언스 전략으로 바로 들어가기 전에
먼저 전 세계 비즈니스 리더들이 지목하고 있는 '넥스트 노멀'을

형성할 커다란 변화의 흐름을 살펴보고자 한다. 최근 글로벌 경영 전략 컨설팅 회사들이 앞다투어 제시하고 있는 포스트 코로나 대응 전략을 전반적으로 살펴보며 무엇을 멈춰야 하고, 새롭게 시작해야 하는 것은 무엇인지, 그리고 더욱 가속해야 할 것은 무엇인지, 즉 기업의 넥스트 노멀 실행 전략1을 먼저 다음과 같이 정리해 보았다.

직장에서 시간 때우기에서 벗어나 효과적 원격 근무 실천으로

코로나19로 인해 시행된 갑작스러운 원격 근무에 사람들이 별 탈 없이 적응하고 있는 것에 대해 안도하고 있는 비즈니스 리더가 많다. 동시에 직장 동료들과 휴식시간에 커피를 마시며 잡담을 나누던 2020년 1월 무렵의 예전 모습에 대한 향수도 가지고 있지만, 이제 그 시절은 지나갔다. 기업이 원격 근무에 과하게 의존할 위험도 존재한다. 여전히 기업 업무 가운데 70% 이상은 원격으로 이루어질 수 없기 때문이다. 사실 원격 근무가 업무 훈련, 인력 충원, 생산성 저하 같은 오늘날의 직장 문제에서 만병통치약은 아니다.

원격 근무란 직원들에게 노트북 컴퓨터를 주는 것 이상을 의미한다. 사무실에서의 근무 형태와 리듬을 모두 재현하기란 어렵다. 그러나 통상적인 업무 관련 규범, 이를테면 일단 퇴근하여 사무실을 떠나면 기본적으로 그날의 업무는 종료라는 상호 이해는 중요하다. 원격 근무 형태가 지속 가능하려면 임직원들이 이러한 경계를 만들도록 회사가 도와야만 한다. 사무실 복도에서 마주치며 이루어졌던 상호작용은 사실 원격 근무 형태에서는 거창한 화상회의가 아니라 간단한 전화 통화로도 처리될 수 있다. 또한 업무 조직별로 '집중 근무시간'을 정하거나 업무 시간 관리를 어떻게 하는 것이 효과적일지 팁을 공유하며, 특정 시간 이후에는 회사 이메일을 보내도 답변을 받을 수 없다는 것을 공식화할 필요도 있다.[2]

협업, 유연성, 포용성 그리고
책임 투명성 실천의 가속화

협업, 유연성, 포용성, 책임 투명성과 같은 가치는 많은 기업이 이전부터 생각해왔던 것들이며, 어느 정도 성과를 내왔다. 그러나 코로나 사태로 말미암은 거대한 변화는 이러한 가치들을 더욱 촉진하고 가속하고 있다. 사무실에서는 통상 필요에 따라 회의실에 모이고, 관리자는 항상 자리를 지키고 있으며 기술자들도 지원을 위해 대기하고 있다. 그뿐 아니라 업무상 유용한 비공식적 행동들도 있는데, 조직 내에서 특정 그룹만이 참여하는 네트워크가 자발적으로 형성되기도 한다. 관리감독관이 사무실 현장 내에서 감시하는 책임 투명성 역시 존재한다. 원격 근무가 병행되는 상황에서 유사한 비공식적 상호작용을 구축해 볼 가치는 있다. 콘퍼런스를 주최하고 웹 캐스팅 서비스를 제공하는 TED 콘퍼런스의 경우, 가상공간을 구축한다. 이 가상공간은 사람들이 모여 있지 않지만 혼자 떨어져 있다는 느낌을 줄여 준다. 소프트웨어 회사 자피어 Zapier는 사무실 복도에서 지나가다 마주칠 수 없는 원격 근무 상황에서도 임직원들이 서로를 알 수 있도록 무작위로 비디오 페어링이 되게 하고 있다.

데이터에 기반한 원격 업무 수행에 대한 인사 평가가 눈에 보이는 가시성에 기반을 둔 기존의 성과 평가 방식에 비해 오히려 직원들의 기여도를 더 밀접하게 볼 수 있다는 증거가 있다. 이러한 시스템으로 전환하면 앞으로 직원들의 다양성과 능력을 더 잘 끌어낼 수 있을 뿐 아니라 이들을 더 행복하게 하는 데도 기여할 수 있다. 예를 들어, 원격 근무는 통근이 필요 없기 때문에 장애인들이 더 쉽게 업무에 접근할 수 있다. 근무 유연성은 (특히 한부모 가정에서) 아이나 노인 또는 환자를 돌봐야 하는 사람에게도 큰 기회와 도움이 된다. 게다가 원격 근무는 기업에도 훨씬 더 넓은 층의 인재를 끌어들일 기회를 줄 수 있다.

THINK

지금 우리에게 필요한 '팬데믹 플랜'은?

세계경제의 상호연계성이 어느 때보다 커지면서 여러 형태의 전염에 대한 취약성도 점점 높아지고 있다.[3] 금융이나 보건 문제를 포함해 전염성 강한 이벤트들은 흔히 인적 네트워크와 밀접히 연결된 공급망을 통해 확산된다.

특정 지역에서 발생하는 자연재해, 산업재해, 테러 공격으로 인한 비즈니스 중단과 달리, 이러한 종류의 글로벌 위기는 여러 국가와 다양한 산업에 거의 동시다발적으로 큰 충격과 영향을 끼친다. 특히 금융·보건 이슈는 사람들의 공포심 때문에 그 영향이 더욱 빠르게 퍼지고, 수요 감소뿐 아니라 공급과 가격에도 큰 문제를[4] 일으킨다. 글로벌 위기를 피해갈 수 있는 나라나 기업은 없다. 그리고 그중 약하고 덜 준비된 기업일수록 더 큰 고통을 받게 된다.

2020년 1월 스위스 다보스에서 열린 세계경제포럼에서 발표한 글로벌 리스크 보고서에서도 주목해야 할 10대 리스크로 감염병 대유행이 강조되었다. 보고서에 따르면, 감염병 리스크는 발생 가능성은 작지만 일단 발생하면 엄청난 경제적·사회적 영향을 미친다는 전형적인 특징을 지닌다. 또한 최근 195개국을 대상으로 최초의 종합 보건 안전 대응 능력을 평가한 결과, 근본적인 약점들이 발견되었다. 즉 감염병을 통제할 준비가 완전한 나라는 없으며, 감염병 대유행과 같은 위기의 집단적 취약성은 계속 증가하고 있는 것으로 나타났다.

감염병 발생은 통상적으로 제1단계(해외 발생기), 제2단계(국내 발생 초기), 제3단계(감염 확대기, 만연기, 회복기)를 거쳐 제4단계(소강기)에 이른다. 우선 기업은 감염병 대유행과 같은 이벤트에는 일반적인 재해·재난과 다른 특징들이 있다는 것을 이해하고, 이에 맞춰 대응 전략을 세워야 한다.

● 첫째, 영향을 미치는 기간. 지진, 홍수, 대형 화재 등의 재해는 며칠 또는 심하면 몇 주간 기업 업무 수행에 영향을 줄 수 있다. 그러나 감염병 대유행은 한번 유행하면 최소 8주 이상 지속하는 경우가 많으며, 감염 확대기, 만연기, 회복기를 거치더라도 소강기 이후 제2파, 제3파 등으로 몇 차례 대유행이 지역을 옮겨가며 반복될 수 있다.

● 둘째, 피해 대상. 일반적으로 재해가 발생하면 건물·장비·시스템·네트워크·물자 등 물리적인 자원 손실이 피해의 대부분인 데비해, 감염병 대유행은 직접적으로 인적 자산인 임직원 피해가 가장 크다.

● 셋째, 피해 범위. 재해가 발생하면 보통 특정 지역에 극심한 피해를 입히기 때문에 동일 재해권이 아닌 대체 사업 장소 등을 활용하여 업무를 재개할 수 있다. 반면, 감염병 대유행의 경우에는 상대적으로 광범위한 지역에 영향을 미칠 수 있어 다른 거점의 업무 지역이나 대체 인력을 활용할 수 없고, 따라서 정상 상태로 업무를 복구하기가 매우 어려울 수 있다.

● 넷째, 업무 정상화의 어려움. 업무 연속성 계획Business Continuity Planning, BCP이 도입된 기업은 재해가 발생하면 업무 중단 시간이 고객 접점에 있는 주요 비즈니스는 빠르면 수시간 정도에, 지

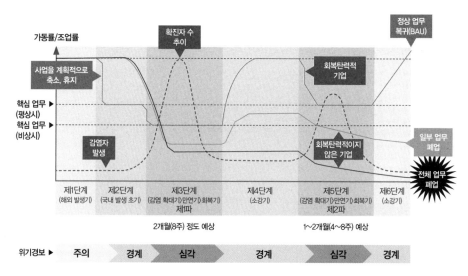

● 핵심 업무: 전면적인 업무 중단 시 빠른 시간 내에 복구되지 않는 경우 경영 유지와 존폐를 좌우할 수 있는 업무/프로세스 등을 의미한다. 예: 대고객 서비스, 자금 운용(금융기관/서비스), 주요 생산공정(제조업), 사회 기능 유지 서비스(공기업의 경우).
● 2개월 정도의 유형이 소강기 이후 제2파, 제3파 등으로 2~3회 정도 반복될 가능성도 있어 전체적으로 영향이 상당히 장기화할 경우에 대한 대비도 필요하다.
● BAU: Business As Usual

RESILIENCE

원·기획 업무는 수일 내에 정상화되는 것이 일반적이다. 그러나 감염병 대유행 상황에서는 영향 지속 기간이나 범위 등의 특성으로 업무 재개 우선순위가 밀리는 비즈니스가 몇 개월씩 중단된 상태로 계속되면서, 결국 빨리 복구된 중요 비즈니스에도 지장을 주어 업무 중단 비즈니스가 추가로 속출할 수 있다.

● 다섯째, 사회 재난의 특성. 일반 재해라면 업무 영향 분석Busi-ness Impact Analysis, BIA에 따라 기업이 수행하는 여러 비즈니스 중 복구 우선순위를 미리 매겨 준비한 순서로 업무를 정상화하면 된다. 그러나 감염병 대유행 시기에는 임직원과 고객을 포함한 회사의 주요 이해관계자로 감염이 확산하고 사태가 장기화하는 경우, 사회 재난이라는 특수성으로 기업 경영에서 지역사회에 대한 사회적 책임 문제까지 고려해야 한다. 따라서 지속되어야 하는 비즈니스와 중단된 상태로 일정 기간 계속되어야 하는 비즈니스를 판단해야 하는 상황까지 고려할 필요가 있다.

기업은 이러한 특징을 기반으로 효과적인 팬데믹 대응 계획을 수립해야 하며, 다음의 구성 요소들을 고려하여 그 대응 계획을 실행에 옮겨야 한다.5 감염병 대유행이 발생하면 CEO는 사내 공지를 통해 현 비상 상황을 모든 임직원이 인식하게 하고, 비즈니스 연속성을 위한 방침·방향성·목표를 명확히 하여, 업무 우선순위 선정 원칙 등을 업무 연속성 정책 등의 형태로 우선적으로 공표해야 한다.

1. 계획과 절차를 마련한다. 감염병 대유행 대응에 특화된 실행

계획과 절차를 마련하고, 기존 비상 계획과 연계한다.

2. 핵심 기능을 정의한다. 중단 없는 연속성 확보가 절실한 비즈니스 조직·업무·시스템 관련 업무에 대한 정의, 복구 우선순위화, 필요한 자원의 확보(공급망 안정화 포함)를 명확히 해 둔다.

3. 권한 위임과 승계 체계를 수립한다. 기업 전략 관련 주요 의사 결정을 위한 비상대책위원회 운영체계를 마련한다. 책임, 리더십, 거버넌스의 연속성 확보를 위해 지역적으로 분산된 업무 승계 체계를 마련하고 유지한다.

4. 대체 업무 운영 시설을 마련한다. 본사 등 주 업무 장소를 사용할 수 없는 상황을 대비하여 대체 장소, 원격 근무 체계, 관련 시스템을 구성한다.

5. 커뮤니케이션 채널을 수립한다. 전사 조직 관점에서 대내외 주요 이해관계자(고객 포함), 핵심 조직과의 의사소통과 지원 요청 등을 가능케 하는 비상 연락망 등 통신 채널을 유지하고 정보를 파악한다. 그리고 이를 통제할 수 있는 비상 운영 센터Emergency Operation Center, EOC를 수립한다.

6. 주요 문서와 데이터를 관리한다. 업무 전면 중단을 가정하여 핵심 업무 복구를 위해 반드시 필요한 정보와 자료를 백업하고 분산하여 보관하는 등 관리 체계를 수립한다.

7. 인적 자원을 관리한다. 비상 상황에서 핵심 업무 재개를 위한 백업 요원 확보, 구성원 안전 보호, 건강 유지, 감염 시 치료(심리치료 포함) 등의 복지 측면까지 고려한 HR 대응 계획을 마련한다.

8. 통제와 지시의 이양 및 이전 방안을 마련한다. 인력 손실이 큰

경우 담당 업무 이전이나 통제, 리더십의 이양·교체 등에 대한 방안을 마련한다.

9. 교육·훈련 및 테스트 체계를 마련한다. 내부 구성원을 비롯한 주요 이해관계자가 참여하는 대응 체계, 복구 테스트 수행 체계, 핵심 역할을 하는 담당자와 관리자를 대상으로 하는 교육·훈련 체계를 수립한다.

10. 복구 및 정상화 활동 계획을 수립한다. 위기가 지나간 뒤 핵심 업무 복구를 중심으로 정상화 및 복귀 단계에 대한 활동 계획을 수립한다.

11. 추가 실행 계획을 마련한다. 감염병 대유행 장기화에 대비한 재무적 영향과 자금 확보 관점에서 지속적 점검(현금 및 재고자산, 보험 및 차입 가능 한도, 자기 자본 상황 등), 공급망 안정화를 위한 대책 마련(안전 재고, 대체 조달원을 활용하고 공급·조달 업체들과 협력한다), 기업의 사회적 책임을 이행한다(시민으로서 공급망, 산업, 지역사회와 정부, 지자체 이해관계자 등과 협력하여 위기 극복 활동에 동참한다).

예측 불가능성과 불확실성이 어느 때보다도 커진 비즈니스 환경에서 기업은 감염병 대유행이 빠르게 진정되는 상황을 바라되 혹시 모를 최악의 상황까지 고려한 팬데믹 계획을 만들고 대비해야 한다. 앞에서 살펴보았듯이 팬데믹은 영향 기간, 대상, 범위 등에서 그 어떤 재해·재난보다 충격이 길고 크고 광범위하다는 특징이 있다. 따라서 사회적 재난이라는 특수성과 개별 기업의 관리 및 통제 범위를 넘어서는 상황으로 인해 통상적인 업무 연속성 계획만으로는 효과적인 대응이 쉽지 않을 수 있다. 그러나 감염병 대유행의 주요 특징과 발생 단계별 예상 이슈 및 기업에 미치는 영향을 이해하고 기업 특성에 맞는 대응 조치를 취한다면, 절대 이겨내지 못할 위기는 아니다.

부서 간 소통 단절에서 벗어나
네트워크, 팀워크 조직으로

보통 회의를 소집하면 여러 부서에서 온 참석자들이 모여 모두 자기 부서와 업무 영역을 방어하는 데 대부분의 시간을 보내며, 결국 몇 시간이 지나도 제대로 결정되는 일이 많지 않다. 그러나 코로나 사태로 공동의 목표와 긴박감이 있는 상황에서 팀이 구성되어, 정말로 필요한 인원이 모여 회의를 진행하면서 참석자들이 각자 영역 다툼은 제쳐 두고 문제를 해결하기 위해 서열보다는 전문 지식에 의존하며 빠르게 움직이는 상황을 요즘 우리는 보게 된다. "모두 힘내자!"와 같은 구호는 장기적인 팬데믹 상황에서 지속되기 힘들다. 그러나 커다란 위기 상황에서도 성과를 내는 방법은 분명 있으며, 이를 찾아내는 기업이 얻는 혜택은 매우 클 것이다. 2008년 글로벌 금융위기 당시 실적에서 5위 안에 든 기업은 동종 기업에 비해 약 20%p나 앞섰다고 한다. 금융위기가 지나가고 8년 후 이들의 실적 우세는 150%p 이상으로 벌어졌다. 결국 더 일찍, 더 빨리, 그리고 더 결정적으로 움직이는 기업이 크게 성공한다는 것이다.

'민첩성agility'이란 전략, 구조, 프로세스, 조직 구성원, 기술을 신속하게 재구성하여, 기업 가치의 창출과 보호를 향해 나아가는 능력으로 정의된다. 맥킨지의 글로벌 설문 조사에 따르면, 민첩한 조직은 그렇지 못한 조직보다 월등히 우수한 성능을 보였지만 현실에서 민첩한 변신과 전환을 실행하는 조직은 매우 적었다. 이번 코로나 위기로 더 많은 기업이 민첩해질 수밖에 없었고, 실제로 긍정적인 결과를 내고 있다. 민첩한 기업은 조직이 작게 분산되어 운영되며 상명하달식, 지휘 통제 방식의 의사 결정에 덜 의존한다. 현장에서 그날그날의 의사 결정을 가장 잘하는 '민첩한 팀'을 구성한다. 민첩한 팀은 통제할 수 없는 팀이라는 의미가 아니며, 이들이 가진 정확하게 명시된 결과를 추적하고 측정하는 책임 투명성은 유연성만큼이나 중요한 팀의 특징이다. 결국, 핵심은 적임자가 의사 결정을 내리고 실행할 수 있는 적절한 위치에 배치되어야 한다는 것이다.

한 가지 원칙은 많은 기업이 위기 상황에서 좀 더 수평적인 의사 결정 구조를 채택해야 한다는 것이다. 그래야 더 빠르고 유연하게 움직일 수 있다. 지휘 계통을 따라 위로 보고되었던 많은 의사 결정이 이제는 훨씬 더 낮은 계층 구조에서 결정되고 있고, 효과적으로 평가받고 있다. 예로, 한 금융정보 회사는 코로나19 상황이 악화됨에 따라 전통적인 정보 출처가 가치를 제공하지 못하고 있다고 판단했다. 따라서 소규모 팀을 구성하여 종이에 우선순위를 정의하고 새로운 종류의 데이터를 고안했는데, 이전 데이터보다 고객들과 더 자주 공유되고 있다. 이는 새로운 조직 패러다임을 보여주는 좋은 예시로, 특히 정보가 고르지 않고 복잡한 경우 권한 분산과 속도가 핵심 요소가 된다.

또 하나는 분리된 단위보다는 시스템, 생태계(즉 모든 부분이 어떻게 서로 잘 맞는지)를 생각하는 것이 중요하다. 공급업체, 협력 업체, 판매업체, 주요 고객 등으로 구성된 건강한 생태계를 갖추고 있는 기업은 단순 거래를 넘어 신뢰에 기반을 둔 관계로 이루어져 있기 때문에, 위기 상황에서 그리고 위기 이후에도 계속 협력하는 방법을 같이 찾아 나갈 수 있다.

마지막으로, 민첩성은 데이터 분석 역량에 기초하지 않는다면 그저 단어에 불과하다. 기업은 당면 과제에 대한 해답의 기반을 도출하기 위해 애널리틱스analytics(데이터 전문 분석) 역량을 개발하거나 가속해야 한다. 이러한 능력을 활용하기 위해 기업은 직원들에게 새로운 기술을 습득하라고 요구해야 한다. 항상 배우는 조직은 늘 개선될 여지가 있기 때문이다.

THINK

선제적·탐지적·대응적 기민성을 가져라

자연재해, 거시경제 상황의 변화, 급격한 소비 수요 혹은 생산능력의 감소 등 기업이 항상 갖고 있는 운영 측면의 리스크에 대해 경영자는 미리 준비하기보다는 관망적인 자세를 취하기 쉽다. 특히 본인의 임기 중에 성과가 날지 안 날지 모르는 리스크 대응 능력 확보에 돈을 쓰고 싶어 하지 않는 경우가 많다. 그러나 운영의 기민성을 확보하는 것은 단순히 위기 회피용이 아니라 경쟁사보다 앞서 나갈 기회를 확보하는 측면에서 봐야 한다. 수요 하락의 리스크를 완화할 뿐 아니라 수요 상승을 예측하고 대응하는 능력을 키우는 것도 중요하다.[6]

기민성을 전사적인 주제로 다룸으로써 기업들은 직무 간 단절을 극복하고 조율된 초부서적cross-functional 행동을 통해 대응 능력을 개선할 수 있다. 기민성에 대한 체계적인 접근 방식은 다음과 같은 네 가지 단계로 구분된다.

첫 번째 단계, 불확실성을 이해하고 우선순위를 부여한다. 많은 조직은 불확실성의 원천을 정량화하려는 시도조차 하지 않는다. 기민성으로 가는 첫걸음으로 산업, 시장, 운영 여건에 맞게 리스크와 기회의 목록을 작성해야 한다. 그다음으로는 사건의 발생 가능성, 그리고 잠재적 영향의 크기를 추정하여 이 목록에 우선순위를 부여한다. 이로부터 실행할 목록을 작성하고 효과적인 모니터링 및 대응 메커니즘을 마련한다. 이 과정에서 기업의 성과에 다양한 결과를 초래할 수 있는 3~5개의 우선순위 리스크 또는 기회가 정의된다.

예컨대 구매 기능에 대해서는 다음과 같은 불확실성을 고려해야 한다.

● 시장 가격의 변동성: 원료 가격, 환율, 에너지 비용, 인플레이션 등

● 외부 사건에 기인하는 불확실성: 원자재 희소성, 자연재해, 정치적 위기, 규제 등

● 공급업체의 불확실성: 부도, 컴플라이언스(규제 준수), 품질, 생산능력 등

● 수요 단계의 불확실성: 변화하는 소비자의 선호도에 대한 대응, 투입 재료의 변화 등

두 번째 단계, 현재의 기민성 상황을 평가한다. 일단 리스크와 기회의 우선순위를 파악하고 나서는 이를 다룰 수 있는 회사의 현재 능력을 평가한다. 최선의 대응을 하려면 여러 직무 간에 조율된 행동이 필요하다. 이를테면 특정 제품에 대한 수요 대응 능력을 개선하기 위

해서는 공급이 부족한 부품에 대한 의존도를 줄이는 방향으로 디자인을 변경하고 제품 믹스(한 기업이 생산하는 모든 제품의 배합)의 신속한 변경이 가능하도록 제조 설비를 바꿔야 한다. 영업부서의 행동 역시 중요하다. 일부 시장에서 특정 제품 의존도를 줄이기 위해 대체 제품을 장려하는 등 영업 차원의 행동이 필요하다. 어디에서 기업이 대응해야 하는지를 이해하기 위해서는 우선순위가 높은 리스크와 기회, 이들에게 영향을 주는 요소들, 그리고 그 요소를 활용할 수 있는 현재의 준비 수준을 파악하고 우선순위를 부여하는 '히트맵heatmap'을 작성할 것을 권한다.

세 번째 단계, 어디에서 어떻게 기민성을 강화할 것인지 결정한다.

● 선제적 기민성: 불확실성의 잠재적 영향을 줄이거나 대응 능력을 개선하기 위해 사건이 발생하기 전에 마련하는 요소들이다. 여기에는 특정 부품을 자체 생산할지 아니면 외부에서 구매할지에 대한 결정, 공급업체 에너지 효율 의사 결정, 단일 또는 복수 공급업체로부터의 조달 같은 전략적 의사 결정이 포함된다. 또한 원료 가격의 일시적 하락으로 생기는 이점을 확보하기 위해 안전 재고 또는 추정 재고를 마련하는 등 보유 재고의 수준과 입지를 선택하는 것도 여기에 포함된다. 그 밖의 핵심적인 선제적 전략으로는 공급업체 행위규범codes of conduct 및 윤리 기준, 해당 규범의 준수 여부 검토 및 감사, 주요 공급업체의 역량을 개선하기 위한 공급업체 발전 프로그램 등이 있다. 선제적 기민성의 또 한 가지 핵심 요소는 원료 조달 리스크를 줄이는 방향으로 제품 디자인, 프로세스 및 사양에 변화를 가하는

것이다. 상이한 원료 유형 간 전환 역량을 확보함으로써 특정 시점에 가장 비용 효과적인 소스를 활용할 수 있게 된다.

● 탐지적 기민성: 잠재적 불확실성이 발생하고 있음을 더 빨리 파악해서 이에 대응할 시간을 더 많이 확보하는 것이다. 효과적인 탐지적 기민성을 위해서는 시장 상황(예컨대 고객사 및 경쟁사의 성과, 신제품 출시, 규제), 기술적 진보, 원재료 가격 상황 전개, 주요 사건 및 잠재적 부실 지표를 포함한 공급업체 소재지의 정치적·경제적·환경적 변화 등 광범위한 지표를 주시해야 한다. 탐지적 기민성을 구축하기 위해서는 외부(애널리스트, 브로커, 저널, 보도자료, 경쟁사 정보)와 내부(재고 수준, 수주 잔량, 시장 반응) 데이터 수집 역량과 그 데이터로부터 관련 분석과 통찰을 신속하게 도출하기 위한 IT 인프라 및 분석 역량이 필요하다.

● 대응적 기민성: 계획은 세워 뒀으나 사전에 정의된 조건이 충족될 때까지는 실행하지 않는 조치들을 말한다. 일반적으로 대응적 요소는 다양한 직무와 이를 담당하는 직원들이 취해야 하는 행동에 대한 상세한 가이드를 제공하는 플레이북(매뉴얼)의 형태를 띤다. 일본의 한 전자업체는 2008년 이와테현에서 지진이 발생한 이후 그러한 재난 대응 전략을 구축했고, 2011년 3월 도호쿠 지진의 영향을 받은 7개의 생산 공장이 전부 불과 한 달 만에 생산 설비를 100% 재가동할 수 있었다. 이 업체는 생산라인의 일부를 적격 외부 업체로 이관하고, 주요 공급업체들과 계약해 둔 대로, 혹은 사전에 훈련한 절차대로 전력, 수도를 비롯한 인프라를 회복했다. 사전에 협의된 사항이 있기에 가능한 일이었다.

네 번째 단계, 기민한 조직 운영을 구축한다. 조직의 기민성은 지속적으로 개선되는 프로세스를 갖춰야 한다. 핵심 리스크를 정기적으로 검토하고 상황 변화에 따라 업데이트해야 한다. 그런 변화에 따라 리스크 완화 계획 역시 발전하고 진화하는 조직 역량을 최대한 활용할 수 있는 프로세스를 구축해야 한다.

적기 공급 방식에서
만약을 대비하는 리질리언트 공급망으로

코로나바이러스 사태는 한 공장이 폐쇄됨으로써 많은 기업이 갑자기 운영을 중단해야 하는 문제, 즉 기존 공급망 모델의 취약성을 드러냈다. 개별 거래 비용이라는 것이 회복탄력성과 효율성, 그리고 비용을 모두 포함하는 개념인 종단간end-to-end 가치 최적화만큼 중요하지 않다는 사실을 많은 기업이 어렵게 배우게 되었다. 사실 더 유연하고 운송 거리가 짧은 공급망에 대한 논쟁은 오랫동안 계속되어왔다. 오프쇼어(비용 절감을 위한 생산 시설의 해외 이전이나 위탁) 생산이냐 온쇼어 생산이냐를 따지기보다는 '어떻게 하면 가장 커다란 가치를 창출하는 공급망을 구축할 수 있느냐'는 질문에서 출발해야 한다. 이는 결국 오프쇼어링이나 온쇼어링이 아닌 '멀티쇼어링multishoring'을 포함하는 답변으로 이어질 것이며, 기업은 이에 대한 답과 함께 단일 공급원에 의존하는 것을 그만두고 위험을 줄이는 방안을 같이 고민해야 한다.

소비자 선호가 빠르게 변하는 시장이나 산업에서는 속도가 여전히 중요하다. 패션 시장에서도 회복탄력성의 필요성은 더욱 분명하다. 맥킨지 분석 보고서에 따르면, 대부분 패션 업계 조달 담당 임원은 2020년 2/4분기 이후 공급업체들이 모든 주문에 대해 공급 조달을 할 수 없을 것이라고 응답했다. 더 빨라진다는 것은 가치사슬 전반에 걸쳐 가시성, 용량, 재고, 수요 및 리스크 관리를 개선하기 위해 새로운 디지털 플래닝 및 공급업체 리스크 관리 기법을 적용해야 한다는 것을 의미한다. 그렇게 함으로써 기업들은 수요나 공급 조건, 상황 변화에 더 잘 대응할 수 있게 된다.

회복탄력성과 속도를 최적화하는 공급망 재설계를 시작하라

코로나19 위기가 드러낸 취약점 중 하나는 많은 기업이 자신이 거래하는 공급업체가 원부자재를 조달받는 공급자를 알지 못해 결국 가치사슬의 핵심 요소를 관리할 수 없었다는 점이다. 회사는 자신의 비즈니스에 가장 중요한 구성 요소들을 어디에서 조달받고 있는지 명확히 알아야 한다. 그 근거로, 그들은 엄격한 시나리오 계획과 재고와 수요의 상향식 추정치를 이용하여 위험의 수준을 평가하고 무엇을 해야 할지를 결정할 수 있다.

일부 중요 영역에서는 정부나 고객이 적기 생산 방식을 제쳐두고 초과 용량과 재고자산에 대해 기꺼이 비용을 지급할 수도 있다. 앞으로는 더 많은 기업이 더욱 유연한 공급망을 만드는 데 주력하며 만약의 경우에도 대비하는 적기 공급just-in-time 방식의 공급망 운영을 기대할 수 있다. 이를 '넥스트 노멀' 시대의 '넥스트 쇼어링next shoring'이라고 생각해 보자. 예를 들어, 패션 업계에서는 일부 소싱을 중국에서 동유럽으로 옮겨갈 것으로 기대한다. 코로나19가 발생하기 전에는 일본 자동차업계와 한국 전자업계도 비슷한 조치를 검토하고 있었다. 일본개발은행은 일본 기업들의 본국 회귀를 지원할 계획이며, 일부 서구 국가 역시 중요 산업에 대해 국내 육성 방안을 모색하고 있다. 공급망을 국내로 이전하고, 주요 공급업체와 좀 더 협력적인 관계를 형성하면(예로 주요 공급업체가 공급망 운영에서 디지털 역량을 도입하거나 화물 운송 시설을 공유할 수 있도록 지원하면) 장기적인 회복탄력성과 유연성을 마련하는 또 다른 방법이 될 수 있다.

제조업에서 '넥스트 쇼어링'은 두 가지가 있다. 첫째, 생산이 국내 수요를 충족하고 수요 변동성을 수용하기 위해 고객 가까이에 배치·운영되는 것이 최선인지를 정의하는 것이다. 둘째, 기술 변화에 대응하기 위해 혁신적 공급원 근처에서 무엇을 해야 할지를 정의하는 것이다. 넥스트 쇼어링은 제조업이 어떻게 변화하고 있는지를 이해하고(특히 디지털화와 자동화의 도입·활용 차원에서) 그러한 잠재력을 발휘할 수 있도록 훈련된 노동 인력, 외부 파트너십, 경영관리를 위한 근력을 마련하는 것이다. 플렉시블flexible 로보틱스, 적층 제조additive manufacturing(3D프린팅 등) 기술 사용을 가속하여 합리적 비용으로 아웃풋 수준과 제품 믹스를 전환할 수 있는 역량을 만드는 것이다. 이는 인건비를 최적화하는 것이 아니며, 때로는 전혀 관련이 없을 수도 있다.

THINK

글로벌 공급망 위기, 제대로 알고 대비하라

오늘날의 기업은 근대 역사상 가장 복잡한 글로벌 경영 환경에서 비즈니스를 하고 있다고 말해도 결코 과언이 아니다. 촘촘히 복잡하게 연결된 글로벌 공급망 위에 비즈니스의 모든 과정이 존재하기 때문에 효율성과 비용 최적화라는 이점이 있지만, 그와 동시에 언제든 발생할 수 있는 사건 사고로 인한 출렁거림을 피할 수 없는 높은 불안정성에 노출되어 있다. 비즈니스는 치명적인 자연재해나 대규모 안전사고로 중단될 수 있고, 공급업체·임직원·고객·경쟁업체·자연환경·정부 등으로도 언제든지, 그리고 예상치 못한 형태로 중단될 수 있다. 공급망을 위협하거나 중단시키는 이벤트는 직접적으로 회사를 공격할 수도 있고, 연결된 제2차·3차 공급업체 또는 고객의 고객에게까지 영향을 미칠 수도 있다.[7]

공급망을 교란하거나 중단시키는 다양한 이벤트의 발생이 기업에 어떠한 영향을 미치게 되는지 정확히 파악하려면 공급망을 이루는 구성 요소와 내재하는 리스크에 대한 이해가 반드시 선행되어야 한다. 개별 회사가 보기에 공급업체, 공급업체의 공급업체, 서비스 제공 업체로 구성된 공급망은 다음과 같은 다섯 가지 측면[8]을 가지고 있다.

● 제품 생산에 투입되는 원료와 부품 등을 의미하는 공급망의 '자재[what]'

● 부품의 공급업체 네트워크를 뜻하는 공급망의 '참여자[who]'

● 부품·제품의 제조·조립·유통 장소를 뜻하는 공급망의 '위치[where]'

● 자재·정보·현금의 흐름을 의미하는 공급망의 '흐름[flow]'

● 공급망 각 단계에서 저장·처리되는 자재, 부품, 완성품의 재고를 뜻하는 공급망의 '재고[stock]'

이러한 다섯 가지 측면의 공급망에서 발생할 수 있는 리스크, 위기 상황을 예상해 보는 것은 회사가 무엇에 취약하고 어떤 준비와 훈련이 필요할지 가늠해 보는 좋은 출발점이 될 수 있다. 예를 들어, 공급망의 '참여자'와 '위치·장소'는 지진, 쓰나미, 태풍과 같은 자연재해, 공급업체의 도산 또는 법정관리, 규제와 같은 지리적 리스크, 운영 리스크에 영향을 미친다. 부품 아웃소싱, 특히 해외 아웃소싱은 제조 과정에 대한 통제 수준을 떨어뜨리고 법률과 규제 및 지정학적 리스크에 기업을 노출시킨다.

또한 공급망의 '참여자'와 '위치·장소'는 공급망의 '탄소발자국'

구성 요소	공급망 리스크
제품 생산 투입물 what	· 원부자재 가용성, 부품 하자 및 결함 리스크 · 투입물 구매 가격 변동 리스크
공급업체 네트워크 who 생산 설비, 유통 거점 위치 where	· 자연재해, 공급업체 도산, 규제 변화 등 지정학적 리스크 · 역외 아웃소싱의 경우 제조 과정에 대한 원청업체 통제 수준 감소, 법률/규제 및 정치적 격변 리스크 · 공급망 '탄소발자국(예: 에너지, 물, 탄소 등 환경)' 이슈와 기업의 사회적 책임 리스크
자재/정보/화폐 흐름 flow	· 공급망의 기저를 이루는 물류, 재무, 정보 인프라 부문 연결성 리스크 · [자재 흐름] 적시 선적 리스크, 주요 수송 터미널·항로·허브에서의 잠재적 교란·중단 리스크 · [정보 흐름] 정보기술 중단(예: 컴퓨터 다운, 소프트웨어 결함, 사이버 보안 공격 등) 리스크 · [화폐 흐름] 금융 위기, 도산, 환율 급변과 같은 상거래 리스크
공급망 재고 stock	· 공급망의 각 단계에서 저장·처리되는 자재·부품·완성품의 재고 관련 지리적 리스크, 제품 품질 리스크, 부품 노후화 등

이슈와 잠재적인 사회적 책임 문제를 가져올 수 있다. 공급망의 '흐름' 측면은 촘촘히 연결된 글로벌 공급망 구조의 기저를 이루는 물류, 재무, 정보 인프라 부문의 연결성 리스크를 예상하게 해준다. 자재 흐름 측면은 적시 선적 리스크, 주요 수송 터미널·항로·허브에서의 잠재적 중단 리스크를 포함한다. 정보 흐름 측면은 정보기술 혼란 상황, 이를테면 컴퓨터 다운, 소프트웨어 결함, 사이버 공격 등에 대한 공급망의 취약성을 우리에게 상기시켜 준다. 개인 정보를 비롯해 기업의 고객 정보뿐 아니라 산업 기밀 유출 등 정보 보안과 관련된

여러 형태의 위기는 아무리 중요성을 강조해도 지나치지 않다. 화폐 흐름 측면은 금융위기, 도산, 환율 리스크 등에 대한 상거래의 취약성을 보여준다. 마지막으로, 공급망의 '재고' 측면은 지리적 리스크, 제품 품질 리스크, 부품 노후화 등의 리스크를 포함한다.

대부분의 기업이 참여하고 있는 글로벌 공급망은 더 복잡해지고 넓어지고 길어지고 취약해지는 추세에 있다. 비즈니스 환경의 변화를 포함하여 글로벌 공급망을 더욱 취약하게 하는 주요 원인을 정리하면 다음과 같다.

1. 글로벌 무역의 폭발적 성장: 경쟁은 기업들로 하여금 글로벌 시장에서 최적의 가격과 성능을 추구하게 만들었다. 이에 따라 기업들은 생산단가를 낮출 수 있는 원거리 지역과 원거리 공급업체에 제조 과정을 아웃소싱하게 됐고, 주문에서 배송까지 걸리는 시간은 길어졌다. 결과적으로 일이 잘못될 기회가 더 많아지게 된 것이다. 공급업체부터 서비스 제공자, 여러 정부 및 규제 당국까지 점점 많은 참여자가 개입하면서 복잡성과 실패 가능성은 증가한 셈이다.

2. 제품·서비스 다양성의 증가: 글로벌 무역, 글로벌 경쟁, 글로벌 시장에서 차별화할 필요가 커지면서 오늘날 기업들은 한 제품에 대해 더 다양한 옵션과 변형이 가능한 형태로 판매하게 되었다. 결국 이는 수요 예측의 난이도 증가, 과대·과소 재고, 고비용으로 이어진다. 예측은 항상 틀린다는 예측의 제1법칙이 현재 그 어느 때보다 사

실인 상황이 되어 버렸다.

3. 다양한 기술과 더 커진 복잡성: 현재 자동차의 각 하위 시스템은 고유의 제어장치와 소프트웨어를 갖고 있어, 자동차 한 대에 30~100개의 마이크로프로세서가 내장되어 있다. 차량 헤드라이트, 에어백, 백미러, 좌석, 문 모두가 전용 마이크로프로세서를 갖고 있다. 게다가 신기술은 전자기술 이상의 것을 포함한다. 제품들이 더 다양한 공학 자재, 첨가제, 안료, 고효율·고성능·시장 수용성을 보장하는 처리 등에 의존하고 있는 실정이다. 제품 복잡성의 증가는 더 많은 공급업체가 필요해졌음을 의미한다. 공급업체 증가는 또 다른 공급업체에 대한 필요 증가로 이어지고, 결국 더욱 복잡한 공급망이 만들어진다.

4. 본질적으로 취약한 시스템: 컴퓨터는 복잡한 글로벌 공급망을 더 효율적으로 만들고 용이하게 관리하기 위해 쉼 없이 움직이고 있다. 그러나 이러한 정보통신 기술의 발달은 공급망을 덜 위험하게 만들지는 못했다. 기업은 복잡한 공급망을 활용해 복잡한 제품을 더 손쉽게 제조할 수 있게 되었지만, 시스템은 본질적으로 더 허약해질 수밖에 없다. 컴퓨터와 통신기술 덕분에 더 팽팽한 조정과 군살 없고 재고 없는 운용이 가능해졌기 때문이다. 평상시에는 이런 통제와 절차 덕에 더 경쟁력 있는 상태가 되지만, 정밀하게 조정된 글로벌 비즈니스 네트워크가 예상치 못하거나 갑작스러운 충격을 받는 등 특정한 사건이 발생하면 더 취약해질 수 있다.

복잡한 공급망은 자재명세서가 상세하고 이로 인해 공급망 안에 더 많은 공급업체 계층이 있다는 것을 의미한다. 기업(원청기업)은 직접 거래하는 공급업체들(Tier 1)에 대해서는 리스크를 관리하도록 압력을 가할 수 있지만, 다양한 하도급 공급업체(공급업체의 공급업체, Tier 2 이하)에 대한 지식은 거의 없다. 게다가 대부분의 경우 강력한 회복력을 확보하고 행동 강령을 준수하라고 그들에게 요구할 영향력이 없다. 글로벌 무역의 증대는 기업이 더 멀리, 더 많이 흩어져 있는 조각들을 쉼 없이 움직이는 시스템으로 통제하고 있다는 것을 의미한다. 글로벌 인구, 글로벌 경제의 성장과 함께 공급망의 심각한 중단 상황은 불가피해졌다. 그래서 해당 기업과 지리적으로 상관없는 멀리 떨어진 어떤 곳에 가해진 예상치 못한 충격이나 기업 비즈니스와 전혀 상관없는 사건 사고의 발생에 글로벌 기업들은 자신 역시 흔들리고 있음을 발견하게 될 것이다.

5. '다이아몬드' 형태의 공급망 구조와 산업 클러스터의 구조적 문제: 전형적인 글로벌 공급망 구조를 보면 개별 OEM(완성품 제조업체)이나 상표권자들이 다수의 공급업체를 보유하고, 이들 공급업체 각각이 또다시 다른 많은 공급업체를 보유하고 있는 트리 구조의 형태다. 그러나 OEM이나 상표권자가 모르는 사이에 일부 공급망에서는 상이한 패턴이 나타난다. 단일 공급업체가 공급망의 깊숙한 곳에서 쐐기돌 역할을 하고 있는 것이다. 이러한 경우 트리 구조가 아닌 다이아몬드 모양과 더 비슷한 형태를 띤다. 즉, OEM과 많은 공급업체가 한 공급업체에 의존하고 있는 것이다. 다이아몬드 구조는 또

한 광범위한 품질 리스크도 드러낸다. 실리콘밸리가 정보기술 기업의 클러스터인 것처럼 할리우드는 엔터테인먼트 기업, 매사추세츠주 케임브리지는 바이오 기술 연구소, 대만 북부는 반도체 제조 및 테스팅, 태국은 디스크드라이브 제조의 클러스터다. 세계 각지의 산업 클러스터로 공급업체들을 집중시키는 최대 요인은 세계 '최우량(최고 성능/최저 비용)' 공급업체에서 조달하려는 장기적 변화 추세다. 여기에 정부 요인도 있다. 각국 정부는 산업 클러스터 전략을 추구한다. 그들은 특정 산업의 씨앗을 뿌린 다음 산업 복합체에 자기 강화적 포지티브 피드백 회로를 조성함으로써 경제적 클러스터를 성장시키고 있다.

공급망 측면에서 이러한 산업 클러스터화는 클러스터 참여사가 공급업체, 고객인 기업들의 취약성을 심화한다. 왜냐하면 지진, 화산 폭발, 노동 소요, 정치적 불안정처럼 클러스터에 영향을 주는 중단이 동일 산업의 다수 기업에 동시적 충격을 가하기 때문이다. 모든 산업 참여자가 같은 물건을 찾아 세계를 샅샅이 훑게 되면서 대체 공급원을 찾기는 더 어려워진다. 예로 2011년 가을 태국 홍수는 한 지역에서 전 세계 제조 설비에 필요한 부품을 조달하는 상황이 얼마나 위험한지를 보여주었다. 정부 클러스터 전략의 성공으로 공급 원천의 지리적 집중이 더 진전되어 잠재적인 미래 취약성 역시 더 커지게 되었다. 간단히 말해, 거의 강제적으로 한 광주리에 모든 달걀을 담은 셈이 된 것이다.

발생 가능성이 낮은 이벤트가 개별적으로는 일어나기 어렵지만, 전 세계와 연결된 글로벌 기업의 경우에는 상황이 조금 다르다.

다시 말해, 이러한 종류의 다수 이벤트에 언제든지 노출되어 있다는 것이다. 즉 특정 시점과 특정 공급업체의 시설에 특정 장애가 일어날 확률은 매우 낮을 수 있지만, 중대한 일이 주어진 기간 동안 언젠가 글로벌 공급망 어딘가에서 일어날 확률은 결코 무시할 수 없다는 말이다. 결국 기업들은 리스크 관리를 위한 다양한 전략적 옵션을 가지고 있어야 한다. 여기에는 일상적 위기 상황에 따른 중단, 또는 예상치 못했거나 매우 드문 중단과 같은 어떠한 위기가 생기더라도 '다시 충격을 딛고 정상화'하는 데 필요한 리질리언스, 즉 회복탄력성의 확보가 가장 중요하다. 잠재해 있는 리스크를 개선하고 이미 진행되고 있는 공급망 교란·중단에 대해 사전에 정의된 대비와 대응 프로세스를 개발하려는 노력 역시 포함되어야 한다.

단기성과주의를 벗어나
성장을 위한 장기적 관점으로

전대미문의 바이러스 대유행으로 실적 전망을 발표하는 기업의 수가 크게 줄었는데, 이는 오히려 잘된 일이다. 그간 기업의 분기 실적치 전망을 발표하는 것에 대해 반대하는 주장이 많았다. 해당 기간의 단기 실적을 극대화하기 위해 자본 투자를 연기하거나 경영전략에 타격을 주는 대규모 할인으로 매출을 부풀리는 등 결국 장기적으로는 기업에 해로운 일을 유도하는 잘못된 인센티브를 제공한다는 이유에서다. 이러한 조치를 통해 기업은 단기적으로 주가에 미치는 타격을 피할 수는 있을 것이다. 그러나 단기투자자가 주식 거래의 대부분을 차지하고 수익 결산 콘퍼런스콜에서 지배적인 역할을 하는 것처럼 보이지만, 사실 미국 회사 주식의 70% 이상은 장기투자자가 보유하고 있다. 장기투자자는 특정 기간을 훨씬 넘어서는 관점에서 투자하고, 빠른 해결책보다 깊이를 중요시한다. 더욱이 이들은 단기투자자들보다 시간이 흐름에 따라 기업 주가에 훨씬 더 큰 영향을 미치고 있다.

더는 주주의 가치를 추구하는 것이 기업의 유일한 목표라고 가정하지 말아야 한다. 물론 기업은 돈을 벌고 투자자들에게 그들이 감수한 위험에 대해 보상할 근본적인 책임이 있다. 그러나 경영진과 노동자 역시 모두 국민이고 부모이며, 이웃이다. 기업 가치를 창출하는 것과 직원, 공급자, 고객, 투자자, 지역사회, 그리고 환경의 이익을 위해 헌신하는 것 사이에 내재적 긴장과 갈등이 있어서는 안 된다. 결국 기업에서 극대화되어야 하는 것은 바로 장기적 가치이며, 명확한 가치를 지닌 회사들이 주주, 투자자를 위해 장기적으로 커다란 가치를 창출하고 있다는 증거는 많은 곳에서 찾아볼 수 있다.

기업에서 말하는 '장기'는 회사가 지속 가능한 사업을 시작하고 성장시켜 나가는 데 걸리는 5~7년 정도의 기간이다. 이 정도면 사실 그리 긴 기간은 아니다. 현재의 코로나 위기가 증명하듯이, 생각보다 훨씬 짧은 시간에도 거대한 변화가 일어날 수 있다. 이러한 점이 시사하는 바는 특히 이사회가 최고경영자를 얼마나 빨리, 그리고 언제 교체할지 생각하기 시작해야 한다는 것이다. 현재 대기업 최고경영자의 평균 재임 기간은 약 5년으로, 1995년의 10년에 비하면 많이 줄었다. 최근 〈하버드비즈니스리뷰Harvard Business Review〉가 세계 정상급 비즈니스 리더들을 대상으로 연구한 바에 따르면, 평균 재임 기간이 15년이라고 한다. 이들은 이사회와 긴밀하고 지속적인 의사소통을 통해 어려운 고비를 뚫고 장기적인 성공을 이끌었다는 공통점을 갖고 있다.

사람들은 애덤 스미스Adam Smith의 '보이지 않는 손', 즉 경제가 자유롭고 효율적으로 작동하도록 돕는 이익 추구와 정보 네트워크(가격 신호와 같은)가 성장과 번영을 가져오는 데 필수적이라는 생각을 여전히 믿고 있다. 그러나 스미스 역시 이를 위해서는 법치주의가 필수적이라고 보았고, 부의 창출이라는 목표가 결국 행복을 창출한다고 보았다. 노벨 경제학상을 받은 아마르티아 쿠마르 센Amartya Kumar Sen은 21세기에는 시장의 보이지 않는 손이 좋은 지배 구조를 가진 보이는 손에 의해 균형을 맞출 필요가 있다고 말했다. 수조 달러의 정부 지원금을 비롯해 여러 종류의 공공 지원을 생각해 보면, 앞으로 정부는 민간 부문에 깊이 개입하게 될 것이다. 지나친 규제나 보호주의, 간섭을 말하는 것이 아니다. 앞으로 기업이 노동 인력의 훈련, 디지털화, 지속가능성sustainability과 같은 문제에 대해 정부와 긴밀하게 협력할 필요가 과거 어느 때보다도 커진다는 것을 말하는 것이다.

THINK

넥스트 노멀을 준비하라

코로나19 감염병 대유행으로 세계경제는 가보지 않은 길을 가고 있다. 전대미문의 부동성immobility, 不動性으로 말미암은 소비와 생산 중단·단절은 금융시장뿐 아니라 기업·가계 등 실물경제까지 무너뜨리는 '복합 위기'로 이어지고 있다. 2020년 현재 코로나19 사태는 2008년 금융위기와 시장 급락, 경기침체 등에 비견되곤 한다. 사실 두 사건의 차이는 극명하다. 첫째, 당시 금융위기가 미국 서브프라임 모기지 부실에서 시작되었다면, 이번 위기는 바이러스라는 외부 변수에서 시작되었다. 둘째, 2008년 금융위기는 주택 시장과 금융시장 붕괴가 수요 위축으로 이어졌다면, 이번 위기는 팬데믹으로 수요와 동시에 공급도 무너지고 있다는 점이 다르다.[9]

자연재해, 파업, 대형 사건 사고로 인한 대부분의 글로벌 공급망 중단은 공급업체에서 고객으로 가는 자재 흐름에 영향을 미친다. 그리고 자재 흐름 중단은 종종 정보 흐름 중단과 결부되어 나타난다.

그러나 이와 대조적으로 금융위기 같은 사태는 돈과 신용의 흐름을 중단시킨다. 이는 소비자가 물건을 구매할 능력은 물론 제조업자가 공급업체에서 부품과 제품을 구입할 능력에도 영향을 미친다. 결국 금융위기는 공급은 물론 수요에도 큰 영향을 미치게 된다.

물리적 재해·재난은 대체로 분명한 지리적 진앙을 갖고 있는 데 반해, 금융위기는 광범위한 불확실성을 만들어낸다. 금융위기 당시 기업들은 수요와 공급에 대한 파급 영향을 알 수 없었다. 뱅크런, 즉 은행의 파산이 일어날 것인가? 부동산 가격은 얼마나 내려갈 것인가? 주식시장은 얼마나 폭락할 것인가? 실업률은 얼마나 오를 것인가? 소비자, 고객, 소매업자, 공급업자, 정부가 위기 상황에 어떻게 반응할 것인가? 어느 공급업자, 물류 기업, 소매업자가 먼저 도산할 것인가? 신용 긴축과 소비자, 기업 부문의 거대한 금융 불확실성으로 소비자 수요는 끝없이 감소했다.

광활한 평원에서 소몰이를 위해 말을 타고 달리는 카우보이가 손에 든 긴 채찍을 영화에서 본 적이 있을 것이다. 이른바 채찍 효과bullwhip effect는 소를 몰 때 쓰는 긴 채찍의 경우 손잡이 부분에 작은 힘을 가해도 끝 부분에서는 큰 파동이 생기는 데 착안해 붙여진 이름이다. 이는 애초에 조그만 움직임이 나중에는 커다란 움직임이 될 수 있음을 의미하며, 아주 사소하고 미미한 요인이 엄청난 결과를 불러온다는 나비 효과butterfly effect와도 유사하다. 다만, 나비 효과가 우연에 가까운 인과관계에 의해 형성되는 현상이라면, 채찍 효과는 정보 전달의 왜곡으로 발생하는 필연적인 현상이라는 점에서 차이가 있다. 이는 기업 경영, 특히 공급망 관리 리스크를 설명하는 이론 중

하나다.

빠른 수요 위축은 업스트림upstream 공급망의 활동에 증폭된 반응을 야기한다. 즉 수요 충격은 공급업체 망을 타고 위로 전파될수록 극단적으로 커진다. 2008년 금융위기 당시 거시경제 데이터는 이러한 채찍 효과가 더 광범위한 규모로 나타났다는 사실을 보여준다. 예를 들어, 소비자 수요를 나타내는 미국 소매 판매는 12% 감소했으나 미국 제조업자들은 재고를 15% 줄였고, 제조업 판매는 30%, 수입은 30%나 급락했다. 글로벌 금융위기는 전 세계적으로도 광범위한 채찍 효과를 냈는데, OECD 국가 90% 이상에서 수출과 수입이 동시에 10% 이상 감소했다. 결국, 세계 금융 부문의 지진이 어떻게 경제를 지탱하고 있는 판의 구조를 움직여 금융·실물 경제 복합 중단이라는 글로벌 쓰나미를 만들어냈는지 채찍 효과로 설명할 수 있다.

글로벌 금융위기가 한창이던 2009년 맥킨지 보고서에는 다음과 같은 내용이 담겨 있었다. "현재 어떤 기업들에는 단기 생존이 유일한 경영 어젠다입니다. 하지만 또 다른 기업들은 위기가 지나가고 뉴 노멀 시대가 오면 어떻게 시장에서 포지셔닝할 것인가를 생각하면서 불확실성의 안갯속을 유심히 들여다보고 있습니다. 결국, 중요한 것은 '위기 이후 정상화되는 상태가 과연 어떤 모습일까?'입니다. 현재 이 위기가 얼마나 지속될지는 아무도 장담할 수 없지만, 위기의 반대편에서 우리가 발견해야 하는 것은 다가올 미래가 최근 몇 년간 우리에게 익숙했던 모습과는 다를 것이라는 사실입니다."

기업은 당장 생존 모드로 전환하여 재정적 위기를 벗어나야 하겠지만, 위기 이후에 형성될 '넥스트 노멀'에 취해야 할 근본적이고 중요한 조치도 고민해야 한다. 물론 매입채무회전일수Days Payable Outstanding, DPO, 즉 거래 상대방에게 대금을 지급하는 데 걸리는 시간은 최대한 늘리고, 매출채권회전일수Days' Sales in Outstanding, DSO, 즉 대금 회수에 걸리는 시간은 최대한 당기는 것은 중요한 조치다. 생존을 위해 기업은 모든 프로젝트에서 DSO와 DPO의 균형을 맞추기 위해 노력할 수밖에 없다. 또한 재고의 안전 마진margin of safety 은 고려하되 현금 확보를 위해 재고 보유 일수를 가능한 한 줄이고, 급하지 않은 자본 지출은 연기하는 것 역시 불가피하다. 그러나 이러한 조치로 전투에서는 승리할지 모르지만 전쟁에서는 패할 수 있다는 점, 즉 의도치 않은 결과를 초래할 수 있다는 데 주의해야 한다.10

공급업체에 지급 기간을 연장하면 공급업체의 재무 상태가 악화되고, 자재·부품 재고를 너무 낮게 유지하면 일시적 공급 중단에 대한 완충장치가 약화될 것이다. 또 낮은 완제품 재고 수준은 고객에게 제공하는 서비스 수준을 떨어뜨려 고객 관계에 긴장을 초래할 수 있다. 심지어 지급 조건 엄격화, 대금 회수 기간 단축 등도 경기침체기 동안에는 위험할 수 있는데, 이는 고객들이 DSO 단축의 대가로 좋은 가격 또는 기타 서비스를 요구하거나 더 긴 지급 기간을 제시하는 공급업체로 옮겨가 버릴 수 있기 때문이다.

예상치 못한 중대한 일이 일어나면 우리는 본능적으로 현상 유지를 방해하는 것에 대응하고, 나중에 이를 이해하고 관리하려 한다. 그러나 기업은 '블랙 스완'과 같이 매우 희귀하고 일단 발생하면 파급효과가 큰 충격과 혼란이 발생하는 경우, 위기가 진행되는 상황에 대응하는 것도 중요하지만 위기 이후까지 고려해 폭넓게 사고하고 책임 있는 행동을 해야 한다.

이를테면 이번 코로나19 사태와 같은 일이 생겼을 때 가장 먼저 회사의 가장 중요한 자산인 직원들에 더욱 세심하게 주의를 기울여, 현 상황에 불안해하는 그들이 가능한 한 빠르고 안정적이면서도 효율적으로 업무에 임하도록 지원해야 한다. 위기로 어려움에 처한 공급업체, 협력업체를 식별하고 필요한 곳에서 그들이 사업 연속성을 확보하도록 돕는 것 역시 실행에 옮겨야 한다. 또한 고객과의 관계 형성과 유지에 더욱 신경을 써야 한다. 회사가 위기를 맞았을 때 고객을 대하는 자세와 태도에 따라 위기 이후 고객의 신인도·충성도에 큰 영향을 미친다는 당연한 사실은 잘 알면서도 간과하기 쉽다. 따라서 현재 공급망의 상황을 파악해 어떤 공급업체, 협력업체에 문제가 생기면 어떤 제품과 고객에게 영향을 줄지 적시에 미리 이해관계자에게 고지하고 양해를 구해야 한다. 위기 상황에서는 고객의 제품 요구를 모두 충족할 수 없을 가능성이 매우 크기 때문이다.

커다란 위기 상황에서 기업은 무엇보다 공정하고 책임감 있는 모습을 보여주어야 한다. 결국 긴밀히 협업하는 비즈니스 파트너들의 업무 연속성을 유지하고 분노를 유발하지 않는 방식으로 고객을 대하는 등 균형을 잘 유지하는 기업은 위기 이후 더욱 경쟁력 있고 강한 기업으로 성장할 것이다.

규제 준수를 넘어
환경, 지속가능성 전략을 기업 경쟁력으로

환경 관리는 점점 경영 어젠다의 핵심으로 등장하고 있다. 이는 재무적 문제이기도 하다. 영국 보험사 로이드은행은 뉴욕의 해수면 상승이 2012년 발생한 허리케인 샌디와 만나 보험회사가 지급한 보험 손실을 30%나 늘렸다고 평가했다. 또 다른 연구에서는 심각한 홍수 위험에 처한 영국 부동산 면적 규모가 2035년까지 2배를 넘을 수 있다고 분석했다. 태풍이나 극심한 폭염 같은 자연의 경고를 무시하면 2016년 산불 발생 후 캐나다에서 그러했듯이, 보험금 상승을 지켜보게 될 것이다. 투자자들도 이제 이러한 사실에 눈을 뜨고 있다. 세계 최대 자산운용사 블랙록Blackrock의 CEO 래리 핑크Laurence D. Fink는 최근 기업 최고경영진에 보낸 서한에서 다음과 같이 직설적으로 말했다고 한다. "기후 리스크는 이제 투자 리스크입니다." 그는 투자자들이 기후 리스크를 반영하기 위해 포트폴리오를 어떻게 조정해야 하는지 묻고 있으며, 이를 근거로 위험과 자산 가치를 재평가하고 있다고 언급했다.

환경 관리를 규제 준수 문제가 아니라
회복탄력성과 경쟁 우위의 원천으로 고려하라

코로나19 팬데믹은 전 세계 공급망에 영향을 주었다. 특히 미국 육류 생산에서도 큰 차질을 빚었다. 날로 악화하는 기후 위험은 전 세계 공급망과 식량 안보에 비슷한 충격을 초래할 수 있다. 기업들이 회복탄력성을 고려한 글로벌 공급망을 재설계함에 따라, 입지 환경적 요소도 같이 고려할 필요가 있다. 예를 들어, 기온이 상승하면 해당 지역에 홍수가 발생할 가능성이 더 커지는가? 2020년 1월 발표된 맥킨지의 기후 분석 보고서에 따르면, 기후 리스크는 전 세계적으로 불균형하게 분포해 있다. 일부 지역은 이미 물리적·생물학적으로 한계점에 근접해 있다고 한다. 이때 기업은 발생할 수 있는 리스크를 낮출 방법을 찾거나 또는 다른 지역을 생산 거점으로 생각할 수 있다. 반드시 기억해야 할 것은 미리 대비하고 준비하는 데 드는 비용이 사고 발생 후 수리하고 복구하는 비용보다 훨씬 덜 든다는 것이다. 미국 국립건축과학연구소는 회복탄력적 인프라 구축을 위해 1달러를 지출하면 미래에 6달러의 비용을 절감하는 효과를 낼 수 있다고 분석했다. 코로나19 사태에 대처하기 위해 기업들은 공급망 운송 거리를 줄이고, 출장을 화상회의로 전환하고, 새로운 생산 공정을 도입했다. 이러한 변화들이 어떻게 지속될 수 있을지 생각해 보라. 이는 회사를 환경적으로 더 지속 가능하고 효율적으로 만드는 데 도움을 줄 수 있다.

이번 코로나19 사태와 장기적 기후변화 사이에 있을 수 있는 유사성에 대해 생각해 보는 것은 매우 타당한 행동이다. 바이러스 대유행은 공급망, 소비자 수요, 에너지 산업 부문에 동시적인 충격을 주었고, 가난한 사람들에게 더 큰 영향을 끼쳤으며, 심각한 연쇄효과를 낳았다. 기후변화도 마찬가지일 것이다. 심지어 기온 상승은 감염병이 크게 유행할 때 확진자와 사망자를 대폭 늘릴 수 있다. 그렇다면 세계적 공중보건 문제와 대응이라는 관점에서 봤을 때 기후변화와 감염병 대유행이 긴밀하게 연결된 문제라는 사실은 충분히 논의할 만하다. 코로나바이러스 위기는 전 세계를 한꺼번에 강타한 예상치 못한 충격으로, 이른바 '연쇄 파급 리스크'라고 말할 수 있다. 물론 기후변화는 또 다른 시간 프레임 측면에서 중요하고, 그 위험은 계속 쌓여가고 있다. 감염병 대유행이든 기후변화든, 회복탄력성과 협업은 앞으로 더욱 필수적인 요소가 될 것이다.

늘 그렇듯이 정보는 행동의 기초가 된다. 데이터 기반 접근 방식은 자산을 유지하거나 새로운 상황에 맞춰 조정하거나 새로운 자산에 투자하는 데 드는 상대적 비용을 명확히 할 수 있다. 측정되는 것이 관리되는 것이라는 사실은 기업 가치사슬의 어느 부문에서도 적용될 수 있다. 환경에서도 마찬가지다. 여기에는 건전하고 정교한 기후 리스크 평가가 수반된다. 현재 일반적으로 인정되는 기준은 없지만, 지속가능성 회계기준위원회와 같은 몇 가지 이니셔티브initiative(정책 제안과 움직임)가 있다. 여기서 말하고자 하는 바는 다른 중요한 업무에 적용되는 애널리틱스(빅데이터 분석), 애자일 팀(민첩하고 유연한 조직) 운영과 같은 모든 경영관리 도구를 활용하여 기후변화 관리를 핵심 기업 역량으로 만들자는 것이다. 이는 효과나 이점이 매우 클 수 있다. 한 연구에서는 기후 변화 관련 탄소 배출량을 줄인 기업들이 더 나은 자기자본이익률 Return On Equity, ROE을 냈다고 분석했다. 이는 배출량이 줄어들어서가 아니라 더 효율적이 되었기 때문이다. 녹색 경영과 고품질 경영의 상관관계는 강하며, 힐튼·펩시코·프록터앤드갬블 등 많은 기업은 천연자원 사용량을 줄인다는 목표를 설정하고 결국 상당한 비용을 절감하게 되었다.

기후 관련 도전 과제의 규모에 비추어 볼 때, 개별 기업 단위에서 큰 차이나 성과를 만들어내기는 사실 쉽지 않다. 수소나 탄소 포집과 같은 대체에너지 생산에 드는 고비용을 해결하기 위한 파트너십 활동이 좋은 예다. 기후 관련 재무 공시에 관한 태스크포스task force 등 기업을 끌어올리기 위한 자발적인 노력도 또 다른 예가 될 수 있다.

THINK

코로나 위기가 준 마지막 기회, 지속가능성

예전에는 상상할 수 없었던 접근법이 하루아침에 뉴 노멀이 되는 위기 속에서도 기업은 지속가능성의 모멘텀을 유지해야 한다. 기업이 코로나19와 고군분투하는 와중에도, 감염병 대유행은 많은 경영자에게 앞으로 다가올 미래의 지속가능성에 대해 생각해 보는 기회를 주었다. 재택근무와 화상회의를 경험하면서 앞으로는 불요불급不要不急한 출장을 줄일 수 있다는 것을 알게 되었고, 대규모 락다운(이동 제한 조치)으로 대기오염이 급격하게 해소된 위성사진에서 환경을 되살릴 수 있다는 희망을 보았다. 또 기업들은 임직원과 고객과 협력업체를 위해 신경 쓰고 한층 더 노력하는 것이 이득이 된다는 것을 느끼게 되었다. 스타벅스가 직원들에게 특별 재해 급여를 주고 정신 건강과 심리 치료 등에 대한 보험 혜택을 제공하는 것이나 유니레버 Unilever가 재무적으로 가장 취약한 협력업체들에 조기 대금 지급을 결정한 것도 그런 이유에서다. 기업들은 정부기관과 협력하여 시장과 산업, 사회에 넘쳐나는 코로나19 팬데믹에 관한 가짜 정보를 조사하고 있는데 특히 기술 관련 기업들은 기후변화에 대한 잘못된 정보와 언제든지 싸울 수 있다는 기술 잠재력도 보여주고 있다.[11]

이번 코로나 사태는 지속가능성 어젠다를 강화하기 위한 마지막 리허설이 되고 있고, 기업에는 더욱 커져가는 환경과 사회 및 기업 지배 구조Environmental, Social and Governance, ESG 과제들을 어떻게 해결할 수 있는지 가늠할 좋은 기회가 되었다. 이번 위기로 많은 기업은 적응력과 회복탄력성에서 많은 취약점을 노출했다. 앞으로 다양한 기후변화 리스크의 시나리오에 맞춰 준비하지 않는다면, 기업의 이사회와 경영진은 그 책임에서 더는 자유롭지 못할 것이다. 이 대유행은 앞으로 지속가능성의 중요성에 대한 인식을 한층 높였을 뿐 아니라 기업이 커다란 사회적 책임에 직면할 것이라는 사실을 크게 강조했다. 정부의 공식 지침에도 아랑곳하지 않고 감염병이 심각하게 확산하는 상황에도 직원들을 사무실로 출근하게 하는 회사나 수백만 명의 일자리가 날아가는 와중에도 CEO가 엄청난 성과급을 챙겨가는 회사를 바로 그와 같은 사회적 책임을 방기하는 예로 들 수 있겠다.

위기는 지속가능성 실천을 어렵게 만든다

코로나19 사태로 경영의 최우선순위에 지속가능성을 두는 것이 어려워지고 있다. 현재 많은 기업이 당장의 생존에 중요하지 않은 것들을 줄이는 어려운 재정 상태에 있다. 회사들이 당장 오늘 생존에 큰 영향을 주는 의사 결정과 힘겨운 싸움을 하는 가운데, ESG 문제는 시급하지 않고 천천히 다뤄도 될 문제로 보일 수 있다. 사회 전반에 걸쳐, 이번 감염병은 지속가능성의 중요성이 커지던 추세에 찬물을 끼얹은 것처럼 보인다.

미국에서는 환경보호청EPA이 공해 배출 문제에 대해 최종 기한을 정하지 않은 채 기업이 생존에 집중할 수 있도록 단속을 완화했다. 일부 소비자와 소매업자들은 재활용 봉지를 비위생적이라고 거부하고, 최근 많은 지역에서 비닐봉지 사용 금지 조치를 뒤집고 있으며, 가게들은 과일과 채소 포장을 위해 다시 플라스틱 용기를 사용하고 있다. 어떤 기업들은 이러한 움직임을 가속하고 있다. 미국에서는 플라스틱 산업 단체가 비닐봉지 금지 중단을 요청했고, 석유 산업 로비 단체들은 온실가스 배출 규제 완화를 추진하고 있다.

수요 측면의 예측 불가능하고 빠른 변화로 인해 사전에 생산 계획을 세우기가 어려워 기업의 지속 가능한 대응 능력이 제한되고 있다. 유가 하락으로 재생에너지부터 바이오 플라스틱에 이르기까지 지속가능성 변화에 대한 비즈니스 사례가 설득력이 없어질 수 있다. 그러나 일부 기업에서는 최근 사우디아라비아와 러시아의 원유 감산으로 촉발된 유가 불안정 상황을 경험하며 대체 연료로의 전환을 진행하고 있다.

많은 기회가 열리고 있다

실제로 지속가능성을 위협하는 역풍만 있는 것은 아니고, 그에 상응하는 순풍도 있다. 그중 상당수는 오래 지속할 것으로 예상한다. 소비자들은 더 많은 지역사회에 이익을 주는 목적을 가진 회사나 브랜드를 선호한다. 뉴욕대학교 스턴경영대학원의 연구에 따르면, 2013년 부터 2018년까지 지속가능성이 있는 비즈니스가 그렇지 않은 비즈니스보다 5.6배 빠르게 성장했다고 한다. 위기 때 폭발적인 손 세정제 수요를 맞추기 위해 생산 라인을 재편성한 주류 업체 바카르디 Bacardi와 AB인베브 Anheuser-Busch InBev 같은 회사는 그들의 사회적 책임과 목적을 잘 보여주었다.

코로나19 사태는 비즈니스 리더들에게 유급 병가와 돌봄 휴가, 또 근무 일정과 장소를 유연하게 할 수 있는 업무 옵션이 가능하다는 것을 알려주었다. 그리고 위기는 기존 비즈니스 운영 체계의 약점을 드러냈으나, 한편으로는 공급망을 좀 더 투명하게 하고, 사회적 책임을 지키며, 환경친화적으로 설계·운영할 수 있는 기회의 문도 열어주고 있다. 전 세계 사람들이 손 씻기와 사회적 거리 유지에 초점을 맞추면서, 앞으로 건강과 웰빙에 대한 관심은 더욱 커질 것이다. 그와 동시에 코로나19 대유행으로 기업은 임직원, 소비자 건강과 안녕 증진의 필요성을 인식하게 되었고, 포스트 코로나 시대에 의심할 여지 없이 성장할 면역력 증진 식품 개발, 원격 진료 서비스를 제공하는 데 더욱 관심을 가질 것이다.

한편, 감염병 대유행을 겪으면서 기업은 정부와 여러 이해관계자와의 관계를 신속히 재정의해 국제적 활동의 협업이 어디까지 가능한지도 보여주었다. 일부 국가는 더욱 친환경적인 회복을 위해 발빠르게 움직이고 있다. 유럽연합 회원국 정상들 역시 코로나19 사태에 대한 재정적 지원과 대응이 친환경 정책의 포기를 의미하지는 않는다는 것을 강조하고 있다. 미국에서는 앞으로 기후변화와 싸우기 위해 청정에너지 설비 구축과 건설을 가속하는 법안을 통과시키고 포스트 코로나 시대의 경제 회복을 촉진할 수 있게 준비하고 있다.

또한 미국 증권거래위원회Securities and Exchange Commission, SEC는 기후변화 관련 주주들의 압력을 차단하거나 연기해 달라는 몇몇 기업의 요청을 거절했다. 그들은 이번 위기가 지속가능성 이슈에 대한 이해관계자들의 압력이 줄어드는 것을 의미하지 않는다고 보았다. 강한 ESG 인증 기업의 주식은 시장 붕괴 기간에도 크게 어려움을 겪지 않았다. 실제로 코로나19 사태는 투자자들이 임직원 복지, 공급망 관리 및 기타 ESG 우선순위에 대해 더 큰 우려를 표명함에 따라 ESG 요인의 중요성을 더욱 높이는 계기가 되었다. ESG 투자는 이미 기업 성장에 도움이 되고 있다. 투자 데이터를 제공하는 모닝스타Morning Star에 따르면, 투자 결정을 내릴 때 ESG 요소를 고려하는 300개의 뮤추얼 펀드에 2019년 214억 달러가 유입되었다. 이는 전년도의 54억 달러에 비하면 엄청나게 증가한 액수다. 이제 ESG 펀드는 위기 시에도 상대적으로 낮은 손실을 보이면서 향후 시장 전반에서 핵심 추세로 떠오를 것이다.

지속가능성이 더욱 중요해지고 있다

모든 것을 고려했을 때 경영진들이 이번 코로나 사태를 지속가능성에 더욱 신경 쓰는 기회로 활용할 것으로 기대된다. 이는 감염병 대유행이 ESG 요인의 중요성을 부각했기 때문이다. 앞으로 기업이 생존에 주력하는 상황에서도 지속가능성은 최우선 과제로 남을 것이 확실하다. 2008~2009년의 글로벌 금융위기와 경기침체 동안 기업들이 지속가능성을 사업의 필수적인 요소에서 제외할 것으로 예측되었다. 그러나 그것은 사실이 아니었다. 2009년 3월 미국보험협회는 연간 보험료 5억 달러 이상 규모의 보험사들은 기후변화의 위험과 이러한 위험을 줄이기 위한 회사 정책을 공시해야 한다는 요구 사항을 발표했다. 한편, 유엔환경계획의 재정 이니셔티브는 약 200개 금융기관에 '환경 위험 식별 및 계량화'를 포함한 환경적 고려 사항을 비즈니스 모델에 반영하는 자발적 원칙에 서명하도록 권고했다.

다양한 측면에서 코로나19 사태는 앞으로 오랫동안 지속되고 되돌릴 수 없는 파장을 일으킬 기후 위기 대응을 위한 마지막 리허설 기회가 되었다. 감염병 대유행의 위험은 이미 널리 알려졌지만, 많은 회사가 그것이 초래한 엄청난 혼란 속에서 자신들이 준비되어 있지 않다는 사실을 뼈저리게 느꼈다. 예를 들어, 콜센터가 여러 지역에 분산되어 있다면 재해 대응에 탄력적이라고 생각해왔지만 이번 사태를 겪으면서 분산 배치만이 능사는 아니며, 콜센터 직원들이 재택근무를 할 수 있을 때 가장 회복탄력적이라는 사실도 알게 되었다.

마찬가지로, 앞으로 발생 가능성이 큰 환경 시나리오를 정확하게 예측하는 것만이 전부가 아니다. 알려진 시나리오에는 적응력 있게 대응하고 예상치 못한 시나리오가 나타날 때는 회복탄력적으로 대처하는 역량을 갖추는 것이 더 중요하다. 코로나19 상황과 그에 담긴 함축적인 문제들은 매우 파괴적인 힘을 갖고 있다. 기업들은 앞으로 아주 어려운 상황이 올 때 얼마나 빠르게 위기에 대응하고 실행할 수 있는지를 분명히 보여주어야 한다.

많은 기업이 코로나19 사태가 불러온 위기에 책임감을 갖고 능동적으로 많은 이해관계자를 돕는 기회로 삼아야 한다. 세계경제포럼 창립자 4명으로 구성된 CEO 그룹은 코로나19 이후 6가지 이해관계자 원칙을 제시하고, 140개 회원사의 서명을 촉구하는 내용의 행동 개시 요구 사항을 발표했다. BP, 핀에어, 바클레이스, 샘소나이트 같은 글로벌 회사들은 사회적 기업의 책임을 최우선 경영 의제로 공표하는 것은 물론 팬데믹 사태와 같은 경영 위기에도 불구하고 탄소 중립적carbon-neutral 경영을 계속 추진하겠다고 약속했다.

어떻게 하면 재난에 대처하면서 지속가능성을 유지할 수 있을까? 우선 경영진은 경영의 연속성continuity을 계획해야 하며, 이에 상응하는 '지금 실행act now' 프로그램과 '지금 계획plan now' 실천을 병행하며 포스트 코로나 시대의 목표를 명확히 해야 한다.

지금 실행하라

CEO들은 위기 발생이 지속가능성에 미치는 영향을 완화하는 한편, 더 강력하게 위기를 극복하기 위해 당장 몇 가지 조치를 취할 수 있다.

직원을 공정히 대하라. 코로나19 위기를 가장 중요한 자산인 임직원에게 초점을 맞추는 시간으로 삼아야 한다. 구성원을 보호하고, 가능한 한 원격·재택 근무를 지원하고, 유급 병가와 가족 돌봄 휴가를 늘리기 위한 안전 프로토콜을 강화해야 한다. 정리 해고를 하지 않는 대안들(예컨대 모든 임직원이 같이 고통을 분담하는 임금 삭감)을 모색해야 한다. 감원이나 노동시간 단축이 불가피할 때는 해당 직원에게 물적·정신적 지원을 해야 한다. 불가피하게 임금을 삭감해야

할 때는 임원 급여와 상여금을 삭감해야 한다. 소매업체 타깃Target
은 일시적으로 근로자 임금을 시간당 2달러 인상했으며, 바이러스
감염 위험이 높은 팀원에게 유급 휴가를 주었고, 피해 직원을 지원
하기 위한 기금을 만들었다. 다국적 에너지 기업인 에넬Enel은 6만
8000명 이상의 글로벌 인력이 바이러스에 감염될 경우 이들을 보호
하기 위해 보험에 가입시켰다.

고객과 공급업체에 올바른 일을 하라. 고객에게 미치는 영향을
완화하기 위해 환불과 반품 등의 정책을 수정해야 한다. 지급 조건을
변경하여 재무적으로 취약해진 공급업체를 보호하고, 단골 고객에게
신용을 제공하여 이들이 비즈니스를 지속할 수 있도록 지원하라. 예
를 들어 유니레버는 자사에 대한 의존도가 높은 소규모 소매 고객들
에게 자사의 신용을 제공하는 의미로 공급망을 뒷받침하기 위해 5
억 유로를 지원하기로 약속했다.

더 폭넓게 공동체를 지원하라. 의약용품 또는 지역사회 생활필
수품 지원과 같은, 위기 시 가장 중요한 활동을 지원하기 위해 회사
시설을 전환해야 한다. 지역사회와 위기 대응 팀에 절실하게 필요한
물자를 직접 기부하는 것도 고려해 보자. 바이두Baidu는 지도 애플리
케이션에 코로나19 감염이 확인된 사례가 표시되는 기능을 추가했
다. 다이슨은 병원 현장에서 즉시 사용할 수 있는 새로운 인공호흡기
를 신속하게 설계했다.

지속가능성 렌즈로 투영해 보고 중요한 조치를 검토하라. 비용
절감 계획이나 새로운 비즈니스에 중요한 조치를 시작할 때는 지속
가능성을 우선순위의 기준으로 사용하고 검토해야 한다. 이는 탄소

배출량과 비용을 모두 줄이는 에너지 효율 조치에 전념할 수 있다는 것을 의미한다. 대규모 경기침체는 석탄공장 폐쇄를 가속했고, 감염병 대유행 역시 그러한 추세에 박차를 가할 것이다. 위기가 발생하기 직전에 한 화장품 회사는 소비자 만족도를 높이면서도 비용을 절감하고 탄소 배출량을 낮추기 위해 포장을 재설계했다. 제품군 전반에 걸쳐 조달 비용의 10% 이상을 절감하고, 개별 제품의 하위 부문에서 2만 그루의 나무를 보호할 수 있었다. 그러한 조치들 덕분에 비용 절약과 함께 회사의 실적도 크게 상승했다.

지금 계획하라

기업들은 단기적인 조치 외에도, 지금이라도 지속 가능한 미래를 위한 발판을 마련할 중기적인 움직임을 계획할 필요가 있다. 포스트 코로나를 준비하면서, 다음 네 가지 사항에 집중해야 한다.

오늘의 긍정적 행동을 유지하라. 여러 연구에서 변화의 순간에 도입된 전략 실행은 나중에 고착될 가능성이 더 높다는 결과가 나왔다. 기업은 어떤 위기 대응 조치가 지속 가능한 미래에 도움이 될 것인지 판단할 수 있다. 기술 기업의 경우 잘못된 바이러스 정보를 걸러내기 위해 개발한 기술을 기후변화에 대한 오해와 잘못된 길로 이끄는 정치적 정보를 잡아내는 데 적용할 수 있다. 모든 회사는 비즈니스를 위해 정말로 많은 해외 출장이 필요한지에 대해 재평가할 수 있다. 나아가 식품이나 건강에 관련된 중요한 아이템을 배송하기 위해 직원들이 총집결하고, 위기 시 기업의 역할에 대한 가치를 재발견하는 가운데 기업들도 기업 사명을 재점화해야 할 때다.

핵심 역량 마련을 위해 M&A를 활용하라. 재무 상태가 건강한 기업들은 경기침체에서 더 강하게 회복한다는 것을 중요하게 인식해야 한다. M&A를 통해 성장을 추구하려 할 때, 지속 가능한 스타트업 회사와 기술을 모색해야 한다. 2008~2009년 글로벌 금융위기 때 스마트 빌딩 기술 회사 그리드포인트GridPoint는 V2그린V2Green, 릭사르Lixar, ADM마이크로ADMMicro 같은 회사를 전격 인수하여 시장에서 입지를 강화했다. 코로나19 사태로 경제적 불확실성이 커진 상황에서, 재생 디젤의 선도적 제조업체인 핀란드의 네스테Neste는 지속 가능한 사료와 재생 순환 솔루션 기술을 개발하기 위해 계속해서 기업을 인수하고 협력하고 있다.

위기를 계기로 위험을 평가하고 바로 실행에 옮겨라. 기업은 이제 다양한 시나리오에 대비해야 한다. 현재의 위기에서 배운 교훈을 활용하여 지속가능성과 관련된 비즈니스 중단과 같은 큰 위험들을 파악해야 한다. 만약 탄소 배출권 가격이 1톤당 150달러로 크게 상승한다면? 플라스틱 규제 법안이 예상보다 빨리 통과된다면? 소비자들이 예상보다 빨리 육류 소비를 줄인다면?

이러한 평가는 이전에 매력적이지 않다고 여겨졌던 지속가능성에 대한 투자나 행동을 가속할 수 있다. 실제로, 코로나19 사태는 매우 낮은 확률의 사건도 언제든 발생할 수 있다는 것을 보여주었다. 공중보건과 안전 같은 분야에서 지속가능성과 관련된 어떤 위험이 발생할 수 있을까? 기후변화에 당신의 기업은 얼마나 회복탄력적인가? 기후변화 리스크 관련 재무 공시 보고서가 쏟아져 나오고 있는 지금이 바로 기업의 기후변화 위험 노출을 검토할 때이다.

새로운 지속가능성 기회를 예상하라. 위기가 가져온 지속가능성 순풍을 붙잡아 경영전략에 포함해야 한다. 예로 블랙록은 이사회 재선임 목적의 의결권 위임을 위해 환경 기준을 높이는 데 집중했다. 플라스틱 사용 악순환을 막는 데 집중하는 사람들은 위기 이후 플라스틱 폐기물(사용한 마스크, 방호복, 장갑)을 재활용 자원으로 사용하고, 화학적 재활용을 감당할 만한 규모로 더 빨리 추진하는 방안을 찾을 것이다. 향후 공급망의 변화에 대처하여 회복탄력성 강화를 추진하면서, 그와 동시에 같은 변화가 지속가능성도 어떻게 개선할 수 있는지 고려한다. 추적가능성traceability은 지속 가능한 자원 조달과 책임 있는 노동 관행을 보장하는 데도 도움이 된다. 또한 원거리 조달, 생산 공급망을 근거리로 전환하면 배출 가스를 줄여 탄소발자국을 감소할 수 있다. 새로운 생산 현장이 환경 정책을 준수하도록 설계되고 새로운 기술들을 더 효과적으로 활용한다면, 제조 공정에서 발생하는 공해 수준을 크게 낮출 수 있다. 이러한 움직임에 따르는 일부 기업들은 코로나19 긴급 부양책 재난 지원금을 환경 성과를 내기 위해 사용하려 할 것이다.

한편 지속가능성 기회가 기업이 생산하는 제품에 어떻게 적용될 것인지도 고려해야 한다. 전대미문의 봉쇄, 이동 제한 조치를 크게 겪으면서 소비자들은 앞으로 정상화 이후 제품을 고를 때 더욱 까다롭고 신중해질 것이다. 특히 해당 제품이 소비자 자신은 물론 세상에 이로운가에도 관심을 가질 것이다. 수백만 명의 생명과 기업을 위험에 빠뜨렸던 감염병 대유행은 앞으로 지속가능성 추구를 늦춰야 할 어떠한 이유도 없애 주었으며, 서로를 돕고 세상을 돌보는 것이 얼마나 중요한지 알려 주었다. 코로나19 사태에서 얻은 중요한 교훈들을 잘 활용한다면, 궁극적으로 비즈니스에도 도움이 될 것이다. 위기 동안 지속가능성을 약속하는 기업은 더욱 굳건한 고객 및 공급업체 관계, 기업 평판 향상, 직원 충성도 및 생산성 향상으로 더욱 강력해질 것이기 때문이다. 이제 지속가능성을 추구하지 않는 기업은 바이러스 자체보다 더 심각한 기업 명성 실추 위기에 직면하고 생존을 크게 위협받을 수 있다는 점을 깨달아야 한다.

기업의 지속가능성이란

● 기업이 경영에 영향을 미치는 경제적·환경적·사회적 이슈를 종합적으로 균형 있게 고려하면서 기업의 지속가능성을 추구하는 경영 활동.

● 전통적으로 중요하게 생각했던 재무 성과뿐 아니라 기후변화와 같은 환경문제, 사회문제 등의 비재무 성과를 중요하게 고려하여 기업 가치를 지속적으로 향상하려는 경영 기법.

● 단기적 성과뿐 아니라 중·장기적 성과를 중요시하고 커뮤니케이션 강화를 통한 이해관계자의 참여, 기업의 사회적 책임, 윤리, 투명한 정보 공개를 확대하는 경영.

온라인 상거래에서
컨택트 프리 경제로

세상이 비접촉·비대면으로 빠르게 전환되고 있다. 건강관리 시장이 특히 두드러지는데, 코로나19 사태가 발생하기 전에는 대부분의 환자가 진료를 받기 위해 의사가 있는 병원으로 이동하는 것이 일반적이었다. 우리는 의사와 같은 의료 전문가들과 직접 대면하여 서비스를 받는 것의 가치를 인정해왔다. 그러나 긴급한 요구에 대처하는 데 더 많은 시간을 할애하면서도 환자가 좋은 진료를 받는, 이 두 가지 장점을 모두 누리는 것 역시 불가능한 일이 아니다.

영국에서는 2019년 비디오 링크를 통해 초진 상담을 받는 경우가 1% 미만이었는데, 코로나19 사태로 이동 제한·폐쇄가 일어난 상황에서는 거의 100% 원격으로 이뤄지고 있다. 또 다른 예로, 2019년 미국의 유명 소매업체는 커브사이드(매장 앞 보도블록에 정차한 차까지 배달하는 방식) 배달·픽업 사업을 시작하려 했다. 사업을 계획할 때는 약 18개월이 걸릴 것으로 예상했지만 코로나19 대유행으로 서비스를 실행하는 데 일주일도 채 걸리지 않았으며,

그 덕분에 고객들에게 필요한 서비스를 제공하면서도 고용 창출과 직원 생계유지가 가능해졌다. 온라인 뱅킹은 코로나19 사태 동안 서비스 품질 저하나 컴플라이언스(규제 준수) 이슈 없이 무려 10%에서 90%로 증가했다. 기술 산업뿐 아니라 B2B(기업 간 거래) 애플리케이션에서도 마찬가지다. 건설 현장에서는 멀리 떨어진 원격지에서 자동화된 모니터 장비로 건설 장비들을 감시할 수 있다.

'언컨택트'는 일시적 현상이 아니다!

포스트 코로나 시대에 영국이 이전의 의사-환자 모델로 돌아갈 것으로 믿기는 어렵다. 교육도 마찬가지다. 세계 유수의 대학들마저 과거에는 관심도 없던 원격 교육에 눈을 돌리고 있다. 물론 강의실과 개별 교육 지도tutorial를 위한 자리는 앞으로도 항상 마련되겠지만, 이번 기회로 무엇이 효과가 있고 없는지를 파악하고, 더많은 교육 대상에게 더 저렴하고 쉽게 양질의 교육을 제공할 엄청난 기회를 찾을 수 있다. 제조업체의 경우 근로자들이 일을 하면서도 방역 지침을 준수할 수 있는 새로운 업무 방식을 도입해야 했다. 근로자들을 자급자족할 수 있는 포드pod(분리 가능한 작은 공간)로 조직하고 대면 접촉 없이 교대근무를 수행하는 것, 물리적으로 접촉할 수밖에 없는 생산공정들에 대해서는 시차를 두어 다른 시간대로 운영하게 하는 유동적인 생산 일정, 그리고 품질 보증 업무를 가상으로 교육하는 경우를 예로 들 수 있다. 이러한 사례들은 대부분 비상시의 긴급 조치였다. 운영 테스트를 가상으로 수행하는 디지털 트윈digital-twin 시뮬레이션을 활용하면, 위기가 감소함에 따라 안전과 생산성을 위해 어떤 것이 계속되어야 하는지를 정의하는 데 도움이 된다.

'디지털 전환digital transformaion'은 사실 코로나19 사태 이전부터 커다란 흐름이었다. 코로나로 인해 가속화된 디지털 전환은 이제 기업의 현실로 가까이 다가왔고, 모든 분야에서 중요성이 더 커졌으며, 특히 소비자 부문에서 가장 빠르게 움직이고 있다. 아시아의 자동차 제조업체들은 소비자들이 최신 모델을 탐색할 수 있는 가상 쇼룸을 개발했다. 항공사와 렌터카 업체들도 비접촉식 소비자 여행을 개발하고 있다. 이런 방식은 시작부터 끝까지 디지털 여행의 일부가 되고 있다. 그러나 더 큰 기회는 B2B 애플리케이션일 수 있다. 특히 물리적 거리를 확보하기 어려운 제조업계에서는 사물인터넷IoT 적용에 대한 회의적인 시각이 있었다. 그러나 이제 많은 산업에서 사물인터넷을 도입해 안전 전략을 강구하고, 협력업체와의 협업을 개선하며, 상품의 재고 관리·조달 최적화·장비 유지 등에 적용하고 있다. 원격 업무를 가능하게 돕는 이러한 솔루션들은 기업의 비용을 절감하고, 인적 자원 간에 물리적 거리를 두며, 더욱 유연한 운영 상황을 만들어내고 있다. 고급 애널리틱스(빅데이터 분석) 기술을 활용하면 기업은 공장 생산 라인 안을 걸어다니지 않아도 되고, 고객의 니즈를 정확히 파악할 수 있으며, 또한 비접촉 방식으로 제품과 서비스를 고객에게 제공할 수 있다.

THINK

비대면 경제의 부상

코로나19 위기는 특히 전자상거래, 원격의료, 자동화 등 세 분야에서 결정적인 전환점을 만들어내고 있다. 이미 전자상거래는 오랜 기간 시장 판도를 바꾸고 전통적 상점의 매출을 잠식했다. 코로나19 사태는 소비 패턴과 쇼핑 습관 변화를 더욱 가속하고 있다. 중국에서 이러한 징후를 감지할 수 있다. 36세 이상 소비자들이 새로운 고객층으로 부상하고, 특히 소규모 지방이나 도시 거주자들의 온라인 쇼핑 규모가 과거와 달리 매우 커지기 시작했다. 2020년 4월 초의 조사에 따르면, 유럽에서는 설문 대상 소비자의 13%가 생애 처음으로 전자상거래를 접하고 온라인 쇼핑을 할 계획이라고 응답하기도 했다. 이탈리아에서만 2020년 2월 말 감염병이 대유행한 직후 지금까지 전자상거래가 81%나 폭증했다고 한다.[12]

원격의료와 가상 헬스 서비스의 수요와 거래는 놀라울 정도다. 미국 최대 규모의 원격의료 서비스를 제공하는 텔라닥 헬스Teladoc

Health사는 2020년 3월 50%의 매출 증가를 신고했고, 수천 명의 의사가 텔라닥 서비스 네트워크에 신규 등록했다고 한다. 미국 연방통신위원회는 환자와 가상 건강관리 서비스 제공자 간의 네트워크 연결성을 개선하기 위해 2억 달러 규모의 예산을 지출하고 있으며, 미국 보건복지부는 원격의료에 대한 보험료 환급을 늘리고 서로 다른 주cross-state에서도 가상 의료를 제공할 수 있게 했다. 유럽에서 가장 큰 원격의료 서비스 제공 업체 중 하나인 스웨덴의 KRY인터내셔널은 서비스 신청 등록이 200% 이상 증가했다고 한다. 프랑스와 한국 모두 원격의료 서비스에 쉽게 접근할 수 있게 하기 위해 관련 법을 개정했다. 아직 코로나19의 백신 개발이나 치료법 검증에 적어도 수개월 이상 필요한 상황에서 환자와 의료 서비스 제공 기관 모두 이러한 가상 원격 진료를 확대할 이유를 절실히 느끼고 있다.

산업 전반에서 자동화는 사실 코로나19 사태 전부터 크게 확대되었다. 2017년 말 맥킨지글로벌연구소는 전체 일자리의 60%에서 핵심 업무 중 30% 이상이 자동화되어 2030년까지 전 세계 4억~8억 개의 일자리가 자동화의 영향을 받을 것으로 추산했다. 브루킹스연구소에 따르면, 지난 30년간 발생한 세 차례 대규모 경기침체 동안 이러한 자동화 속도는 더욱 증가했다고 한다.

사실상 공장 생산 라인부터 최종 소비자에 이르기까지, 인간의 개입과 접촉이 최소화하는 움직임은 비즈니스 세계에서는 충분히 상상할 수 있고, 실제로도 가능해지고 있다. 물론 인간 노동력이 완전히 사라지지는 않을 것이다. 정상으로 돌아가면 소비자들이 다시 마트로 쇼핑하러 갈 테고, 거리의 많은 작은 상점 역시 다 무인 가게로 바뀌지는 않을 것이기 때문이다. 복잡하고 섬세한 치료와 진단이 필요한 환자들은 전과 같이 의사를 직접 만나기 위해 병원을 찾을 것이고, 여전히 자동화할 수 없는 수많은 직업과 업무가 존재할 것이다. 그러나 자동화의 추세는 다시 과거로 회귀하거나 돌이킬 수 없는 명백한 움직임이다.

물리적 거리, 건강, 안전과 프라이버시 등에 대한 소비자의 태도에도 지속적인 변화가 일어날 것이다. 건강에 대한 관심과 건강한 생활에 대한 욕구가 높아질 것이며, 이를 충족하기 위해 어디에서, 어떻게, 무엇을 먹는지에 대한 트렌드 역시 앞으로 계속 변화할 것이다. 코로나19에 대응하는 비상 상황에 개인 정보 활용이 공중보건과 방역, 생명 보호에 도움이 된다고 입증되면, 앞으로 일부 소비자와 정부는 개인 정보의 공유와 활용에 대해 다시 한번 생각해 보고 이를 바라보는 관점과 태도를 바꿀 수도 있다.

1980년과 2012년 사이에 태어난 밀레니얼 세대와 Z세대에게는 이번 코로나19 사태가 일생에서 가장 크게 직면한 위기일 것이다. 이번 위기는 이후 그들이 살아가는 태도나 삶의 자세에 예측하기 어려운 방식으로 큰 영향을 미칠 수 있다. 관광, 여행, 숙박업 부문에서는 비즈니스 출장과 개인의 여가 여행 선호도에서 장기적 변화가 나타날 것으로 예상해 볼 수 있다. 미래에 대한 불확실성과 예측 불가능성에 대한 우려가 어느 때보다도 커지면서 소비자들은 과거에 비해 더 많은 비용을 절약하고 지출을 줄이는 행동 패턴을 보일 수 있다. 포스트 코로나 시대에 소비자가 어떻게 행동할지에 대한 다양성과 불확실성은 앞으로 더욱 커질 것이다.

단순 회귀에서
재편·재구상으로

감염병 대유행 이후 기업의 정상 복귀란 정부에서 날짜를 공표하고 '정상 영업 개시'를 선포함으로써 결정되지 않는다. 예상보다 긴 점진적인 과정이 될 것이다. 업종에 따라 회복 단계는 다 다르겠지만, 기업이 단순히 스위치를 켜고 바로 영업을 개시할 수 있는 경우는 드물다. 이제 네 분야에 집중해야 한다. 바로 매출 회복, 운영 재구축, 조직에 대한 재고, 그리고 디지털 솔루션 채택의 가속화다. 특히 이 과정에서는 속도가 중요한데, 회복은 단계적이고 신중한 과정을 만들어 나가는 것을 의미한다.

뉴 노멀에 맞는 비즈니스를 구상하라

소매 및 엔터테인먼트 부문의 경우, 특히 공공장소에서는 이제 '사회적 거리두기'가 앞으로 계속 삶의 현실이 될 수 있다. 따라서 공간과 새로운 비즈니스 모델을 재설계할 필요가 있다. 사무 공간은 원격근무의 긍정적 요소를 유지하는 계획이 앞으로도 세워질 것이다. 제조업은 생산 라인과 공정을 재구성할 필요가 있다. 서비스업은 온라인 거래를 하지 않거나 인터넷에 접속하기 어려운 소비자에게 접근하는 것이 중요할 것이다. 운송업은 여행자들이 A지점에서 B지점으로 이동할 때 바이러스 감염 위험으로부터 안전하다고 느끼게 하는 것이 무엇보다 중요해질 것이다. 이 모든 경우에, 한때 통했던 사람 대 사람 사이의 역학관계는 바뀌게 될 것이다.

'인더스트리 4.0' 또는 '4차 산업혁명', 용어야 어떻든 간에 운영 비용을 절감하면서 유연성을 키울 수 있는, 새롭고 빠르게 개선되는 디지털 및 애널리틱스 솔루션은 이제 현실이고 실제다. 이후 '[ACT NOW] 포스트 코로나 시대와 인공지능 활용'에서 언급하겠지만, 디지털화는 코로나19 사태 이전에도 있었으나 기업에 매우 보편화한 것은 아니었다. 빠르고 지능적으로 가속화하는 기업은 생산성과 품질, 최종 고객과의 연결에서 커다란 이점을 얻을 수 있다. 그리고 인공지능의 도입에 따르는 혜택과 보상은 매우 커서 2025년까지 전 세계적으로 3조 7000억 달러에 이르는 엄청난 가치가 될 수 있다는 평가도 나온다.

모든 기업은 각자 정해진 목표에 도달하기 위해 해야 할 일을 조명하고, 목표에 도달하기 위한 자원을 확보하며, 디지털 솔루션과 사이버 보안 분야에서 직원들을 훈련시키고, 리더십을 발휘하게 할 계획을 세울 수 있다. 코로나 사태 이전에 강조되어 왔던 디지털 전환이 정체 상태에 빠지지 않으려면, 동일한 방법을 사용하지 말고 성과와 경험을 통한 학습 및 기술 기업들의 생태계 구축에 초점을 맞춰야 할 것이다.

전 세계 기업들은 이제 빠른 속도로 코로나 감염병 상황에 적응하고 있다. 그간 이런 전대미문의 사태에 손쓸 일이 거의 없었고, 눈앞에 닥친 당면 과제를 해결하는 데 훨씬 더 신경을 써왔다. 기본적으로 과거로 돌아가기를 바라고 생각하는 사람들에게 그 생각을 버리라고 말하고 싶다. 미래는 우리가 생각하는 것과 다를 것이라는, 예전과 같지 않을 것이라는 현실을 받아들이고, 이제는 어떻게 하면 제대로 해낼 수 있을지를 고민해야 한다.

THINK

위기 극복을 위한 리셋과 리툴

예상과는 다른 모습으로 다가오는 미래에 적응력과 회복탄력성을 높이기 위해 CEO들은 다음과 같은 두 가지 질문을 해 보아야 한다. 언제 비즈니스 재편성에 대해 논의해야 할까? 그리고 어떻게 재편성을 시작할 수 있을까? 아직 코로나19가 종식되지 못한 상황에서?[13]

미국 항공우주국NASA의 달 착륙 계획인 아폴로 우주 프로그램에서 가장 잘 알려진 아찔한 위기 상황은 바로 아폴로 13호 임무에서 발생했다. "휴스턴, 여기 문제가 생겼다!" 지구로부터 32만 킬로미터나 떨어진 우주 공간에서 날아온 이 한마디로 휴스턴 관제센터는 초긴장 상태에 빠졌다. 산소 탱크 폭발이 선체에 고장을 일으켜 아폴로 13호는 필요 전력의 대부분을 잃었고, 그나마 남아 있는 전력을 조금이라도 소모하는 장치와 기능을 모두 꺼야 했다. 휴스턴 관제센터는 승무원을 지구로 귀환시키기 위해 마지막 순간에 우주선 전원을 다시 켜기 위한 순서를 한 치의 오차도 없이 정확히 알아내야 했다. 전원 공급의 순서, 즉 무엇은 중지하고 무엇은 다시 켜야 하는지와 같은 수많은 의사 결정이 있었지만, 나사를 이끈 것은 승무원의 무사 귀환이라는 명확한 임무였다. 기업도 마찬가지로 위기를 극복하고 회복을 향해 나아갈 때, 자사의 무엇을 멈추고 무엇을 다시 켜야 하는지 많은 결정의 순간에 부딪히게 될 것이다. 무엇을 어떻게 결정해야 하는가? 이 모든 것이 바로 임무에 관한 것이며, 비즈니스 리더가 올바른 순서로 올바른 버튼을 켜고 끄려면 정상으로 회복하려는 자사에 관한 명확한 목적 파악이 우선이다.

당신의 회사가 전원에 문제가 생긴 우주선이라고 가정해 보자. 복구, 즉 전원을 다시 공급하기 위해 어떤 작업을 다시 시작할 것인지에 대한 수백 가지 결정을 포함하는 순서를 재정의해야 할 것이다. 바른 순서대로 올바른 버튼을 누르듯이, 리더는 비즈니스 재편에 대한 논의를 시작해야 하며 다음의 세 가지 사항을 같이 고민해야 한다.

첫째, 이전 방식으로 회귀하지 않는다. 코로나19 사태로 인한 초유의 락다운 상황에서 오히려 그간 억눌려온 회사 지배 구조와 프로세스로부터 해방되었다고 말하는 비즈니스 리더들이 있다. 사소한 의사 결정들에 수년을 소요하던 내부 논쟁에서 벗어나 주요한 긴급 대응 조치와 향후를 내다보는 논의에 매진하다 보면 되레 에너지를 얻는다고 한다.

둘째, 알지 못하는 것에 대한 시도와 실험, 학습을 시작한다. 고객 니즈부터 경쟁 역학까지, 코로나19 위기 이후 세계는 지금과 전혀 달라질 것이다. 구체적으로 어떻게 변할지는 여전히 불분명하지만,

시장·산업별로 과거와는 확연히 다를 것이다. 결과적으로, 선도 기업이 되기 위해서는 새로운 시도를 더 많이 하고 학습에 집중하며 고객 및 비즈니스 파트너, 사회와의 커뮤니케이션을 강화해야 한다.

셋째, 설계 이슈를 논의하고 원칙에 신속히 합의한다. 코로나19 위기 이후, 비즈니스를 지배할 '빅 아이디어'는 무엇일까? 점점 더 많은 기업 CEO가 큰 규모의 조직을 죽이는 복잡성에서 벗어나 빠르게 움직이는 경쟁자들과 맞닥뜨려 이기는 파괴적 혁신 조직이 되고 싶어 한다. 조직은 더 빠르고 스마트하게 일해야 하며, 복잡성을 없애 모든 프로세스에서 병목을 제거해야 한다. 이를 실행에 옮기기 위해서는 이제 균형 잡힌 관리자 스타일의 리더보다는 '까칠한spiky' 리더, 즉 기존 상태를 어지럽히고 새로운 아이디어를 확장하고 강한 실행력을 지닌 CEO가 더 적합할 수 있다. 물론 여기에는 비즈니스의 전 과정을 아우르는 디지털 관리 플랫폼을 기반으로 한 훨씬 더 유연하고 회복탄력적이며 투명한 공급망이 뒷받침되어야 한다.

에베레스트의 정상을 정복하는 방법은 두 가지가 있다고 한다. 하나는 원정 스타일 등반이다. 다수의 인원으로 구성된 팀이 많은 장비와 캠프를 설치하고 몇 주에 걸쳐 정상을 정복하는 전통적인 등반 방식이다. 요즘 유행하는 알파인 스타일 등반은 이와는 정반대다. 소수 정예 팀이 각자 들고 갈 수 있는 장비만 가지고 이른 시간 안에 정상에 오른다. 알파인 등반가들은 위험 지역에서 보내는 시간이 훨씬 적기 때문에 생존 식량과 장비를 많이 가져가지 않는다.

생각보다 많은 비즈니스 리더가 원정 스타일 등반 방식으로 기업 경영을 해오고 있었다. 즉, 모든 조직원과 모든 것을 다 같이하며 한 걸음 한 걸음 전진해왔다. 작은 언덕 하나를 오르더라도 모든 여정에는 산더미 같은 장비와 사람들이 필요했다. 코로나19 사태를 경험하면서 기업은 이제 알파인 스타일 등반 방식으로 운영하는 것에 대해 고려할 때가 되었다. 물론 알파인 스타일 방식에는 위험한 측면이 있지만 원정 스타일 등반에 비해 더 빠르게 정상에 도달할 수 있으며, 다음의 실행 원칙을 같이 고민하면 더욱 효과적이다.

첫째, 시작 단계에는 소규모로 먼저 협의하라. 비즈니스 재편을 위한 아이디어는 커야 하지만, 알파인 스타일 등반처럼 시작은 작게 하는 것이 가장 좋다고 한다. 크게 신뢰할 수 있는 소규모 리더 그룹을 만들어 전략 방향과 미해결 이슈를 파악해야 한다. 신뢰할 수 있는 고객과 비즈니스 파트너를 포함한 외부 이해관계자의 아이디어도 수용하는 것이 좋으며, 그런 다음 여정을 위한 지도를 그리고 나침반을 설정하고 같이할 등반팀 구성에 대해 협의한다.

둘째, 전체 여정을 팀 단위로 관리할 수 있는 수준으로 나눠라. 코로나 사태 때문에 이제 웬만한 문제는 1시간 이내로 줌Zoom과 같은 화상회의 웹 시스템에 6~8명 정도가 접속·참여하여 해결한다. 각 팀은 위기를 예측하고 시나리오를 수립하고, 이전 방식을 답습하지 않는 방식을 구상하고 알 수 없는 사안에 대해 실험과 학습을 시작하며, 현장과 함께 비즈니스 운영 모델을 재설계하고, 비즈니스 재편을 위한 조직 변경 등에 집중할 수 있다. 이러한 일에는 커다란 거버넌스(조직 구조)나 프로세스가 필요 없다. 퍼즐 조각을 맞추기 위해 광범위한 조직의 주의를 분산하지 않고 실행에 옮겨 학습을 시작해야 한다. 나중에 언제든지 원정 스타일로 전환할 수 있지만, 지금은 빨리 그리고 가볍게 시작하는 것이 최선의 방법이다.

셋째, 일선 현장을 적극 참여시켜라. 알파인 스타일 등반에서는 소수 정예 팀들이 종종 정상에 도달하기 위한 다양한 방법을 탐구해낸다. 소규모 조직은 민첩하고 적응력이 뛰어나다. 이와 유사하게, 성공하는 기업은 계속해서 일선 현장의 시도와 실험에 의존한다. 새로운 상향식 피드백 방식을 유지하고, 해결책을 찾기 위해 현장 팀들의 의견을 청취해야 한다.

포스트 코로나 시대를 준비하는 비즈니스 리더에게 자신에게 맞는 이미지를 선택해 보라고 권하고 싶다. 지구로 방향을 틀고 무사 귀환의 임무를 완수할 준비를 하는 아폴로 13호의 사례를 생각해 보라. 아니면 알파인 스타일 등반 팀을 상상해 보라. 대규모 팀을 데리고 와 몇 주간의 여정으로 베이스캠프를 치고 정상을 향하는 경쟁자들을 정상에서 내려다보는 것도 역시 상상해 볼 수 있겠다. 무엇을 생각하든 비즈니스 리더는 지금의 위기 상황에서 공격적으로 행동해야 한다. 또한 더 크고 빠르게 성장하고, 고객을 만족시키고, 경쟁자들을 놀라게 할 준비를 시작해야 한다.

RE
SO
IL
IEN
CE 9

2장

코로나19
위기에서 배우는
경영전략

위기가 기회로 바뀌는 순간
우리가 해야 할 것들

코로나19 사태는 위기가 발생했을 때의 대응부터 잠재적 경기침체의 대비, 궁극적인 수요 반등 시기의 예상, 포스트 코로나19 상황을 예측하는 것까지 기업에 여러 심각한 도전 과제를 제시한다. 그러나 이번 위기는 기업이 한발 물러나 조직의 전략과 역량을 평가할 좋은 기회이기도 하다. 기술 변화 속도와 초연결성으로 말미암아 기업 비즈니스 환경이 어느 때보다 역동적이고 예측할 수 없어지면서 앞으로 감염병 대유행, 사이버 테러, 시장 붕괴, 또는 다른 무엇이 언제든지 발생해 충격과 영향을 줄 수 있다는 것을 예상해야 한다. 일부는 비즈니스 환경 밖의 외생변수에서, 또 일부는 내생변수에서 언제든지 기인할 수 있다.

기업들은 어떻게 이 충격에 더 잘 대비할 수 있을까? 1장에서 정리해 본 7가지 넥스트 노멀 실행 전략과 더불어 현재 코로나 위기에서 배우는 경영전략의 교훈을 10가지로 정리해 보면 다음과 같다.[1]

초연결성 비즈니스 환경,
시스템적 사고로 대응하라

기업 생태계, 비즈니스 환경은 상호 연결성이 매우 높은 경제와 사회 속에 내재되어 있다. 이렇게 복잡한 적응 시스템 내에서의 충격과 중단 발생은 상승과 하강을 거듭하며 전체 시스템을 재구성한다. 코로나19의 경우 중국 내 지역적 발병으로 시작하여 중국 내에서 억제될 것으로 믿었다. 그러나 시스템 관점으로 큰 그림을 보고 이전에 발생했던 팬데믹을 생각한 미래 지향적인 경영진이라면 코로나19 발병이 경제·시장·기업에 연쇄적으로 영향을 미치면서 전 세계적으로 확산할 가능성이 매우 크다는 것을 알 수 있었을 것이다. 이렇게 금융위기, 감염병 대유행과 같은 시스템 리스크는 고도로 상호 연결된 경제·사회 시스템 안에서는 언제든지 일어날 수 있다. 결국 개별 사물보다는 상호 연관성을 그리고 정지된 상태가 아닌 변화의 패턴을 분석하는 시스템 리스크 사고방식이 더욱 필요하다. (4장 'R4. 핵심 연결성을 고려하고 관리하라' 참조)

ACT NOW

코로나19 극복을 위한 시나리오 경영

코로나19 사태는 전 세계에 극적인 영향을 미치고 있다. 현시점에서는 그 궤적을 예측하기가 여전히 어려운 상황이다. 커다란 불확실성은 기업 경영자들의 전략적 행보를 약화할 수 있다. 예를 들어, 정부의 긴급 재난 지원 정책과 지역 경제 재개 시기 등은 여전히 모호하고 계속 바뀐다. 언제쯤이면 사람들이 일상으로 돌아왔다는 생각을 하고 안전하다고 느낄까? 이번 사태가 소비 습관에는 어떤 영향을 미칠까? 경제적 여파가 심해지면서 사회 불안이 다시 증폭하는 것은 아닐까? 이러한 질문에 대한 답은 비즈니스 환경을 바라보는 리더들에게 매우 중요한 사항이지만, 근본적으로 예측하기가 거의 불가능하다. 그러나 코로나 충격에 따른 경제 마비 때에는 기다리기보다 당장 조치를 취하는 것이 더 효과적이다. BCG의 분석에서 2008~2009년 금융위기 초기부터 투자자와 대응하고 소통하기 시작한 기업들이 본격적인 경기침체가 닥칠 때까지 기다린 기업들보다

상대적으로 좋은 실적을 낸 것으로 파악되었다.[2]

이처럼 예측하기 어려운 상황에서 시나리오를 개발할 때 가장 먼저 기억해야 할 것은 불필요한 세목에 얽매이지 말고 정밀도 오류 false precision에 빠지지 않아야 한다는 것이다. 시나리오는 현재 위기가 어떻게 전개될지를 결정할 다음 요인들에 대한 가정의 조합이어야 한다.

● 공중보건 상황: 확진자 추이의 일일 상황, 중환자실 환자 수, 치료 가능 시간에 대한 추정 타임라인 등 지표를 사용하여 발병 기간, 심각도, 지리적 확산을 추정한다.

● 거시경제 환경: 경제 회복이 V자형, U자형, L자형 중 무엇으로 예상되는지 등 보건 위기로 인한 경제적 충격의 강도와 형태를 측정한다. 지표에는 실업 수준, 투자 수준, 기업 부실 및 파산율 등이 포함될 수 있다. 중앙은행 통화정책 조치와 기업에 대한 정부 부양책, 금융 지원 상황도 고려해야 한다.

● 정부 조치의 직접적 영향: 국가와 지역별, 더 나아가 사업장이 위치한 도시별로 각기 다른 정부의 위기 대응 조치를 추적한다. 지표에는 봉쇄 조치, '비필수' 품목의 영업 제한, 상점·사무실·호텔·공장 및 기타 자산의 의무 휴업 등이 포함될 수 있다.

● 비즈니스별 특징적 수요 사항: 감염병 발생에 따른 특정 부문의 수요 변화에 대한 좀 더 세분된 견해를 의미한다.

향후 시나리오에 대해 알리고 최신 정보를 제공하기 위해, 기업들은 이러한 각 요인에 대한 과거 지향적, 미래 지향적 핵심 성과 지표Key Performance Indicator, KPI를 모두 실시간으로 볼 수 있는 동적 지표 대시보드, 쉽게 말해 '조종실' 같은 시스템을 마련해야 한다. 위기 이전 상황이 반영된 과거 지향적 데이터는 기업이 현재 위기의 전개와 궤적을 모니터링하고 이에 영향을 미칠 수 있는 잠재적 요인을 이해하는 데 도움이 된다. 예로, 수요 변동은 특정 부문의 GDP 감소와의 상관관계로 모델링해 볼 수 있다. 한편, 미래 지향적인 조기 경보 지표는 분석가들이 변화하는 환경에서 수요 반등이나 소비자 행동의 새로운 패턴과 같은 약한 신호를 감지하는 데 필요하다.

한 명품 브랜드는 코로나19 발병 당시 한국과 중국의 동향을 추적해 자사 제품 카테고리의 온라인 검색이 증가하고 있다는 사실을 알아챘으며, 이는 며칠 후 자체 판매량이 증가했을 때 매출이 회복되려 한다는 초기 지표로 판명되었다. 그 결과 해당 회사는 다른 중요한 시장을 위한 신뢰할 수 있는 시나리오를 개발할 수 있었다. 이 사례는 데이터가 축적됨에 따라 더 큰 집합 데이터를 사용하고 좀 더 정교한 측정 역량을 갖추는 것이 얼마나 중요한지를 강조한다. AI 분석을 활용할 수 있는 기업들은 앞으로도 즉각적인 이점을 얻을 것으로 예상된다.

우수한 데이터는 정보에 입각한 의사 결정을 촉진할 수 있지만, 보건 위기와 그 여파가 실제로 어떻게 해결될 수 있는지 방향을 제시하지는 못한다. 어느 시점에서는 비즈니스 리더가 믿음을 가지고 향후 전개 과정을 어떻게 볼 것인지 결단력 있게 판단하고 행동할 필요가 있다. 락다운이 두 달 또는 넉 달 동안 지속될 것인지, 그리고

2021년에는 백신을 개발하고 사용할 수 있는지와 같은 학습된 추측도 해야 할 것이다.

비즈니스 리더는 각 사업 부문과 회사를 운영하는 각 지역 또는 국가에 대한 '참조 시나리오reference scenario'에 강력한 합의를 도출해야 한다. 강력한 방역·봉쇄 대책에도 무너지지 않고 성공적으로 극복하고 있는 한국의 사례는 현재 락다운 아래서 어려움에 처한 국가·시장의 참조 시나리오와는 크게 다를 것이다. 마찬가지로, 식당과 카페가 문을 닫는 나라에서는 식품 소매상들이 소매점에서 강한 수요를 예상할 수 있으며, 심지어 온라인 판매 수요 증가도 예상해볼 수 있다. 한편, 오프라인 소매시장의 경우 정부의 규제에 따른 대규모 수요 감소로 온라인 시장과는 근본적으로 다른 대응이 필요하다. 무엇보다도 참조 시나리오는 대시보드 지표를 통해 감지되는 비즈니스 환경 변화에 대응하여 지속적으로 조정되어야 한다. 시나리오 개발 프로세스는 실시간으로 지표를 추적하고 고급 분석을 활용하여 정확도와 학습 속도를 지속적으로 높여야 한다.

리질리언스를 고려한 설계, 관리 방안을 마련하라

안정적인 시기에 기업은 규모를 키우고 효율성을 지속적으로 유지하며 사업을 하는 경향이 있다. 이러한 관점에서 보면 여분의 자원과 역량은 낭비로 간주될 수 있다. 그러나 여분, 중복성이라는 것은 자연계에서든 사회 시스템에서든 회복탄력성을 높이는 6가지 특성 중 하나다.

더불어 회복탄력성을 높이는 특징에는 이질성(관점과 접근 방식의 다양성), 모듈화(전체 시스템 붕괴를 방지하기 위한 완충장치), 적응성(변동, 선택 및 증폭 프로세스를 활용하여 급변하는 상황에서 설계를 유연하게 하는 능력), 빈틈없는 신중함(통계적으로 확률은 희박하지만 실현되면 파괴력이 상당한 리스크에 대한 스트레스 테스트), 내재성(뿌리내림, 사회적 재난 발생 시 더 높은 수준의 일관성을 실천함) 등이 있다. 코로나19 위기의 경우, 중요한 의료 장비가 부족한 정부나 재정 상태가 허약한 기업은 회복탄력성을 확보하는 데 실패하고 위기 대응에 훨씬 더 어려움을 겪고 있는 것으로 나타났다.

ACT NOW

회복탄력적 기업의 특징과 혜택

다음 6가지 특성을 강화하는 방향으로 조직의 구조와 의사 결정 프로세스를 재구성하면 회복탄력성을 키우면서 지속적인 성과를 이끌어낼 수 있다.[3]

● 중복성redundancy: 단기적으로 효율성을 일부 희생하더라도 예상치 못한 충격에 대비해 시스템에 완충장치를 마련하는 것을 말한다. 동일한 제품을 생산하는 여러 공장을 운영하는 것처럼 핵심 요소를 복수로 가져가거나, 같은 목표 달성을 위해 구성 요소는 다르지만 기능의 중복성을 갖도록 설계하면 회복탄력성을 키울 수 있다.

● 다양성diversity: 새로운 스트레스에 대응하기 위한 다양성의 확보는 단일화·표준화를 통해 얻는 효율성을 일부 희생할지 모르지만, 대신 전체 시스템이 파국으로 치닫는 것을 막을 수 있다. 비즈니스 현장에서 서로 다른 배경과 지식, 경력을 가진 사람들을 고용하거

나 다양한 사고방식과 행동 방식을 조직 내에 장려하는 문화를 만들 수도 있다.

● 모듈화modularity: 전체 시스템을 모듈화 개념에 따라 설계하면 일부분에서 장애가 발생하거나 문제가 생기더라도 전체 시스템 붕괴로 이어지지 않을 것이다. 물론 긴밀하게 통합된 조직 설계로 얻을 수 있는 효율성은 일부 포기해야 한다. 모듈형 조직은 인터페이스가 잘 정의된 소규모 단위의 부문으로 나뉘어 있기 때문에 위기 상황이나 돌발 상황에서 더 쉽게 실행할 수 있으며, 더 빠르게 대응하고 재연결할 수 있다는 장점이 있다.

● 적응성adaptability: 시행착오를 통해 개선·진화하는 능력을 의미한다. 적응성을 키우려면 반복적인 의사 결정의 메커니즘뿐 아니라 실험을 통해 일정 수준의 변화나 다양성을 가져갈 필요가 있다. 적응형 조직의 프로세스와 구조는 안정성을 추구하고 변화를 최소화하기보다는, 유연성을 높이고 지속적으로 학습하는 데 유리하도록 설계되어 있다.

● 신중함prudence: 어떤 일이 일어날 거라고 생각되면 결국 언젠가는 일어날 거라는 예방적 원칙에 따른 행동을 포함한다. 이런 위험에 대해서는 비상 계획을 마련하고 스트레스 테스트를 수행할 필요가 있다. 즉 시나리오 플래닝, 워게임war game, 조기 경보 신호 모니터링, 시스템 취약성 분석 기법 등을 통해 위험에 미리 대응하는 준비를 해야 한다.

● 내재성embeddedness: 개별 기업의 목표와 활동을 더 광범위한 시스템의 목표와 일치시키는 것을 말한다. 기업은 공급망, 비즈니

스 생태계뿐 아니라 경제·사회·자연 생태계의 일부이기 때문에 생태계 내에서 공생하면서 장기적인 성장과 번영을 추구해야 한다. 기업은 이해관계자들과 명확히 소통하면서 중요한 사회적 요구에 부응해야 한다.

이외에도 기업은 제품, 채널, 지역적 또는 비즈니스 모델 간 포트폴리오를 전환하는 전략을 통해 기회를 극대화하고 역경을 최소화할 수 있다. 그러려면 적절하게 자본이 배분되어야 한다. 대부분의 기업은 전체 부서에 걸쳐 비교적 균등하게 자원을 할당하고 배분하는 경향이 있지만, 극한 상황에서는 평상시와 다른 단호한 재분배가 요구되기도 한다. 그러려면 상대방이 알아채기 전에 새로운 위험과 기회를 먼저 파악하는 역량과 정신적 민첩성이 필요하다. 여기서 중요한 개념이 바로 충분성sufficiency이다. 결국, 충분한 속도로 충분한 자본을 투여하는 기업만이 성과를 낼 수 있다.

또한 환경 형성environmental shaping 전략도 생각해 볼 수 있다. 후발 주자에게 기존 비즈니스 환경이란 이미 주어진 것이고, 새롭게 선택할 수 있는 전략은 그다지 많지 않다. 그래도 새로운 기회를 잡는 선구자는 비즈니스 환경을 완전히 새롭게 형성할 수 있다. 특히 역동적 환경에서 일어날 수 있는 새로운 현실을 상상하고, 이를 구체화하고 설득을 통해 생각한 대로 실현함으로써 기업은 자신에게 불리한 충격에 노출되는 것을 줄일 수 있다.

마지막으로, 기업은 다른 기업과의 협업을 통해 회복탄력성을 높일 수 있다. 디지털 플랫폼과 같은 비즈니스 생태계는 새로운 역량에 대한 접근 가능성과 향상된 유연성을 제공하고, 공유 비즈니스의 경우에는 시장 진입에 필요한 고정비용을 줄임으로써 해당 시장 참여자의 집단 회복탄력성을 높일 수도 있다. 공유 플랫폼을 통해 파트너와 공동으로 실행하고 혁신 메커니즘에 투자함으로써 예상치 못한 상황에 공동으로 대비하는 '실질적인' 보험 장치를 만들어낼 수 있는 것이다.

예상치 못한 비즈니스 상황에 직면했을 때 회복탄력성 원칙을 채택·활용하는 회사는 다음과 같은 여러 이점을 얻을 수 있다.

첫째, 위협을 더 빨리 인식할 수 있는 능력을 나타내는 '기대 이점anticipation benefit'이다. 이는 당장의 성과로 나타나지 않을 수도 있다. 그러나 회복탄력적 기업은 복구와 정상화, 그리고 위기 이후의 성장 전략과 계획에 관해 명확한 자신감과 태도를 갖고 이해관계자들의 신뢰를 얻어 이후 정상화를 위한 후속 단계에서도 분명 긍정적인 영향을 주게 된다.

둘째, '영향 차이 이점impact benefit'이다. 초기 충격에 더 잘 대응하거나 견뎌낼 수 있는 능력을 의미한다. 이는 더 나은 준비 또는 더 유연한 대응을 통해 분명하게 달성될 수 있다.

셋째, '회복 속도 이점recovery speed benefit'이다. 예전 수준으로 복귀하는 데 필요한 조정 방안을 식별하고 이를 신속하고 효과적으로 구현함으로써 경쟁사보다 충격에서 더 빨리 회복할 수 있는 능력을 나타낸다.

마지막으로, 새로운 충격 이후 뉴 노멀 환경에 더 잘 적응할 가능성이 높아지는 것을 의미하는 '성과(결과) 이점outcomes benefit'을 들 수 있다.

이 네 가지 이점이 모두 결합되면, 결과적으로 매우 커다란 차이를 만들어낸다는 것을 알 수 있다. 코로나19 유행 초기에 중국에서 관찰할 수 있었듯이, 거의 대부분 산업에서 수많은 기업이 다 같이 빠르게 무너졌지만 회복 단계에서는 회사별로 성과와 실적에 현저한 차이가 나타났다.

위기는 변화를 위한 매우 좋은 기회다. 코로나 사태를 계기 삼아 기업은 다음의 6가지 실행 조치를 시작으로 비즈니스 모델을 재점검하고, 조직 전체의 회복탄력성을 높일 기회로 만들어야 한다(이 책의 후반부에서 계속 강조하는 내용이지만, 아무리 강조해도 지나치지 않

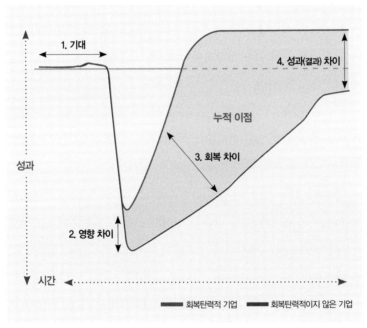

출처: HBR

은 내용이라 먼저 간략히 소개한다).

첫째, 역경에서 이점을 찾아라. 단순히 당면한 위험이나 피해를 완화하거나 원래 있던 상태로 복귀하려고 노력하는 것을 넘어서 뉴노멀에 효과적으로 적응함으로써 역경에서 이점을 찾아내는 것을 목표로 삼아야 한다.

둘째, 장기적인 시각으로 바라보라. 위기를 단기적이고 전술적인 운영 관점에서 바라보기 쉽지만, 조금 더 장기적인 시간 척도로 바라보면 새로운 트렌드와 니즈가 등장하고 경쟁자가 도태되면서 분명 기회가 생겨날 수 있다. 또한 위기는 장기적으로 커다란 변화를 가속하는 가장 좋은 이유가 될 수 있다. 따라서 비즈니스 리더의 중요한 역할 중 하나는 조직의 시간적 시야를 외부로 전환하는 것이다.

셋째, 협업과 시스템의 관점에서 바라보라. 안정적인 시기에는 주어진 맥락에서 주어진 비즈니스 모델을 통해 비즈니스 성과를 극대화하는 것이 당연하다. 그러나 이와 대조적으로 회복탄력성은 커다란 스트레스 아래에서 비즈니스, 구성 요소 간 관계가 어떻게 변화하는지를 고민하는 것이다. 이를 위해 시스템적 사고방식과 솔루션이 필요하며 모든 임직원, 고객, 이해관계자 간의 협업에 따라 그 결과는 분명 달라질 수 있다.

넷째, 성과를 넘어선 이점과 역량을 측정하라. 궁극적으로 기업의 건강 상태는 과거 실적에서 도출된 수치를 평가하는 것만으로는 부족하다. 유연성, 적응성, 회복탄력성 요소를 측정하는 것 역시 지속 가능한 비즈니스를 수립하는 데서 매우 중요하다.

다섯째, 다양성을 장려하라. 회복탄력성의 성공 여부는 상황에 대응하는 대안적인 방법을 얼마나 만들어낼 수 있느냐에 달렸다. 이는 결국 새로운 시각으로 사물을 바라보는 능력에 달렸다. 회복탄력적 기업은 인지적 다양성을 높이 평가하며 변동성과 다양성, 차이의 가치를 높이 매긴다.

여섯째, 변화를 당연한 것으로 여겨라. 알리바바의 창업자 마윈馬雲은 안정성이 아닌 변화가 비즈니스의 기본이라고 강조한다. 회복탄력성은 아주 가끔 일어나는 극한 상황에서 써먹기 위한 역량이 아니라 지속적인 변화와 실험을 전제로 조직의 구성과 시스템을 지원하는 역량이다.

경영 이론과 실행의 주류가 여전히 성과 관리에 집중되어 있는 상황에서 기업의 회복탄력성은 리스크를 줄일 기회일 뿐 아니라 앞으로 기업의 핵심 경쟁력으로 부상하게 될 것이다. 앤디 워홀Andy Warhol은 미래에는 누구든 인지도를 유지하는 시간이 고작 15분에 그칠 것이라고 말했다. 오늘날 비즈니스 세계에서 고성과는 언제든 잠시 잠깐 나타나는 다반사다. 위기는 쉴 새 없이 반복될 것이고 결국 회복탄력성이 강한 기업만이 일관되고 지속적인 성과를 이어갈 수 있다.

긴박감을 조성하고
안일함에서 벗어나라

코로나19의 전 세계적 확산이 시작된 뒤에도 많은 나라가 감염 검사와 방역 대책 수립을 지체했고, 그 결과 감염은 더욱 확산·악화되었다. 그러나 싱가포르(사스)와 우리나라(메르스) 등 코로나19 이전에 바이러스 확산을 크게 경험한 일부 국가는 현실에 안주하지 않고 더욱 신속하고 강력히 방역에 개입했다.

많은 기업이 문서상 '비상 대응 계획'을 갖고 있지만, 이를 실제로 사용해 보거나 훈련한 적이 없어 실행에는 어려움을 겪는 것으로 나타났다. 앞으로 다가올 위기 상황에 대한 안일함에서 벗어나려면, 경영자들은 무엇보다도 정신적·물질적 대비 태세를 갖추기 위한 '가상훈련'을 실시함으로써 조직에 경계심과 긴박감을 심어야 한다. (4장 'R2. 경계심과 긴박감을 지속적으로 유지하라' 참조)

ACT NOW

고신뢰 조직에서 배우는 위기 대응

할리우드 영화에서나 볼 법한 우주비행사, 핵항공모함, 경찰특수기동대, 산불소방대를 보면 무엇이 생각나는가? 이른바 극한 직업으로 불리는 이러한 조직들은 최악의 상황에서도 맡은 바 임무를 철저히 완수하고 작은 실수도 용납하지 않는 특징을 가지고 있다. 경영학에서는 이를 '고신뢰 조직High Reliability Organization, HRO'이라고 부른다. 미국 역사상 최악의 사고 중 하나인 스리마일섬 원전 사고를 조사하면서 예일대학교 찰스 페로Charles Perrow 교수가 최초로 제시한 개념이라고 한다. 그 후 미시간대학교 칼 와이크Karl Weick 교수가 이를 더욱 발전시켜 다음의 다섯 가지로 고신뢰 조직의 특징을 정리했다.

고신뢰 조직의 첫 번째 특징은 '실패를 깊이 있게 다룬다'는 것이다. 고신뢰 조직은 보통 무시하고 넘어갈 수도 있는 매우 작은 실패 사건들조차 놓치지 않고 추적한다. '기업 비즈니스가 올바른 상태를 유지하려면 무엇이 필요한가? 무엇이 잘못될 수 있는가? 어떻게 잘못될 수 있는가? 어떤 일들이 잘못되었는가?' 이에 대한 답은 과거의 작은 실패들 속에 있는 경우가 많다. 작은 실패들에 주목하라는 것은 실수할지도 모른다는 걱정에 일을 진행하지 못할 정도까지 신경 쓰라는 것을 의미하지는 않는다. 그 반대로 시스템이 예상치 않게 돌아가는 것을 알려주는 미약한 신호들을 적극적으로 찾으라는 의미다.[4]

두 번째 특징은 '단순화를 거부한다'는 것이다. 지나치게 단순화하여 상황을 해석하고 넘어가기를 거부한다는 의미다. 복잡한 상황, 뉘앙스, 차이, 세부 사항 등은 유지하는 데 노력이 좀 더 많이 든다. 그러나 바로 이러한 것들이 예상치 못한 사건들이 발산하는 약한 신호를 좀 더 잘 알아챌 수 있게 해준다. 복잡하고 역동적인 사건을 감지하려면 복잡한 감지기가 필요하기 때문이다. '보통 때와 다른 이상한 점이 있었는가? 사람들이 보지 못하고 있는 것들은 무엇인가?' 고신뢰 조직은 생각해 볼 수 없는 것들이 무엇인지 찾아보고, 그렇게 하여 현재 예상했던 것들을 넘어서서 보려고 노력한다. 다양한 해석의 관점을 가지고 있는 조직이나 팀, 집단에 대해 보상을 하여 관점이 다양해지면 예상의 폭을 넓힐 수 있고, 정보에 대한 감수성도 커지기 때문이다. 그렇게 되면 단순화하기가 억제되고, 그 과정에서 더욱더 많은 문제를 볼 수 있는 가능성은 커진다.

세 번째 특징은 '운영 상황에 세심하게 신경을 쓴다'는 것이다. 이는 현장에서 돌아가는 통상적인 운영 상황에도 매우 세심하고 민감하게 반응한다는 의미다. 일선의 운영 라인에 세심하게 신경 쓰는 것은 상황 전개를 따라잡을 수 있는 가장 강력한 수단이다. 운영에 지속적으로 관심을 보이는 관리자들은 돌발 사고가 좀 더 잘 보이는 상황을 만들 수 있고, 그것이 문제로 커지기 전에 바로잡을 수 있는 상황 역시 마련할 수 있기 때문이다.

　네 번째 특징은, '회복탄력성 유지에 전념한다'는 것이다. 고신뢰 조직은 돌발 상황이 발생해도 버텨내고 즉각 회복탄력적으로 대응하는 역량을 갖춘다. 기업 경영에서 비즈니스를 중단시키는 수많은 사건에 부딪혀도 조직 시스템이 무너지지 않고 오래 지속되며, 영향과 충격을 받은 상태에서 다시 처음 상태로 되돌아오는, 즉 경영이 정상화되는 특성인 회복탄력성은 매우 중요하다. 그러나 회복탄력성을 향상하는 쪽으로 변화하는 것은 경우에 따라 비효율적으로 보일 수도 있다. 효율성을 위해 간소화하거나 쥐어짜는 조직은 단기적으로는 효과적일 수 있으나, 예상치 못한 한 방의 사건에도 붕괴될 수 있다. 간소화란 조직으로부터 회복력과 유연성을 제거하는 것으로, 경영자가 중복 부분을 제거할 때 그것은 조직에 축적된 경험과 전문성을 희생하는 것이라는 점을 깨달아야 한다. 회복탄력적인 고신뢰 조직은 매우 빠르고 정확한 피드백 시스템을 가지고 있다. 이는 즉석에서 실시한 조치들의 효과가 빨리 감지될 수 있도록 하고, 그 효과가 사태를 악화할 경우 다시 그 행동을 즉시 바꾸거나 포기할 수 있도록 한다. 피드백이 느린 시스템을 가진 조직은 본질적으로 회복할 기회를 얻지 못하기 때문이다.

　다섯 번째 특징은 '전문성을 존중한다'는 것이다. 고신뢰 조직은 긴급하고 중대한 상황에서 권위와 위계보다 현장 전문성을 더 중요시하고 존중한다. 여기서 전문성을 따른다는 것은 최소한 다음 두 가지 가정으로부터 멀어지는 것을 의미한다. 첫째, 권위는 전문성과 같다는 가정이다. 둘째, 직위가 높을수록 전문성도 크다는 가정이다. 예상치 못한 사고를 관리하는 것은 작은 불일치 현상들이 더 커질 때 일어날 수 있는 효과를 확대해서 생각해 보는 것이다. 사고가 유례없이 커져갈 수 있는 모습을 상상해 보고 대처 방안을 가설적으로 구성해 보는 것이다. 고신뢰 조직은 또한 유연한 의사 결정 구조를 가지고 있어 문제가 일어나면 그 문제를 해결하는 데 가장 전문성을 가진 사람 쪽으로 의사 결정권을 이동시킨다.

커뮤니케이션 정체 상태, 비효율을 해결하라

　　　　　　　　　일단 위기의 심각성이 파악되면, 대부분의 조직은 위계질서에 따라 끊임없이 보고와 명령으로 비정상적인 활동 과잉에 빠지게 되고 커뮤니케이션은 결국 정체 상태에 빠진다. 정보 공유는 물론 득도 있지만 실도 있는데, 커뮤니케이션에 과도하게 치중한 나머지 실제 일을 못하거나 중요한 메시지를 놓치고 조직의 민첩성을 떨어뜨릴 수 있다. 새로운 지침, 프로세스 또는 체계가 추가로 생기면서 시간이 지남에 따라 복잡성은 더 증가하는 경향이 있다. 위기 상황에서 리더는 임무형 지휘 원리를 채택하여 주요 사실, 원칙 및 목적을 명확히 전달하고, 나머지는 일선 조직들이 직면한 상황에 따라 적절한 전술을 결정할 수 있도록 해야 한다. 즉 일선 지휘관의 자율적 판단과 주도력을 강조해야 상부의 명령만 기다리는 수동적 조직보다 탁월한 결과를 가져온다. 효과적인 의사 결정을 위해 리더십과 집단행동 사이의 적절한 균형을 찾아야 한다.

ACT NOW

위기에 신속하게 대처하는 법

미국 국가교통안전국National Transportation and Safety Board, NTSB은 교통사고를 조사하고 추후 사고 방지를 위한 교통 안전 관련 권고 임무를 수행하는 연방정부 기관이다. 워싱턴 본부에서 24시간 운영되는 통신센터의 도움을 받아, NTSB는 전 세계의 교통 관련 소식 및 사건을 관찰한다. 이는 NTSB로 하여금 빠른 대응을 가능하게 할 뿐 아니라 사고 현장으로 긴급파견수사반을 빠르게 파견하도록 해준다. 수사반은 여러 분야의 전문 조사관들이 모인 그룹으로 이루어져 있는데, 이들의 역할은 사고와 관련된 사실들을 체계적으로 찾아내는 것이다. NTSB의 '학습·조정learn and adapt' 접근법은 다음과 같다.[5]

1. 대비하라. 훈련이 완벽함을 만든다. 위기가 발생한 바로 그 시점에 반응한다면 이미 늦은 것이다.

2. 조직화하고 가용성을 확보하라. 최악을 가정하되 최선을 희

망하라. 어떤 상황에도 대응할 수 있도록 준비하라. 핵심 전력이 사용 불가능할 경우에 대비하여 비상 계획contingency plan을 세워라.

3. 경험이 풍부한 리더를 활용하라. 위기 대응 경험이 있으며 정확히 무엇을 해야 하고 조직을 어떻게 이끌어야 하는지 이해하고 있는 적절한 인원을 갖춰라.

4. 관찰하고 평가하라. 임직원, 경쟁사, 고객들 사이에서 나타나는 변화에 주의 깊게 귀를 기울이고, 당신의 조직에 대하여 어떤 말을 하는지 선제적으로 모니터링하라.

5. 빠르게 대응하라. 상황을 이해할 시간을 충분히 가져라. 그러나 대응은 빠르고 효율적으로 하라.

6. 위기에 대해 사후 결과 보고를 하라. 무엇이 발생했는지에 대하여 사후 결과 보고를 내부적으로 하라. 그리고 그로부터 배운 교훈을 향후 추적 및 모니터링 프로세스 개선을 위해 적용하라.

커뮤니케이션이 진화하듯이, NTSB의 위기 대응 능력 역시 개선되고 있다. NTSB의 전 국장 짐 홀Jim Hall에 따르면, 과거에는 NTSB가 도착하기 전에 〈투데이 쇼Today Show〉와 같은 미디어에서 먼저 사고 현장에 관한 기사를 보도하는 경우가 종종 있었다고 한다. 그래서 홀 국장은 워싱턴에 있는 NTSB 본사에 24시간 통신센터를 창설했다. 이 센터는 교통과 관련된 전 세계의 모든 사건과 소식을 지속적으로 모니터링한다. 그 덕분에 NTSB는 사고 소식을 실시간으로 알고 즉각적으로 긴급파견수사반을 현장에 보낼 수 있었다. 24시간 통신센터는 또한 전문 사고조사관들이 조사에만 집중할 수 있도록 그에 필요한 모든 실행 계획을 준비해 준다.

실제로 대형 교통사고와 같은 엄청난 이벤트에 대응해 본 기업이나 조직이 많지 않을 수 있다. 그러나 앞에서 언급한 NTSB 접근법은 사고 사례의 교훈을 지속적으로 분석하는 기반을 통해 빈틈없는 사후 조사와 분석의 중요성을 강조한다. NTSB 짐 홀 국장은 다음과 같이 말했다. "위기가 발생한 바로 그 시점부터 반응을 시작한다면 당신은 이미 늦었습니다. 많은 조직은 사전 준비에 투자하기를 꺼리지만, 결국에는 사전 준비가 매우 비용 효과적인 투자라는 것을 깨닫게 됩니다." 결국, '학습·조정'이라는 문화를 기업 전체에 걸쳐 내재화하고 활성화하면 예상치 못한 공격으로부터 기업과 브랜드를 보호하는 효과를 얻게 될 것이다.

한편, 캘리포니아 산불 진압 소방관들이 개발한 사고 지휘 체계Incident Command System, ICS를 통해 기업의 위기관리에 대해 생각해 보자. ICS는 기업의 위기 대응을 계획하고 조직하고 관리하는 데 유용한 기법이 될 수 있다. 이는 지역·주·연방의 정부기관과 소방대원, 경찰, 응급 의료 요원, 주 방위군과 자원봉사자 등의 자율적이면서도 상호의존적인 다양한 조직의 활동을 조율하기 위해 구성되는 특수 목적의 임시적인 지휘통제 체계를 뜻한다. ICS는 처음 개발된 뒤에 다른 분야로 널리 확산되고 있는데 오클라호마시 폭탄 테러 때 적용되었으며, 그 후 미국 국토안보부Department of Homeland Security, DHS에서는 비상대응팀원들에게 ICS를 의무적으로 적용하도록 했다. ICS는 허리케인 카트리나의 대응에도 활용되었지만, 훈련 부족과 명확한 지휘 계통의 부재로 크게 성공하지는 못했다고 한다. ICS의 14

가지 기본 요소는 다음과 같다.

- 의사소통과 상호 이해를 가능케 하는 공통의 용어
- 단일 지휘 체계를 유지하면서도 사건에 적합하도록 확장할 수 있는 모듈식 조직
- 명문화된 사고 행동 계획에 기초한 목표 관리
- 사고 행동 계획에 따라 대응 전략을 전체적인 관점에서 조율
- 적정한 수의 하급자를 감독할 수 있는 관리 가능한 통제 범위 설정
- ICS를 운영할 수 있도록 사전에 지정된 공간과 시설
- 자원을 분류·요청·파견·추적·복구하고 적시에 자원 활용 내역을 보고하는 포괄적인 자원 관리 프로세스
- 공통된 의사소통의 개발과 활용을 통한 통합적인 의사소통
- 우선지휘권을 통해 명령 체계를 수립하고 이전하는 프로세스
- 모든 사람에게 감독자를 지정할 수 있도록 명확한 권한 라인을 가진 통일된 지휘 체계
- 다수 사건의 지휘자들이 하나의 팀으로 일할 수 있는 공통의 관할권을 포함하는 통합 지휘 조직
- 사고 행동 계획을 준수하도록 하는 각 개인의 책임의 명확화
- 요청이 있는 경우에만 인력과 장비를 제공하는 배치 체계
- 사건과 관련된 정보를 수집하고 공유하는 정보관리 및 지식 관리 체계

빠르게 변화하는 환경에
전략을 맞춰 대응하라

대부분의 정부나 기업에서 채택하고 있는 단편적인 사업 계획 주기에 기반을 둔 전통적인 전략은 평상시 안정적인 환경에서는 효과적일 수 있다. 그러나 코로나19 사태는 바이러스의 알려지지 않은 특징과 감염의 기하급수적인 궤적으로 말미암아 극도로 예측할 수 없고 빠르게 변화하고 전개된다. 그 결과 많은 기업은 급변하는 상황에서 적응적 전략을 활용해야 하고, 이에 따라 의사 결정을 가속해야 한다는 것을 알게 되었다. 또 위기가 진정됨에 따라 위기 이후의 상황과 비즈니스 환경에서 활용할 여건 조성 및 비전 전략을 채택해야 한다. 문제 해결에 대한 고유한 접근 방식을 구성하기 위해 매우 다양한 경영지표, 프로세스, 기능 및 리더십 스타일이 요구된다.

기업은 비즈니스의 각 부분에 대해 적시에 올바른 전략을 기반으로 한 접근 방식을 선택할 필요성이 점점 더 커진다. 효과적으로 그것을 구현하려면 효율성과 생산성을 높일 뿐 아니라 창조성과 적응성도 강조하는 전략적 양손잡이 경영이 필요하다.

ACT NOW

OODA 루프를 활용한 액션 플랜 조정

앞서 설명한 '[ACT NOW] 코로나19 극복을 위한 시나리오 경영'에서처럼, 시나리오가 전략적 의사 결정에 미치는 영향을 극대화하기 위해서는 다음 네 가지 지침을 고려해야 한다.[6]

첫째, 출발점과 시나리오를 기반으로 전략을 수립하라. 시장점유율, 현금보유액, 디지털화 수준이 서로 다른 많은 기업이 현재 코로나19 사태에 직면해 있다. 비즈니스 리더들은 앞으로 중요한 전략적 대응을 결정할 때 이러한 요소들을 고려해야 한다. 즉 일부 기업은 공격적으로 M&A를 추진하는 등 과감한 움직임이 필요한 시점일 수 있다. 한편 다른 기업들은 재무 성과 극대화보다는 회복탄력성에 초점을 맞추는 것이 더 낫다고 결정할 수 있다. 1986년 이후 네 차례의 미국 경기침체 기간 중 44%의 기업만이 세전영업이익EBIT과 매출액이 모두 감소했다. 42%는 영업이익 또는 매출액에서 증가를 경험했고, 14%는 둘 다 성장을 일궈냈다. 물론, 이번 코로나 사태는 많은 면에서 과거의 경기침체와는 다르다. 그럼에도 강한 추진력으로 대담하게 극복해 나가는 기업이 결국 더 나은 결과를 낼 가능성이 크다.

둘째, 다양한 '시간 지평'을 고려하라. 감염병 발병 이후 기업들은 단기적 손실을 줄이고 임직원을 보호하기 위해 일하는 방식을 조정하는 데 주력해왔다. 코로나19 위기는 오래 지속되며 영향을 미칠 것으로 예상되기 때문에 이러한 조치를 계속하는 것은 필요하지만, 그것만으로는 충분하지 않다. 기업들은 다음 세 가지 시간 지평time horizon(범위, 시야) 관점에서 경영 계획을 수립할 필요가 있다.

● 충격 줄이기(최초 2~3개월): 코로나19 최초 발원지인 중국 후베이성의 전례에 비춰 봤을 때 정부가 명령한 폐쇄 조치가 전염병 발생을 통제하려면 적어도 2~3개월이 걸리는 것으로 보인다. 이 기간에 비즈니스 리더는 임직원의 건강과 안전에 집중하고, 현금 유동성을 확보하고 불필요한 비용 요인을 줄이며, 비즈니스 연속성 유지에 신경을 쓰고, 단기적 당면 과제나 기회 대응에 초점을 맞춰야 한다.

● 본격 대응기(이후 12~18개월까지): 세계보건기구World Health Organization, WHO 추정에 따르면 현시점에는 전 세계적으로 발병률이 정점에 달했을 수 있지만, 백신이나 효과적인 치료제가 규모에 맞게 생산되기까지는 1년 넘게 걸릴 것으로 보인다. 기업들은 이 기간에도 비즈니스 활동을 재개할 수 있고, 수요와 공급 충격에 따른 변동성 회복에 대비할 수 있다. 이 전환 단계는 회복탄력성 확보와 새

로운 기회 포착 사이에서 적절한 균형을 찾는 시간이다. 이처럼 중요
한 기간에 비즈니스 리더들은 회사가 성공적인 실적을 거두고 장기
적 경쟁 우위를 점하는 기반을 구축하는 데 집중해야 한다.

● 뉴 노멀(18개월 이후): 공중보건 위기가 진정된 후, 기업은 새
로운 고객 행동에 적응하고, 세계적 경기침체와 그에 따른 회복기에
상·하위 제품 라인 모두에서 성장할 기회에 집중해야 한다.

셋째, OODA 루프를 활용하여 액션 플랜을 지속적으로 조정하라.
위기 시에는 공중전에 임하는 전투기 조종사의 기본 교범인 OODA
루프를 실행 원칙으로 적용할 것을 비즈니스 리더들에게 권고한다.
OODA 루프를 적용하는 기업은 대시보드 지표를 기준으로 참조 시
나리오를 조정하기 위해 관찰Observe하고, 회사가 어떤 출발점에 있
느냐에 따라 전략적 옵션을 파악하여 방향을 정하고Orient, 가장 효
과적인 실행 옵션을 결정하고Decide, 이에 따라 신속하게 실행·조치
해야Act 한다(아래 그림 참조). 이 루프를 자주 돌리면 학습 속도가 높

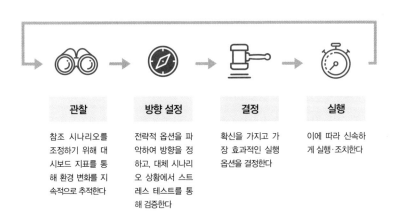

관찰	방향 설정	결정	실행
참조 시나리오를 조정하기 위해 대시보드 지표를 통해 환경 변화를 지속적으로 추적한다	전략적 옵션을 파악하여 방향을 정하고, 대체 시나리오 상황에서 스트레스 테스트를 통해 검증한다	확신을 가지고 가장 효과적인 실행 옵션을 결정한다	이에 따라 신속하게 실행·조치한다

아지는데, 이는 빠른 비즈니스 환경 변화에 대비하고 신속히 시정 조치를 취하는 데 기본이 된다(성능이 더 앞선 미그기MIG를 오히려 크게 제압한 F-86 세이버의 공중전을 분석해 도출한 교범으로, 전투는 관찰-방향 설정-결정-실행이 중첩되면서 빠르게 전개되는데 이러한 의사 결정 순환을 빠르게 수행하는 쪽이 승리할 가능성이 크다는 내용이 핵심이다).

관찰 단계에서는 정확한 대시보드 지표와 기준 시나리오를 재점검할 수 있는 개방적인 리더가 매우 중요한데, 필요에 따라 신속하게 조정할 수 있는 회사의 능력이 핵심이기 때문이다. 그리고 방향설정 단계가 특히 중요하다. 최상의 결과를 얻기 위해 기업들은 대응 계획의 약점을 미리 파악해야 한다. 전략적 대응은 극단적인 최악의 시나리오를 포함한 여러 시나리오에서 스트레스 테스트를 거쳐 검증되어야 하기 때문이다. 봉쇄 기간이 예상보다 2배 이상 길게 지속하는 시나리오를 고려할 때 최초 실행 계획에서 먼저 무엇이 어긋나는지 살펴보자. OODA 루프의 결정과 실행 단계에서 의사 결정을 가속하기 위해 군 수뇌부는 전반적인 군사 전략을 정의하고, 전장의 장교와 사병들은 실시간 정보를 바탕으로 전술적 결정을 내릴 수 있는 권한을 부여받는다. 기업도 마찬가지로, 본사는 전략적 비즈니스 의사 결정을 하고, 현장 팀들은 전술적 움직임을 조정하고 실행할 수 있는 능력을 유지해야 한다.

넷째, 비즈니스 환경을 능동적으로 형성하여 성공 가능성을 높여라. 군대가 주변 환경을 유리하게 형성하듯이, 기업들은 회복에서 신뢰가 중요하기 때문에 임직원이나 고객 안전을 침해하지 않는 한도 내에서 정책 환경을 자신에게 유리하게 만들기 위해 노력해야 한다. 이를테면 단기적으로 소매업자는 자사 제품을 판매가 허가된 필수 품목으로 관계 당국이 고려하도록 요청해야 한다. 이어서 본격 대응기 동안에는 새로운 안전 조치를 시범적으로 시행하고, 자사 근로자들의 감염 위험이 현저하게 줄어든 경우 규제 기관과 협력하여 제한을 해제하도록 노력할 수 있다. 마스크나 스크럽 같은 보호 장비를 만들기 위해 생산 능력을 재조정하는 회사는 일반 대중의 수요를 충족하는 한편 적절한 사회적 거리를 보장하는 생산 설비같이 본격 대응기에 필요한 생산 방법을 조기에 확보하여 시작할 수 있다. 기업들은 또한 포스트 코로나 시기인 뉴 노멀 환경의 윤곽을 정립하기 위해 정부와의 대화를 주도할 수도 있다.

코로나 사태가 초래한 전례 없는 복잡성과 불확실성이 비즈니스 리더들의 행보를 제약하게 해서는 안 된다. 시나리오 기반 접근법은 기업이 시나리오 조정을 통해 환경 변화를 지속적으로 관찰할 수 있게 하고, 전략적 옵션 방향 설정을 가능케 하며, 자신 있게 실행 계획을 결정하고 즉각 실행에 옮길 수 있게 해준다. OODA 루프를 자주 반복하면 기업은 분명 학습을 강화하고 잠재적 대응 방안과 효과성을 증가시킬 것이다. 시나리오 접근법은 앞에서 제시한 위기관리 조직 구조와 결합하여 기업들이 과감하지만 효과적이며 영향력 있는 전략적 행보를 할 수 있게 해준다. 단기적 생존을 위한 대응도 중요하지만 뉴 노멀과 맞서기 위해 비즈니스 리더들이 미래를 준비하는 것을 막아서는 안 된다. 따라서 장기적인 전략적 사고는 계속되어야 한다.

여러 시간 척도를
동시에 고려하라

위기 발생 초반에는 대부분의 기업이 당면한 위협 대응에 주력한다. 그러나 감염병 대유행의 경우 다른 도전 과제와 기회 역시 수면 위로 등장한다. 단기적으로는 예상되는 경기침체에 대비하고, 중기적으로는 잠재적 반등을 활용해야 하며, 결국에는 포스트 코로나를 대비한 비즈니스 모델을 재구성하고 재조명해 봐야 한다는 말이다. 이렇게 예상되는 당면 과제들을 순차적으로 해결하기 위해 마냥 기다릴 수만은 없다는 것을 기업들은 이제 깨닫는 중이다. 오히려 당장의 생존은 물론 다가올 미래의 포지셔닝과 성장을 위해 기업은 여러 시간 척도, 즉 단기·중기·장기를 동시에 고려해야 한다. 대부분 기업의 비즈니스 운영 속도는 연간 사업 계획 주기에 따라 결정된다. 그러나 앞으로의 기업 운영 속도는 알고리즘에 의한 찰나의 시간부터 수십 년 후까지도 바라보는 확장된 다중 시간 척도를 기준으로 항상 움직일 수 있는 기능과 역량으로 준비되어야 한다.

ACT NOW

4가지 경영 사고방식,
4가지 시각

코로나 사태와 같은 대형 위기는 거의 대부분의 기업에 중대한 고비이자 결정적인 순간을 가져오게 된다. 물론 어떤 기업에는 비즈니스 환경과 경쟁 상황을 빠르게 바꿀 절호의 기회일 것이다. 역사적으로 도전적 시기에 과감한 움직임을 보이는 기업은 역경을 유리하게 바꿨다. 2003년 사스SARS 대유행은 알리바바Alibaba나 징둥닷컴JD.com과 같은 거대 전자상거래 기업이 폭발적으로 성장하는 기회가 되었으며, 아메리칸익스프레스와 스타벅스 같은 기업은 2008~2009년 글로벌 금융위기 디지털 운영 모델로 선회하면서 오히려 주주 가치를 크게 높였다는 평가를 받았다. 이러한 전략적 행보를 가능케 한 근저에는 조직이 생존하고 번영하기 위하여 점진적인 변화와 갑작스러운 중단 상황 모두를 예측·대비하고 적응하는 능력, 즉 리질리언스가 있었다.[7]

조직, 기업의 리질리언스를 논할 때 예방적 통제preventative control, 의식적 행동mindful action, 성과 최적화performance optimization, 적응적 혁신adaptive innovation이라는 네 가지 사고방식과 행동을 기준으로 설명하는 방법이 있어 소개한다. 대부분의 조직은 개별적으로 작동하지 않고, 상호작용하는 양상을 보이며 변화한다.

첫째, 예방적 통제다. 강력한 리스크 관리, 물리적 보호, 시스템 백업, 각종 안전장치 및 표준 등의 수단을 통해 달성될 수 있다. 이를 통해 조직은 여러 위협으로부터 자신을 보호하고 사업 운영이 중단되는 상황을 '극복하여' 안정적인 상태를 회복할 수 있게 된다. 예방적 통제는 본질적으로 일관성에 기반한 방어적 전략에 기초한다.

둘째, 의식적 행동이다. 이는 낯설고 어려운 상황에서 개개인의 경험과 전문 지식, 팀워크를 활용하여 위협을 예측하고, 이에 적응하며 효과적으로 대응하는 조직 구성원들에 의해 완성된다. 예방적 통제와는 달리 유연성에 기초한 사고방식이다.

셋째, 성과 최적화다. 프로세스 최적화, 지속적 개선, 기존 역량의 증진 및 확장, 최신 기술 활용을 통하여 구현되며, 이를 통해 현재 고객들과 시장에 더 효율적이고 효과적으로 대응할 수 있게 된다. 성과 최적화는 본질적으로 일관성에 기반한 진취적 접근법에 기초한다.

넷째, 적응적 혁신이다. 익숙하지 않은 시장을 탐구하고 새로운 기술을 수용하는 혁신을 통해 달성하게 된다. 이를 통해 선제적인 forward-thinking 비즈니스는 자신이 처한 환경에서 사업 중단 상황을

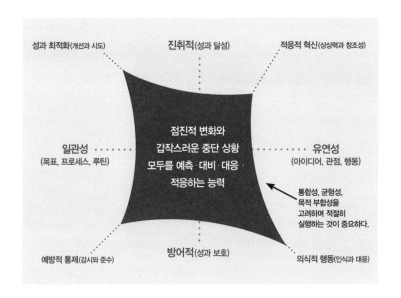

자체적으로 수용해낼 수 있게 되는 것이다. 적응적 혁신은 유연성에 기반한 진취적 접근법에 근간을 두고 있다.

사분면 내의 긴장 관계는 조직의 특성, 그리고 그 조직이 직면한 환경과 상황에 따라 달라진다. 이를테면 잠재적으로 고위험군에 속하는 산업은 긴장 관계 사분면이 좌하단과 같이 '방어적 일관성' 쪽으로 '기울' 것이다. 그러나 만일 정부 규제나 법규 변경 등과 같은 새로운 요구 사항이 발생하여 조직이 상업적 경쟁력을 더 갖추어야 하는 상황이라면, 더욱더 '진취적 유연성'을 발휘하여 우상단 쪽으로 이동하게 될 것이다. 이와 반대로, 영리적 사업을 수행하는 기업의 특성은 일반적으로 진취적 유연성이 강조되겠지만, 품질 저하와 상품 리콜 등의 비즈니스 차질이 생기면 방어적 일관성이 증가할 수도 있다. 이렇듯 긴장 관계 사분면에서는 '올바르거나' 혹은 '잘못된' 양상이란 존재하지 않으며, 시간 변화에 따라 모든 조직은 외부 요인에 의해 그 입지가 변할 수 있다는 점에 주목해야 한다.

결국 비즈니스 리더들은 예방적 통제, 의식적 행동, 성과 최적화, 적응적 혁신 영역에서 때로는 상충될 수 있는 목표와 요구 사항 사이에서도 적절히 균형을 취할 것을 요구받게 된다. 코로나19 사태와 같은 예측하지 못한 위기가 발생했을 때 특히 '양자택일'의 양상을 벗어나, 방어적이면서도 진취적인, 그리고 일관적이면서도 유연한 이른바 '양자합일'이라는 패러독스 사고방식paradoxical thinking이 필요하다. 조직이 방어적 정책을 지나치게 강조하면 유연성과 생산성이 저해되어 리질리언스가 약화된다. 그러나 진취적 정책만을 지나치게 강조해도 리질리언스가 저하되는데, 이는 적은 것으로 더 많은 것을 달성하는 데만 집착하게 되면 정작 핵심 비즈니스에 집중하지 못하는 실패로 이어지기 때문이다. 리질리언스를 갖춘 조직은 반드시 외부 시장 변화에 뛰어난 적응력을 유지하면서도, 동시에 자신만의 일관된 비즈니스 전략에도 집중할 수 있어야 한다. 경영진은 반드시 상충하는 리스크 통제와 기회 창출 사이에서 적절한 균형을 찾아, 일관성과 유연성 사이의 긴장 관계를 관리해야 한다.

앞서 언급한 조직 리질리언스를 강화하기 위해 실행 측면에서 어떠한 관점을 가지고 접근해야 할지에 대하여 다시 다음의 네 가지로 정리해 보고자 한다. 새로운 기술 개발, 신규 시스템 기획, 주요 변경 프로그램 실행 또는 위기 상황 대처와 같은 불확실성 환경하에서 복잡한 문제를 다룰 때 특히 네 가지 관점으로 바라보는 것이 유용하다.

첫째, '예견foresight'으로 미래에 대한 예상·예측 및 준비를 의미한다. 이를 위해서는 잠재적 위협과 잠재적 기회를 지속적으로 감시해야 한다. 조직은 미래에 대한 가능성, 타당성, 개연성, 선호도를 파악해야 한다. 예견을 통해 조직 구성원들은 불확실성과 변화에 정신적으로 대비할 수 있게 된다. 결국 조직의 생존과 성장을 위하여 조직원들이 정신적으로 변화에 준비할 수 있도록 자극이 될 수 있는 상황을 지속적으로 살펴야 한다.

둘째, '통찰insight'로 현재 상황의 해석 및 대응을 말한다. 이 과정에서는 현장 또는 고객 접점 직원들이 고객에 대해 직접 관찰한 사항을 비롯해 다방면에서 체계적으로 정보와 증거를 수집하여 현재 진행 중인 운영 상황과 조직이 직면한 환경에 대한 상호 이해를 추구하고 지속적으로 업데이트한다. 잠재한 문제와 오류도 집요하게 찾아내야 한다. 결국 한발 물러서서 더 큰 그림을 구상하고, 전체 시스템에서 부분 간 상호작용을 고려해야 한다.

셋째, '관리 감독oversight'으로 발생한 사안을 검토하고 변화를 평가한다. 비즈니스 환경이 변함에 따라 주요 리스크 평가 및 개선을 위한 강력한 프로세스를 구축해야 한다는 말이다. 다시 말해 핵심 리스크의 파악·관리·감시를 위한 견고한 프로세스를 구축하고, 비즈니스 환경 변화에 따라 지속적으로 프로세스를 정비하는 작업이 포함된다. 경영 활동이 기업의 전략에 부합하고, 조직의 문화를 반영하며, 조직의 리스크 프로파일risk profile과 일관성을 유지함으로써 성과와 규제 준수 사이에서 균형을 맞추도록 해야 한다.

넷째, '깨달음hindsight'으로 경험으로부터 올바른 교훈을 학습한다. 경험과 과거의 사건으로부터 그러한 상황을 초래한 상황적·조직적 요인을 파악하기 위한 학습 시간을 투자한다. 이를 위해서는 '비난하지 않는' 문화와 함께, 성공과 실패 모두에서 교훈을 얻으려는 의지가 필요하다. 미래의 성과는 조직이 경험을 기반으로 행동방식 변화를 도모할 때 비로소 개선될 수 있다.

비선형적 위기 대응,
빠른 학습능력을 키우고 경쟁하라

역사와 전략의 속도는 선형적이지 않다. 오랜 기간 전략적으로 중요한 일이 거의 일어나지 않은 때가 있기도 하고, 매 순간이 중요한 역동적인 상황인 때도 있다는 말이다. 빠르게 변화하고 상호 연결된 디지털 세계에서, 인공지능 기반 머신러닝machine learning의 빠른 패턴 감지 기능을 활용하는 기업은 더 빠른 학습능력을 키울 수 있다. 코로나19 사태처럼 빠르게 진행되는 위기 상황에서는 이러한 역량이 더욱 중요해졌다. 즉 기업이 역동적으로 경쟁하고 신속하게 학습할 수 있는 능력을 배양할 필요성은 점점 더 커지고 있다.

전통적인 GDP 통계와 수익·실적 보고서처럼 경제 활동, 그리고 기업 활동을 설명하는 숫자를 코로나19 위기 대응을 위해 실시간으로 활용하는 데서는 큰 도움을 기대하기 어렵다. 감염병 대유행 기간에 기업 활동이 어떻게 변화하고 있는지를, 즉 위기 이후의 새로운 미래 변화를 예상하기 위해 기업은 특정 제품 또는 세부 범주에 대한 일일 정보처럼 빈도가 매우 높고 세밀한 데이터까지 분석할 수 있어야 한다.

　빅데이터 분석 체계와 지속적 학습·분석 역량은 이러한 측면에서 절대적으로 유리하다. 이는 단순히 기술적 솔루션만으로 해결할 수 있는 것은 아니며, 결국 시장에서 경쟁 우위를 얻기 위해 기업은 인간의 독창성과 머신러닝을 결합한 하이브리드 학습 조직을 마련해야 한다.

ACT NOW

포스트 코로나 시대와 인공지능 활용

코로나19 사태는 과거의 대형 위기들과 다르지 않으며, 포스트 코로나 시대에도 이전부터 진행되어 왔던 몇몇 주요 추세는 더욱 가속될 것이다. 특히 인공지능을 도입하여 활용하는 기업에는 커다란 가치를 제공할 것으로 예측된다. 인간의 업무를 대신하고 사물을 인식하는 첨단 로봇은 저렴한 추가 비용으로 24시간 365일 중단 없는 운영이 요구되는 어디에서나 도입이 촉진될 것이 분명하다. AI 기반 플랫폼은 기업에 실제 작업 환경을 더욱 효과적으로 시뮬레이션하고 주문형on-demand 노동 형태로 전환할 수 있도록 지원한다. 인공지능은 머신러닝과 고급 데이터 분석을 통해 기업이 새로운 소비 패턴을 감지하고 온라인 고객에게 '초개인화hyperpersonalized' 제품을 제공하도록 돕는다.

이러한 추세의 선두에 서서 이미 AI를 적극적으로 활용하기 시작한 일부 기업은 포스트 코로나 시대에도 성공을 이어 나갈 것이다. 한편으로 많은 기업이 여전히 AI 활용의 초기 단계에 있거나 아직 시작도 하지 않고 있다. 그러나 이미 현 위기 극복에 도움이 될 AI 활용 사례를 만들고, 이를 어떻게 더 확장할지 고민하는 기업들이 있다. 이러한 기업들은 결국 불확실한 수요와 공급을 더 잘 탐색하고, 운영과 공급망의 중단과 장애에 더 잘 대응하고, 인적자원을 잘 활용하고, 소비자 신뢰도와 관심 그리고 구매 성향의 급격한 변화에도 잘 적응할 수 있다.

왜 AI인가

적잖은 기업이 자동화와 데이터 분석 같은 디지털 활용 경험을 가지고 있다. 그러나 과거에는 인간만이 할 수 있었던 일을 기계가 해결하고 행동할 수 있게 하는 AI는 이제 그 이상을 넘어선다. AI는 방대한 양의 데이터를 분석하여 기본 패턴을 학습하고, 컴퓨터 시스템이 복잡한 결정을 내릴 수 있도록 하며, 인간의 행동과 패턴을 예측하고, 이미지와 인간의 언어를 인식할 수 있게 한다. AI가 탑재된 시스템은 지속적으로 학습하고 적응도 할 수 있다. 기업들이 오늘날 위기를 극복하고 포스트 코로나 시대, 넥스트 노멀에 대응하는 데 이러한 AI 활용 역량은 엄청난 가치를 제공해 줄 것이다.

AI 도입이 가져올 효과

● 불확실성은 중복성을 요구하고, 이는 피치 못할 비용 증가를 야기한다. → 비용을 절감하면서 중복성을 확보하는 비즈니스의 규모와 범위 운영을 가능케 한다.

도전 과제	AI 활용 시 이점	활용 사례
불확실하고 가변적인 공급과 수요	• 실시간으로 예측 업데이트 • 의사 결정 가속화	• 디지털 컨트롤 타워와 경영 의사 결정 지원
사업 운영과 공급(조달) 중단	• 유연한 리소스 재배치 • 비용 효과 개선	• 실시간 밸류 체인 최적화
인적자원 활용 최적화 달성의 어려움	• 원격·재택근무 형태 최적화 • 인적자원 재배치	• 인력 배치 분석
소비자 신뢰와 구매 성향 우선순위 변화	• 소비자 성향과 행동 패턴에 대한 빠른 대응	• 실시간 생산 계획 커스터마이징

● 소비 패턴이 전자상거래와 디지털 모델로 빠르게 변화한다. → 새로운 소비 패턴 탐지를 최적화하여 초개인화 서비스가 가능하다.

● 셧다운, 경기침체 불안감으로 사치품 구매를 줄이고 생필품을 선호한다. → R&D, 혁신, 신제품 개발 활동을 개선하고 강화한다.

● 원격 근무 형태가 뉴 노멀로 자리 잡아간다. → AI 기반 비즈니스 운영을 통해 새로운 근무 형태에 적응하고 대비한다.

● 온디맨드on-demand 노동 활용의 중요성이 커진다. → 더욱 정교한 매출과 공급 예측을 가능케 하여 온디맨드 노동이 가능해진다.

이러한 새로운 현실은 기업의 비용, 수익, 운영 모델에 큰 영향을 미친다. 글로벌 비즈니스 지형이 가치사슬 중복성, 소비 패턴 변화, 원격 업무 방식이라는 세 가지 차원에 어떻게 변화할지, 그리고 이러한 새로운 환경에서 기업이 경쟁 우위를 확보하는 데 인공지능이 어떤 역할을 할 수 있는지를 살펴보자.

가치사슬 중복성: 글로벌 제조의 탄소발자국 감소, 공급망, 물류 설계에서 비용과 시간 최적화는 기업의 가장 중요한 목표였다. 이를 달성하기 위해 기업 대부분은 저비용 국가에서 대량 생산 공장을 운영하고 제품 생산에 집중했다. 재고와 잉여 생산 역량은 낭비 요소로 인식되었기 때문이다. 그러나 최근 더욱 커지는 경제 민족주의와 무역 장벽은 기업들이 공급망 전략을 재점검하고 중복성의 이점을 재발견하도록 압박하고 있다. 글로벌 공급망을 교란한 코로나19 사태는 리스크를 줄이고 언제 올지 모르는 세계적인 충격을 완화하기 위한 수단으로 기업 경영 어젠다 중 우선순위에 '회복탄력성'이라는 주제를 올려놓았다. 그러나 잉여와 중복은 상당한 비용을 수반하기 마련이다. AI는 기업이 제조 운영과 공급망에 탄력성을 구축하는 동시에 비용과 공급 예비력 확보로 인한 피해를 최소화할 수 있는 잠재력을 제공한다. AI를 통해 제조업체는 미리 준비하는 설비 유지 관리와 더 나은 생산계획으로 공장 비용을 최적화할 수 있다. 또한 3D프린팅과 소수의 필수 운영 인력만이 필요한 자율 로봇과 같은 첨단 제조 기술을 배치하여 저임금 국가에 위치한 대규모 생산 공장 운영에 비해 더 많은 수의, 그러나 더 효율적인 시설을 고객 가까이서 운영할 수 있다.

예로, 한 글로벌 신발 제조회사는 최소한의 추가 비용으로 생산 규모를 늘릴 수 있는 AI의 잠재력을 보여주었다. 이 회사는 예전에 인간이 일일이 처리해야 했던 다양한 재료를 정확히 인식하고 선택·정돈하는 첨단 로봇을 도입하여 일부 신발의 경우 기존보다 약 20배 더 빨리 만들 수 있게 되었다고 한다. 더구나 미래의 공장은 점점 더 24시간 365일 가동할 수 있게 되어 보건 위기로 인한 사업장 폐쇄 등의 리스크를 분명 줄일 수 있게 될 것이다.

소비 패턴 변화: 사람들이 온라인에서 구매를 더 많이 하고 거의 집에서 음식과 음료를 소비하는 등 코로나19 팬데믹은 이미 전 세계의 소비 습관을 획기적으로 바꾸었다. 그에 따라 기업의 매출과 수익에도 커다란 영향을 미치고 있다. 아마존Amazon은 운영 능력을 최대치로 높이고 있고, 중국 온라인 식료품 시장에서는 신선한 채소 배송 상품의 구매량이 엄청나게 증가하고 있다고 한다. 영화계에서는 신작을 극장에서 개봉하지 않고 바로 디지털 스트리밍으로 공개하고 있다. 펠로톤Peloton, 하이드로Hydrow 같은 피트니스 회사는 디지털 홈피트니스 서비스를 전격 출시했다. 게다가 장기간의 셧다운과 경기침체에 대한 불안이 겹쳐 소비자들이 생필품의 온라인 소비를 늘리고 고가 제품 소비를 줄이는 경향을 보이고 있다.

이제 기업들의 초점이 포스트 코로나 시대의 회복으로 옮겨감에 따라, 더 많은 기업이 성장을 재점화하기 위해 AI 솔루션을 배치할 가능성이 커진다. 수많은 형태와 출처의 데이터를 분석할 수 있는 능력 때문에, AI는 새로운 트렌드를 발견하고 소비자 선호의 변화를 확인할 수 있다는 엄청난 잠재력을 가지고 있다. 패션처럼 전통적으로 인간 중심적인 산업에서도 일부 기업은 AI로 비즈니스 인텔리전스 역량을 강화해 매우 약한 신호도 잡아내며 트렌드, 예컨대 다가오는 시즌에는 어떤 색상이 유행할지를 조기에 감지해내고 있다. 또한 AI는 제품, 서비스를 초개인화하여 제공함으로써 기업의 고객 참여와 판매를 개선할 수 있다. 스타벅스의 딥브루 플랫폼deep brew platform은 날씨, 특정 시간대, 또는 고객의 이전 구매와 취향 프로필을 바탕으로 고객에게 커피를 제안한다.

또한 AI는 신제품을 만드는 데 수반되는 아이디어화 과정 ideation process을 향상하는데, 전통적으로 신약 개발을 위해 오랜 시행착오 과정에 의존해온 제약 산업에서는 이 덕에 연구개발을 상당히 가속할 수 있다. 빠르게 움직이는 소비재 제조업체들이 알리바바의 TMIC 소비자 분석 플랫폼을 통해 소비자 빅데이터를 분석하여 중국 소비자에 맞춘 신제품(고추맛 스니커즈 캔디바 등)을 개발하고 성능을 모니터링하고 있다. 결국 AI를 활용한 설계는 의자부터 매우 복잡한 인텔리전스 빌딩, 항공기의 구성 요소에 이르기까지 상상할 수 있는 거의 모든 것의 개발에서 시스템 요건을 파악하여 최적 제품 생산을 지원한다.

원격 업무 방식: 물론 코로나19 사태가 대규모 원격근무 형태의 운영 방식을 촉발하긴 했지만, 그것은 일시적일 수 있다. 그러나 개개인은 출퇴근에 소요되는 시간 낭비를 줄이는 장점을 경험하고, 기업은 직원들이 집에서도 효과적으로 일할 수 있다는 것을 발견함에 따라 앞으로도 이러한 근무 형태는 지속될 가능성이 적지 않다. 이른바 '긱 이코노미gig economy(기업이 정규직보다 필요에 따라 계약직·임시직으로 직원을 고용하는 경향이 커지는 경제 상황)'와 관련된 유연근무제

및 주문형 노동 모델이 더욱 보편화할 것이다.

AI는 새로운 작업 방식을 구현하는 데 만능은 아니지만 중요한 역할을 할 수 있다. 우선 AI 추진 기업은 소프트웨어 중심 비즈니스에서 성공을 위한 필수 조건인 모듈성과 민첩성을 중심으로 운영되는 경향이 있기 때문에 원격 근무 상황에서 자연스러운 이점을 가지고 있다. AI는 숙련된 주문형 노동력을 위한 온라인 시장에서도 적합하다. 업워크Upwork는 전문 프리랜서와 잠재적 고용주를 연결하는 AI 지원 플랫폼이며, 구글의 캐글Kaggle은 데이터 과학자와 머신러닝 실무자들로 구성된 온라인 커뮤니티가 협업하고 데이터 과제를 해결할 수 있도록 돕는다. 결국 기업은 AI 도구를 통한 예측 분석으로 노동 요구 및 공급 중단과 같은 판매·운영 과제를 더욱 정확히 예측할 수 있다.

비즈니스 및 운영 모델의 핵심에 AI를 배치하라

코로나19 위기와 그 여파는 기업이 사업 모델을 새로운 현실에 맞게 조정하도록 동기를 부여하고 있다. 여기서 승리한 기업은 소프트웨어, 데이터, AI를 조직의 핵심으로 하여 스스로를 재창조할 것이다. 디지털 네이티브digital native(모든 서비스, 운영 기반이 디지털인 조직) 회사에서 AI는 영감과 자극의 역할을 할 수 있다. AI는 이미 최고의 경로를 식별하고, 운전자를 탑승시키고, 심지어 부정행위를 탐지하는 것을 돕는 등 몇몇 선도적 플랫폼의 중심에 있다. 대규모 소매업과 소비자금융 등 다양한 분야에서 오랫동안 비즈니스를 해온 기존 사업자들도 이제 AI 미래에 대비하며 자신을 변화시키고 있다.

기업은 데이터의 가치를 극대화하기 위해 규모에 맞게 AI를 적용하고, 민첩하게 운영해야 데이터가 주도하는 팀을 구축할 수 있다. 이를 가능케 하는 IT 인프라 역시 기업에 제대로 지원되어야 하는데, 통상적으로 인터페이스가 취약한 모듈을 갖춘 기존의 ERP 플랫폼에서 벗어나 조직 전체에 데이터를 통합하고 제공하는 우수한 데이터 관리 센터의 기능으로 변화해야 한다. 이처럼 성공적으로 전환하려면 강력한 변화 관리가 필요하다. BCG와 MIT는 공동 연구를 실시한 결과 경험상 AI 투자의 약 10%는 알고리즘에, 20%는 기술에, 그리고 70%는 비즈니스 프로세스 혁신에 집중하라고 권고한다.

　BCG가 코로나19 위기에 대하여 기업을 대상으로 설문조사를 한 결과, 대부분의 기업은 지금까지 위기 대응 조치에 초점을 맞추고 있는 것으로 나타났다. 그러나 지금은 과감하고 변화무쌍한 행동을 취하기에 완벽한 때다. 이미 AI 활용 사례를 도입하고 있는 기업들은 빠른 시일 내에 최대한의 효과를 거두기 위해 즉시 추진을 가속해야 한다. AI가 코로나19 위기 극복에 큰 도움이 될 수 있는 지렛대가 될 것이기 때문에 활용 규모 확대에 주저해서는 안 된다. 이미 AI가 핵심으로 자리잡은 디지털 네이티브 기업이 아닌 이상, 기업들은 가치 창출 메커니즘이 현재의 일상적 운영 문화를 어떻게 바꿀 것인지, 그리고 포스트 코로나 시대인 넥스트 노멀에 어떻게 대비해야 하는지 전략적으로 성찰하는 기회로 보아야 한다. 임직원들을 준비시키고 재충전하여 다가오는 AI 시대에 조직에 대한 충성도와 열정, 장기적 기업 가치를 높이는 데 집중해야 한다.

수동적·방어적 자세에서 벗어나
유리한 고지를 탐색하라

경제 상황이 안 좋아지면 기업들은 수동적이고 방어적으로 행동하려는 경향이 있다. 그러나 전체 산업에서 14% 정도의 기업은 침체기에도 성장하고 이윤을 늘려 나가며, 그 결과 경기침체기에 오히려 경쟁 우위는 더 커진다. 침체기에 더 빠르고 강하게 움직이는 기업들은 장기적 안목을 갖고 위기를 기회로 여긴다. BCG의 벤치마킹을 분석한 결과를 보면, 대다수 기업이 당면한 위기 대응에 급급한 반면 일부 기업은 새롭게 부상하는 장기적 기회를 보고 실행하고 있음을 알 수 있다. 예를 들어 애플은 위기가 절정에 이르는 동안에도 여러 번 M&A를 단행했으며, 평가 하락의 이점을 활용하기 위해 강력한 현금 포지션을 활용했다.

ACT NOW

극한 상황에서 긍정적 희망 찾기

"필요는 발명의 어머니"라는 속담이 있듯이, 코로나19 사태를 통해 기업은 긍정적 결과를 얻는 방법을 찾아야 한다. 감염자와 사망자가 많이 발생하고 대규모 경제적 손실이 발생하는 상황에서는 사실 쉽지 않은 일이다. 그러나 전반적으로 낙관적 사고를 갖기 어려운 때일지라도 몇 가지 고무적인 가능성을 생각해 볼 것을 권한다.8

소통은 인간의 의무다. 개인, 지역공동체, 기업, 정부가 모두 새로운 연결과 소통 방법을 배우고 있다. 코로나19 사태로 줌, 스카이프Skype, 또는 페이스타임FaceTime 등을 처음 접하고 배우게 된, 인터넷 세대가 아닌 할아버지와 할머니 이야기를 거의 모든 사람이 하고 있다. 기업에서도 이러한 현상은 매우 의미가 있다. 이제 거의 모든 사람이 인터넷을 통해 원격으로 소통하는 방법을 배우게 되었다. 코로나19 사태로 기대했던 것보다 더 높은 수준과 훨씬 더 빠른 속도로 전 국민이 이러한 소통 방식을 습득하게 된 것이다. 기업은 이러한 현상과 결과에 따라 앞으로 더 나은 경영 방식과 더 유연한 노동력을 활용할 수 있다. 이는 많은 여성, 장애인, 또 전통적이지 않았던 직업과 업무 형태를 선호하는 사람들에게는 특히 유용할 수 있다.

비즈니스 리더들은 이제까지 기업 경영에서 익숙했던 전통적인 프로세스 범위 밖에서 무엇을 할 수 있고 무엇을 할 수 없는지에 대하여 더 나은 감각을 얻게 되었을 것이다. 이제 많은 기업은 비즈니스 운영 방법을 바꾸기로 결정하면 이를 위해 조직이 얼마나 빠른 속도로 움직일 수 있는지 이해하기 시작했다. 한마디로 코로나19는 일터와 업무 현장의 혁신 속도와 규모에 변화를 일으켰다. 실제로 기업들이 더 적은 비용으로 더 많은 일을 하도록 압력을 받고 있지만 앞으로는 더 낫고, 더 간단하고, 덜 비싸면서, 더 빠른 운영 방법을 찾아낼 수 있을 것이다.

코로나19 대유행에 시급히 대응해야 한다는 절박함은 또한 생명공학, 백신 개발, 의약품 개발을 관리·규제하는 법규 체제의 혁신을 이끌었고, 따라서 치료법이 더 빨리 승인되고 시도될 수 있게 되었다. 그간 많은 나라에서 의료·보건 시스템은 개혁하기가 매우 어려운 분야였다. 코로나19 위기는 이처럼 어려운 것들을 앞으로 훨씬 성취하기 쉽게 만들 것이다. 이를 통해 더욱 회복탄력적이고, 반응적이며, 효과적인 의료·보건 시스템을 구축해야 한다.

어두운 구름 뒤편의 한줄기 밝은 햇살과 같은 희망은 코로나바이러스 재앙의 엄청난 규모에 비해서는 턱없이 작아 보인다. 더 나은 '넥스트 노멀'을 만들어 나가는 것은 기관과 협회, 글로벌과 로컬, 공공과 민간 영역 등 모두가 참여하는 장기간에 걸친 도전 과제가 될 것이다. 과거의 문제를 해결하는 것이 아닌 미래를 재구성하는 것이 이제는 무엇보다 중요할 때다.

한 가지 가능한 넥스트 노멀은 위기가 진행되는 동안과 포스트 코로나 시기에 이루어진 의사 결정으로 인해 덜 번영하고 성장 속도는 늦어지며, 불평등은 확대되고, 정부 조직은 비대해지고 국가간 교류는 제한되는 방향으로 이어질 수 있다는 것이다. 아니면 이와 반대로 위기 시에 내려진 의사 결정으로 혁신과 생산성은 폭발적으로 커지고 더 회복탄력적인 산업 재편, 모든 수준에서 더욱 똑똑해진 정부와 공공 부문, 그리고 다시 코로나 이전처럼 재연결되는 세계의 출현으로 이어질 수도 있다. 이러한 극단적인 두 넥스트 노멀은 모두 필연적으로 발생하지 않을 수 있다. 실제 결과는 아마도 이 두 극단적인 넥스트 노멀 시나리오가 섞이는 그 어딘가일 가능성이 크다. 결국, 세계가 어디로 착륙하느냐는 개인·기업·정부·기관이 내려야 하는 수많은 의사 결정의 문제다.

20세기 초에 영국의 탐험가 어니스트 섀클턴Ernest Shackleton (남극 탐험 중 조난을 당해 생사의 갈림길에 선 극한 상황에서도 634일간의 사투 끝에 27명 대원 전원과 무사히 귀환한 불굴의 탐험가)은 다음과 같이 말했다고 한다. "낙관주의는 진정한 도덕적 용기다." 낙관주의와 용기, 이 둘이 포스트 코로나 시대에 '넥스트 노멀'을 형성하기 위한 결정을 내려야 하는 기업가에게 어느 때보다도 요구되는 덕목일 것이다.

새로운 태도와 패턴에 대응하는
상상력을 키워라

코로나19와 같은 막심한 위기 대응에 해답을 주는 검증된 매뉴얼은 아마 없을 것이다. 경영전략적 의미에서 볼 때도 역시 마찬가지인데, 이는 미증유의 위기가 개별 기업에 미치는 영향은 해당 기업이 새로운 가능성을 보고 새로운 길을 개척해가는 독창성과 역량에 따라 크게 차이가 날 것이기 때문에 더욱 그렇다. 위기 시에 수요에 대한 새로운 태도와 패턴이 나타나고 많은 혁신이 촉발된다는 것은 역사가 증명한다. 그러나 결국 상상력이 풍부한 선구자들만이 달콤한 성공의 열매를 맺는다.

통상적으로 상상력은 위기 상황과 같은 커다란 압박감 속에서 생각하기 어려운 기업의 능력이다. 그러나 상상력을 크게 키우는 기업은 위기 시에 상당한 가치를 창출하고 결국 장기적 성공을 이룬다. 상상력은 흔히 생각하는 것처럼 우연히 마주치거나 발생하는 개별적 영감과 같은 것이 아니며, 체계적 방식으로 개발될 수 있다. 예상치 못한 위기 시에는 조직 내의 누군가, 혹은 어딘가에서는 원하든 원하지 않든 새로운 업무 방법을 실험하는 상황에 놓일 가능성이 크다. 상상력이 풍부한 기업은 이러한 혁신들을 채택·구성·확장한다. 결국 기업은 집단적 상상력을 촉진해야 하며, 새로운 아이디어를 개발 과정에서 공유해야 한다. 또한 조직 서열, 보고 체계, 권한, 승인 또는 비용 타당성에 얽매이지 않고 구성원들이 자연스럽고 편하게 소통할 수 있도록 포럼을 만드는 것도 좋은 방법이다.

ACT NOW

기업 생존과 성장의 묘약, 상상력

마치 전쟁과도 같은 커다란 사회적 위기는 그것이 지나간 뒤 다시 익숙했던 이전의 현실로 돌아가지 못하는 새로운 환경, 즉 넥스트 노멀 때문에 새로운 태도와 필요, 행동을 만든다. 개인은 물론 대부분의 기업 역시 이를 감내해야 한다. 애플은 2001년에 첫 아이팟을 출시했는데, 같은 해 미국 경제가 깊은 불황을 겪으면서 회사 총매출이 33%나 감소했다. 그런데도 애플은 아이팟의 잠재력이 제품 포트폴리오를 혁신할 것이라고 상상하고 믿었으며, 오히려 연구개발비를 두 자릿수로 늘렸다. 그리고 2003년 아이튠스 스토어와 2004년 신형 아이팟 모델 출시로 결국 고성장 시대를 구가할 수 있었다. 상상력을 갖도록 조직의 역량을 강화하는 방법을 다음과 같이 7가지로 정리할 수 있다.[9]

첫째, 성찰의 시간을 가져라. 위기 상황은 리더들에게 엄청난 요구 사항을 쏟아내고, 숙고하고 되돌아보는 시간조차 갖지 못하게 한다. 그러나 우리가 잠시 뒤로 물러서 되돌아보지 않는 한, 미래의 구체적인 방향이나 형태는 고사하고 현재의 큰 그림마저 보지 못할 것이다. 대부분 우리는 본능적인 '투쟁 또는 도피' 교감신경 체계를 가지고 비즈니스를 운영하는데, 이것은 맹수와 맞닥뜨린 직후 도망치는 것과 같은 엄청난 스트레스 상황에서 우리를 돕기 위해 진화해왔다. 이 시스템은 위기 상황에서 우리의 초점을 좁힌다. 그러나 덜 강조되는 것은 부교감신경, 다시 말해 '휴식과 소화' 체계인데, 이는 우리가 긴장을 풀 때 정신과 육체를 관리하도록 진화했다. 우리는 수렵 채집 시대에 맹수에 쫓기며 하던 사냥의 정신적 스트레스 강도, 그리고 그 뒤에 집으로 돌아가는 시간을 상상해 볼 수 있다. 그날의 이야기를 되새기며, 어쩌면 다음에 사냥을 더 잘할 수 있는 방법을 상상해 보는 것이다.

위기를 헤쳐 나가면서 비즈니스에서도 역시 이와 같은 행동과 성찰의 리듬을 만들어야 한다. 투쟁 또는 도피 모드를 끄고 성찰의 시간을 갖는 방법은 다음과 같다.

- 여러 번 숨을 깊이 들이마시고 길게 내뱉는 심호흡을 한다.
- 식사를 오래 하고, 천천히 휴식을 취하고, 음식물을 소화시키고, 성찰한다.
- 음악을 듣거나 연주한다.
- 휴대폰을 두고 산책을 한다.

둘째, 적극적으로 열린 질문을 하라. 위기 상황에서 우리는 즉각적인 대답을 하지 못할 가능성이 크며, 따라서 좋은 질문들을 채택할 필요가 있다. 위기 상황에서 가장 자연스러운 질문은 예를 들어 '우리에게 무슨 일이 일어날까요?'와 같은 수동적인 성향일 것이다. 그러나 우리에게 유리한 상황으로 전개해 나가기 위해서는 '새로운 방안을 어떻게 만들 수 있을까요?'와 같은 적극적인 질문을 해야 한다. 창의성이란 새로운 아이디어와 접근법 탐색을 촉진하기 위해 이전에 해왔던 것들과 알려져 있는 대안을 뛰어넘는 시도를 포함한다. 코로나19 위기에서 할 수 있는 몇 가지 좋은 질문은 다음과 같다.

- 어떤 고객 니즈와 제품이 중요하게 부각되고 있습니까?
- 고객의 요구 사항 가운데 우리가 현재 솔루션을 갖고 있지 못한 것들은 무엇입니까?
- 고객을 위해 하지 않고 있는 것은 무엇입니까?
- 우리가 지금 다시 처음부터 시작한다면 어떤 회사와 제품, 서비스 구성을 만들 수 있을까요?
- 현재 단골 고객들은 왜 아직도 우리와 거래를 하고 있을까요?

셋째, 가끔은 장난기를 발휘하고 놀아라. 위기에는 목표 지향적이고 진지한 대응이 필요하다. 그러나 커다란 스트레스 상황에서, 우리는 즉흥적이지만 잠시 목표를 잊게 해주는 중요한 인간의 능력 중 하나인 놀이를 간과하는 경향이 있다. 생물학적으로, 놀이는 위험하지 않은 가속화된 학습으로 특징지을 수 있다. 어린 동물들끼리 가짜로 치고받는 싸움 놀이는 실제 천적이나 먹이와의 싸움을 위한 매우 효과적인 준비 과정이다. 전례 없이 급변하는 상황에서 놀이는 매우 중요한 기능이다. 놀이는 과도한 스트레스를 해소해 줄 뿐 아니라, 이 해하기 어렵겠지만 아주 생산적일 수 있다. 반복적·규칙적·목표 지향적·초집중적·기계적 접근에서 벗어나 긴장을 풀 수 있을 때, 여러 아이디어 사이에서 흥미롭고 새로운 연결을 만들 수 있다.

레고Lego의 회장 예르겐 비 크누스토르프Jørgen Vig Knudstorp는 다음과 같이 말했다. "창의성은 기존의 지식을 새롭고 유용한 조합으로 재조정하는 것입니다. (…) 레고 블록을 가지고 노는 것처럼, 이것은 여러분을 구글 검색 엔진이나 에어비앤비Airbnb 비즈니스 모델과 같은 가치 있는 혁신으로 이끌 수 있습니다." 때로는 놀이로부터 즉시 유용한 것이 나오지 않지만, 놀이는 최소한 우리가 상상과 즉흥적인 활동을 통해 창의력을 만드는 영감에 항상 열려 있도록 연습하게 해준다. 즉 가보지 않은 길인 미지를 항해할 때 꼭 필요한 기술인 것이다.

넷째, 아이디어를 공유하라. 상상력이 풍부한 기업은 이러한 혁신들을 확장한다. 상상력은 단지 개인 차원에서만 일어나는 것이 아니다. 아이디어는 조직 구성원들 사이를 건너다니며 진화되고 확산된다. 기업은 구성원들이 얽매이지 않고 자연스럽고 편하게 소통할 수 있도록 집단적 상상력을 촉진해야 한다.

반대로, 상상력을 죽이고 아이디어의 확산을 막는 방법은 소통이 불가능한 기능적 사일로silo를 만들고 '합리적' 제안 기준을 충족하지 못할 거라는 두려움을 유도할 뿐이다. '실용적' 또는 '상식적'이라는 이름으로 많은 아이디어가 탐구되지 않고 거부된다. 그러나 궁극적인 장점이 없는 아이디어와 단지 생소하거나 개발되지 않았거나 직관에 반하거나 기성 문화와 다른 아이디어를 구별하기는 어렵다. 쉬운 해결책이 없는 상황에서 새로운 아이디어를 걸러내는 거름망으로 제약하기보다는 개방할 필요가 있다. 모든 기업은 (모험적인) 기업가적 시작, 즉 창업 시기를 갖고 있다. 그러나 안정적이고 수익성이 높은 비즈니스 방식을 연마해오면서 성공한 기업들은 창업 초기의 지저분하고 상상력이 풍부했던 아이디어의 기원을 잊고 있다. 이제는 증명된 공식과 방법만을 실행할 때가 아니다. 우리는 지금 막대한 역사적 중단과 단절을 겪고 있으며, 기업가정신과 창의력이 절실히 필요하다.

다섯째, 이례적이고 예상치 못한 것을 찾아라. 상상력을 촉발하려면 놀랄 만한 인풋이 필요하다. 무언가 맞지 않는 것을 볼 때 패턴 추구에 익숙해 있는 우리는 멘탈 모델mental model(자신을 둘러싼 주위 환경이나 현상, 문제를 이해하고 해석하는 인식의 틀)을 적응시킨다. 우리는 이러한 멘탈 모델을 바꿔야 비로소 다양한 전략과 행동 과정을 품을 수 있다. 매우 어려운 새로운 문제를 해결하려면, 일단 외부적으로 살펴보라. 사고, 이상 징후 및 특이 사항을 살펴보고 물어보라. '여기에 맞지 않는 것은 무엇입니까?' 우리가 발견한 것을 파헤쳐 보면서 다시 구성해 보고, 다시 생각해 보고, 그리고 새로운 가능성을 발견해 보자.

지금 같은 상황에서 우리나라, 일본, 중국 같은 나라가 왜 기하급수적으로 확산되는 코로나19 감염 패턴에서 벗어날 수 있었느냐고 물을 수도 있겠다. 아니면 왜 어떤 도시는 다른 도시보다 코로나19 대유행에 더 큰 고통을 받고 있을까? 아니면 왜 비슷한 대응 전략들이 다른 장소에서 다른 결과를 냈을까? 아니면 과거에 메르스, 사스, 에볼라 등의 대유행병을 겪었는데도 새로운 위기에 효과적으로 대비하고 대응하기가 어려웠던 것은 무엇 때문일까?

여섯째, 실험과 시도를 장려하라. 위기에 대응하려면 엄청난 물적·인적 자원이 동원되어야 하지만, 적은 예산으로라도 실험을 장려하는 것은 중요하다. 자연계는 다양성을 통해 가장 회복탄력적이 된다. 그리고 이 다양성은 새로운 일을 하고 새로운 방법을 시도하는 것에서 온다. 우리의 아이디어는 현실 세계에서 테스트될 때만 유용하게 쓰일 수 있고, 종종 예상치 못한 결과를 낳고 더 많은 생각과 새로운 아이디어를 자극한다.

레고사의 설립자 올레 키르크 크리스티안센Ole Kirk Christiansen은 1930년대 대공황 때까지는 나무 사다리와 다리미질 보드 같은 가정용품을 만들었다. 대공황 위기는 그를 새로운 실험을 할 수밖에 없는 상황으로 내몰았고, 그는 장난감 만들기를 시도했다. 이러한 시도는 당시 소비자들이 새로운 집을 짓는 것을 망설이던 시기였기 때문에 성공적이었다. 그는 나무로 만든 제품이 지배적이던 세계 완구 시장을 조사한 뒤, 당시 시장에서 파괴적 혁신인 플라스틱으로 만든 장난감을 선보이며 다시 실험에 나섰다. 제2차 세계대전 직후 그는

1년치 회사 수익을 새로운 기계와 도구에 재투자했고, 전통적인 장난감과 플라스틱 레고 블록을 함께 만들었다. 이는 1958년까지 블록을 결합하는 레고 제품으로 진화했으며 곧이어, 오늘날 잘 알려져 있는 '레고 시스템 인 플레이'에 집중하기 위해 그는 나무 장난감 제품군을 모두 버렸다.

일곱째, 희망을 잃지 말라. 상상력은 우리가 더 나은 현실을 추구하도록 촉진하는 열망과 건설적인 도발을 발산하게 한다. 우리가 희망을 잃고 수동적인 사고방식에 사로잡히면, 이상을 바라보고 문제를 해결할 수 있다는 믿음을 더는 갖지 못하게 된다. 통계학에서 베이지안 학습Bayesian learning(전통적 통계 방식과 달리 사전 정보를 이용하며 불확실한 상황에서 통계 정보로 의사 결정하는 경제·경영학에서 많이 활용한다)은 사전 통계 분포에 대한 믿음을 가지고 출발하여 입수한 각각의 새로운 정보에 비추어 보고 업데이트하는 것을 포함한다. 즉 전체 과정의 결과는 초기 믿음에 좌우되는 경우가 많다. 비관론에 빠져 있으면 결과 역시 비관적으로 될 가능성이 크다. 조직의 리더로서 구성원들에게 희망·상상·혁신의 근거를 제공하고 있는지, 아니면 조직 창의성을 죽이는 비관적·운명론적 언어를 사용하고 있는지 자문해 보라. 실제 위험을 다루는 데는 상상력 있는 위험을 감수하는 것이 포함되는데, 여기에는 비관이 아니라 희망이 필요하다.

스탠리블랙앤데커Stanley Black&Decker의 CEO 짐 로리Jim Loree는 다음과 같이 말했다. "우리 삶에서 임박해 오는 미래를 정의하는 데 상상력의 힘보다 더 중요한 것은 없습니다. 리더들은 이 어려운 시기에 조직의 상상력을 고취하고 활용할 기회를 포착해야 합니다."
모든 위기는 기회의 씨앗도 품고 있다. 현재 어려움을 겪고 있는 많은 기업이 위기가 진행되는 상황에서 혹은 위기가 지난 뒤에 생존하고 상상력을 발휘할 수 있다면, 제2의 삶을 찾을 수 있다. 상상력은 미래의 비즈니스 성공을 담보하는 데 필수다.

문제 해결의 주도자로서
협업 솔루션을 마련하라

코로나19 사태는 사회의 거의 모든 측면에 영향을 미치는 글로벌 위기가 되었다. 이를 해결하기 위해 비즈니스 생태계, 각 산업 분야, 국가 전반에 걸친 협력이 필요한 상황이다. 안정적인 시기의 기업 지배 구조와 규제 체계 안의 완전경쟁 체제로는 커다란 사회적 위기 상황에서 해결책을 낼 수 없다. 감염병 대유행과 기후변화 같은 전 지구적 문제에 직면할 때, 정부와 재계 지도자들은 모두 세계적 규모의 공동 실행 계획 이행을 위한 연합체를 형성할 필요를 느낀다. 이것은 사회 전체의 번영을 위해, 그리고 모든 기업의 비즈니스가 운영되는 시장을 보존하기 위해서도 꼭 필요하다. 다국적 비즈니스 관계는 광범위한 협업을 촉진할 수 있는 공감대와 연결을 마련한다. 결국 기업은 아주 효과적인 문제 해결의 주체이며 경제·사회의 공통적 위기와 문제를 해결하는 데서 매우 중요한 역할을 해야 한다. (3장 '16. 사회적 결속' 참조)

ACT NOW

정부 개입 확대와 사회적 책임 강화

제2차 세계대전처럼 인류 역사상 큰 위기 시에 국민들은 정부가 경제에 더 깊이 개입하고 통제권을 행사하는 것을 기꺼이 수용했다. 우리는 지난 수십 년 동안 전혀 보지 못했던 엄청난 규모의 정부 개입이 이루어지고 있는 것을 목도하고 있다. 2020년 4월 10일 현재, 전 세계 정부는 마셜 플랜Marshall Plan의 8배에 해당하는 엄청난 규모인 약 10조 6000억 달러의 경기 부양 계획을 발표했다. 대부분의 정부 지출은 국민들의 긴급 생계 지원과 고용 유지, 그리고 기업 도산을 막는 세 분야에 집중되고 있다.[10]

인도는 생계에 위협을 받는 국민에게 직접 현금을 송금하고 있고, 인도네시아는 1000만이 넘는 가구에 사회복지 혜택을 확대하고 있다. 영국과 프랑스는 코로나19로 피해를 보고 있는 기업에서 근무하는 근로자의 임금을 최대 80%까지 보전해 주고 있으며, 이탈리아는 융자와 주택담보대출 상환 기간을 연장해 주고 있다. 브라질도 기업에 대한 노동 규제를 완화하고 있고, 호주·유럽·남아프리카공화국·캐나다 각국의 중앙은행은 금리를 인하하고 있다. 이렇게 민간 부문의 가계와 기업 살리기에 나선 각국 정부는 국유화, 지분 참여, 대출 제공, 규제 완화, 구제금융 제공 등 다양한 방식으로 경제에 개입하고 있거나 실행 계획을 준비하고 있다.

코로나19 이후 또 언제 발생할지 모르는 감염병 대유행의 위협에 대응하기 위해 세계 공중보건 시스템을 강화하는 노력과 같은 국가 간, 또 공공 부문의 공조 움직임을 보면, 앞으로 경제는 물론 기업 비즈니스 환경에도 과거보다 정부의 개입이 커질 것임을 어렵지 않게 예상할 수 있다. 2009년 금융위기 이후 부실 금융기관 개혁이 크게 탄력을 받은 것과 같은 방식으로 조만간 공중보건 분야에서도 이러한 정책 발의나 실천 움직임이 일어날 수 있다. 또한 점점 중요성이 커지고 있는 기후변화 리스크의 맥락에서도 정부의 적극적인 역할을 기대하고 요구하는 목소리는 더욱 커질 것이다. 국가와 정부의 개입이 어떤 식으로든 비즈니스를 수행하는 방식에 중대한 영향을 미칠 것은 틀림없기 때문에, 비즈니스 리더들은 앞으로 더 큰 정부 개입이 일어나는 넥스트 노멀 시대의 비즈니스를 생각하고 전략 방향을 조정해 나가야 한다.

코로나19 감염병이 잦아들고 안정을 찾는 어느 시점에 정부는 얼마만큼, 어느 정도로, 얼마나 빨리, 그리고 어떤 방식으로 시장에서 정부의 역할을 줄여 나가야 할지 결정하게 되겠지만, 이는 매우 복잡하고 어려운 일이다. 그러나 이 과제는 향후 10년간 가장 중요한 질문 중 하나가 될 것이다.

옳든 그르든 간에, 2008년 금융위기에서 정부 구제금융의 혜택을 입은 부실 금융기관들이 받은 것에 비해 사회로 환원한 것은 거의 없었다는 비난은 지금까지도 대중의 기억 속에 남아 있다. 코로나바이러스 사태로 이제 전 세계인은 지금까지 정부가 지출한 10조 6000억 달러를 충당하기 위해 앞으로 더 많은 세금을 내고 그에 비하면 상대적으로 적은 공공 서비스 혜택에 직면해야 한다. 일반 대중은 그들의 돈이 사회 전체의 이익을 위해 사용되기를 기대할 것이다. 그러나 이 또한 복잡한 의문을 제기한다. 기업이 임직원과 고객에 옳은 일을 한다는 것은 도대체 무엇을 의미하는가? 부실 금융기관이 구제금융 지원을 받으면서 한편으로는 대출 회수를 하는 것에 대해 과연 어떻게 생각해야 할까? 만약 그렇다면 언제 다시 매수를 재개하고 더 높은 배당을 지급하는 것이 적절할까?

코로나19 이전에도 주주 가치와 이윤을 극대화하는 것만이 유일한 기업 가치로 평가되어서는 안 된다는 인식이 확산되어 왔다. 2019년 8월, 미국 주요 기업 CEO 181명이 공동 성명서를 발표하며 주주 가치 외에도 직원들에 투자하고 고객에게 가치를 전달하며 윤리적으로 거래하고 지역사회를 지원하는 것이 기업의 우선 목표라고 천명했다. 즉 경제profit, 사회people, 환경planet 성과의 균형 있는 달성이 최우선 기업 목표라는 생각은 사회책임투자 펀드처럼 포스트 코로나 시대에 더욱 관심을 받을 것이다.

코로나바이러스 위기로 정부의 지원과 공적 자금을 받은 많은 민간 기업은 앞으로 이해관계자들의 관심과 철저한 검토, 투명성을 크게 요구받을 것이다. 정부와 기업의 관계, 기업과 사회의 관계에도 앞으로 실질적인 변화가 있을 것으로 예상된다. 특히 공급망의 국내 조달과 임직원 보건, 안전과 같은 문제에 더 많은 관여와 규제가 생길 수 있다. 코로나19 사태가 그간 수면 아래 있었던 사회적 문제들에 대한 인식을 크게 높이면서 앞으로 기업들은 장기적으로 사회문제 해결에 적극적으로 동참하라는 요구를 받게 될 것이다.

코로나바이러스는 제2차 세계대전 이후 가장 큰 세계적 도전 과제가 되었다. 그 위기로 말미암은 갈등과 혼란의 여파가 지나가고 나면 언젠가 이해관계자로부터 '위기 중에 당신의 기업은 무엇을 하셨습니까?'라는 질문을 분명 받게 될 것이다. 이 질문은 정부와 기업 모두에 해당되는 것으로 비즈니스 리더들은 지금 스스로에게 먼저 자문해 볼 필요가 있다.

RESILIENCE 9

극한 경영 환경,
생존과 성장 전략
'리질리언스'

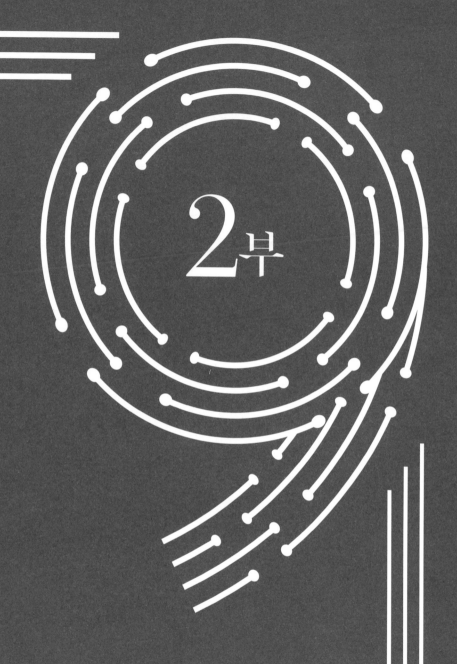

2부

RESILIENCE 9

RESILIENCE

3장

리질리언스
프레임워크 9

우리가 모르고 있다는 것 자체도
모르고 있는 것

상상할 수 없는 것을 상상하라. 오늘날의 글로벌 리스크는 복잡하게 얽혀 있어 인과관계가 명확하지 않고, 매우 빠른 속도로 확산되며, 파급효과가 광범위하다. 특히 2008년 금융위기 이후로 글로벌 리스크는 과거와 달리 '걷잡을 수 없는 붕괴' 양상을 띠어 점진적 연착륙이 불가능하다. 또한 이런 붕괴 상태가 새로운 질서인 '뉴 노멀'로 이어질 수 있다는 점에서 심각성은 어느 때보다도 크다. 이런 극단적인 사건은 확률적으로 발생 가능성이 낮지만, 일단 발생하면 엄청난 사회·경제적 충격을 가져올 수 있다. 이런 '팻테일 리스크fat-tail risk' 혹은 '블랙 스완'은 현재 글로벌 비즈니스 환경에서 여전히 유효하다.

2002년 2월 12일, 당시 급박하게 돌아가는 아프가니스탄 상황을 브리핑하는 기자회견 자리에서 미 국방장관 도널드 럼즈펠드Donald Rumsfeld는 다음의 세 가지를 이야기했다. "이 세상에는 '우리가 이미 알고 있는 것known known', '우리가 모르고 있다는 것을 이해하고 있는 것known unknown', '우리가 모르고 있다는 것 자체도 모르고 있는 것unknown unknown'이 있습니다. 이 마지막 '우리가 모르고 있다는 것 자체도 모르고 있는 것'은 발생하기 전에는 그 존재 여부를 전혀 상상할 수 없습니다."

　　가장 심각한 것은 알려지지 않은 위험이다. 비즈니스 중단 상황에 대한 '우리가 이미 알고 있는 것'은 기업의 일상에서 일어나는 문제다. 여기에는 계절적인 추세 변동은 물론 인구 고령화, 도시화 등 장기적인 변화 추이도 포함된다. '우리가 모르고 있다는 것을 이해하고 있는 것'은 역사적 증거와 통계, 확률을 기반으로 예측할 수 있는 임의적 붕괴 이벤트들이다. 거의 매년, 멕시코 만에서 발달해 미국 남부를 강타하는 허리케인이라든지 미국에서 가장 빈번하게 발생하는 오클라호마 토네이도 같은 것들이 이에 해당한다. 이런 혼란은 '가능성의 영역 밖'에 있는 것이 아니라 '높은 발생 가능성/큰 영향' 이벤트로 분류된다. 이에 대비하기 위한 매뉴얼과 훈련, 경험도 충분히 쌓여 있다. 이러한 이벤트는 발생 확률이 이미 알려져 있을 뿐 아니라 해당 리스크의 정량적 측정값도 산출할 수 있기에 보험 가입 등으로 충분히 대비할 수 있다.

　　그러나 마지막 '우리가 모르고 있다는 것 자체도 모르고 있는 것'은 다르다. 발생 가능성을 추정하기도 어려울뿐더러 그 형태 자체를 상상하기조차 어렵다. 이는 리스크보다는 불확실성 측면에서 논의해야 한다. 종전 기록을 완전히 갈아엎는 규모 9.0의 강진에 따른 해일 등이 이에 속한다. 이런 해일의 발생은 상상할 수 없기 때문이다. 이것이 원전 사고와 전력 중단으로 이어지는 복합 재난이 될 수 있다는 것 역시 예상하기 어려웠고, 선례도 없었다. 2008년 미국의 서브프라임모기지 사태도 마찬가지다. 이 사태를 예견하고 곧이어 발생할 금융 시스템 붕괴를 완화하는 조치를 해둔 사람은 거의 없었다. 당시 대부분 기업 경영진도 국제금융 시스템이 붕괴에 가까운 상태로 치달을 것이라 상상할 수 없었다. 앞의 세 범주를 비교하면서 럼즈펠드 장관은 다음과 같이 결론을 내렸다. "미국을 포함한 모든 국가의 역사를 봐도 '우리가 모르고 있다는 것 자체도 모르고 있는 것'에는 대응하기가 매우 어렵습니다."

매우 크고 드문 이벤트에 대한 통계에는 저주가 숨겨져 있다. 그것이 얼마나 큰지와는 관계없이 그 뒤에는 더 큰 것이 숨어 있고, 이를 피할 수 없다. 다음 '더 큰 하나'가 현실화할 수도 있으며 이는 시간이 오래 걸릴 수도, 내일 당장 일어날 수도 있다. 성장하는 글로벌 경제에서는 가장 큰 재해가 어디에선가 발생할 위험이 항상 도사리고 있다. 예상치 못한 이벤트에 대비하려면 어떠한 위기가 생기더라도 '다시 충격을 딛고 정상화하는' 데 필요한 회복탄력성, 이를 위한 프로세스를 개발할 필요가 있다.

9가지 렌즈로 보는
기업 리질리언스

지금까지 앞에서 논의한 포스트 코로나, 불확실성 시대의 경영전략으로 강조한 리질리언스, 즉 회복탄력성을 정리하기 위해 WEF가 정의하는 기업 리질리언스와 분석 프레임워크를 빌려 보고자 한다. WEF는 기업 리질리언스를 "발생 가능성은 낮으나 발생할 경우 파급력이 매우 큰 리스크에 유연하게 대응하고 더 나아가 위기를 비즈니스 기회로 전환할 수 있는 기업의 능력"으로 본다. 그리고 기업이 경영 현장에서 적용할 수 있는 리질리언스 전략을 구조적·통합적·전환적 리질리언스라는 3대 범주로 나누고, 다음의 9가지로 분류한다.[1]

첫 번째 범주는 구조적 리질리언스structural resilience**다.** 기업 내부 조직의 시스템상 기능을 외부 리스크로부터 빠른 속도로 회복하는 전략을 말한다.

S1. 가외성

자동차에 여분의 타이어를 갖춰 놓듯이, 하나의 요소가 기능을 상실할 경우를 대비해 그 기능을 대신할 다른 요소를 준비해 놓는 전략이다. 기업의 백업 시스템과 같은 의미다. 이렇게 여분을 갖춰 놓는 전략은 불확실성이 큰 경영 환경에서 가장 빠르게 원상 회복을 하는 방법이지만, 가외성의 특성상 무수익 자산을 요구하기에 가장 비용이 많이 드는 접근이다. 모건스탠리가 9·11 테러로 본사 건물이 붕괴된 충격적 위기 상황에서 비즈니스 연속성을 이어갈 수 있었던 것도 이 같은 리스크 관리 전략 덕분이었다. 디지털 전환으로 어느 때보다 기업 IT 시스템에 대한 의존도가 높아지면서 가외성에 대한 요구는 더 커지고 있다. 상상하기 어려울 정도로 증가하는 비즈니스의 다운타임downtime 비용으로 인해 IT 서비스의 일시적 중단조차 용인되기가 어려워졌기 때문이다. 이에 따라 시스템 이중화, 클라우드 시스템, 재해 복구 체계를 통한 사이버 리질리언스cyber resilience 전략은 이제 기업 생존의 관건이 되고 있다.

S2. 시스템 모듈화

기업 내부 조직을 단위(모듈)별로 분리함으로써, 단위 일부가 손상되더라도 전체는 존속될 수 있게 하는 전략이다. 단, 조직 단위가 느슨하게 결합된 경우에만 회복 가능하다는 점에 유념해야 한다. 단위가 지나치게 분리되어 있으면 리스크에서 회복 자체가 불가능해 조직 전체의 존속이 힘들 수 있다. 반대로 단위가 지나치게 밀접하게 결합되어 있으면 리스크 대응 능력이 현격히 저하된다.

2008년 9월 중순에 있었던 리먼브라더스Lehman Brothers의 6000억 달러 규모 파산 신청은 당시 글로벌 금융, 경제 규모에 비해 큰 사건은 아니었다. 그러나 시장의 공포와 불확실성이 전염병 대유행처럼 번져 결국 금융 시스템의 세계적인 붕괴로 이어졌다. 금융회사와 기관의 시스템이 연쇄 부도를 막기 위해 모듈화되기는 했지만, 생각했던 것보다 훨씬 더 강하게 연결되어 있어 취약성을 제거하지 못했다. 결국, 심각한 신용 경색과 소비 위축은 '채찍 효과'를 일으켜 글로벌 공급망에 참여하고 있는 수많은 기업의 신용 파산을 가져왔다. 코로나19 감염병 대유행이 실물경제를 마비시키고 직접적으로 공급과 수요를 동시에 왜곡·위축시키고 있는 것과 달리, 2008년 글로벌 금융위기는 연쇄반응과 도미노 효과로 말미암은 시스템 붕괴라는 점에서 달랐다.

이처럼 고도로 통합된 시스템은 매우 효율적이지만, 충격을 받으면 전체 시스템이 붕괴해 버릴 수 있다는 취약성을 안고 있다. 반면 공장, 조직 단위 또는 공급원을 서로 다른 방식으로 결합할 수 있는 모듈식 시스템은 통합 시스템보다 복원력 측면에서 유리하다. 도요타의 주요 브레이크 밸브 공급업체가 몇 년 전 큰 화재로 전소되었을 때, 매우 상이한 부품이었는데도 공급업체 간 교차 생산 능력이 있어 며칠 만에 공급망이 회복되었다. 이는 공

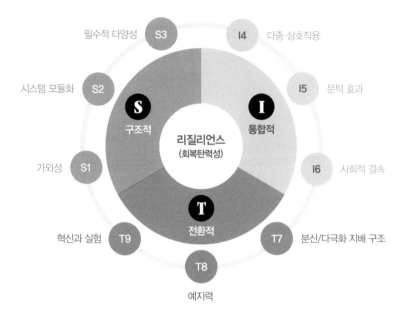

필수적 다양성 S3

시스템 모듈화 S2

가외성 S1

S
구조적

리질리언스
(회복탄력성)

I
통합적

I4 다중 상호작용

I5 문턱 효과

I6 사회적 결속

혁신과 실험 T9

T
전환적

T8

예지력

T7 분산/다극화 지배 구조

| 9가지 리질리언스 렌즈 프레임워크 |

급 시스템을 단기 및 장기 모듈화 방식으로 재구성하는 것이 중요하다는 점을 보여주는 사례다.

S3. 필수적 다양성

자연 생태계에서도 자주 보이는, 다양성을 활용한 주요 회복 전략 중 하나다. 다양성은 기업 조직 내 광범위한 이해관계자의 필요와 이해를 정확하게 반영해 더 나은 결정을 끌어내며, 위기가 닥쳤을 경우 리스크 종류에 따라 가장 적합하고 필수적인 옵션 선택을 가능케 한다. 단, 현 상황의 리스크를 해결하는 데 어떤 종류의 다양성 옵션이 가장 적합한지 판단할 수 있는 능력이 다양성 위기관리의 관건이다. 다양한 대안을 개발하고, 불확실성이 줄어들 때까지는 특정한 전략에 지나치게 집착하지 않는 것 역시 좋다. 특정한 환경에 맞춰져 있는 전략에 모든 것을 걸면 환경이 변하지 않는 한 성공할 수 있다. 그러나 하나의 전략에 지나치게 몰입한 나머지 갑작스럽게 환경 변화가 일어나면 제대로 적응하기가 매우 어렵다. 실제로 갑작스러운 환경 변화는 생각보다 자주 발생한다. 몰입에는 분명 긍정적인 부분이 있지만, 잘못된 방향이나 목표에 몰입하면 새로운 방향이나 목표로 나아가는 데 더 많은 시간이 걸릴 수 있다.

결국 커다란 위기 상황에서 여러 방안을 사용하는 것이 효율성 측면에서는 떨어지지만, 오히려 더욱 유연하고 대응에 탄력적일 수 있다는 이점도 있다. 즉 다양한 아이디어가 대응 솔루션 개발을 크게 향상할 수 있다는 것인데, 특히 기업 문화가 다양한 관점의 표현과 존중을 장려한다면 잠재적 대응 솔루션에 대해 더 많은 아이디어를 가질 수 있는 위기대응팀을 구성하여 위기를 금융이나 물류 문제로만 일차원적인 방식으로 처리하는 것을 막을 수 있다.

두 번째 범주는 통합적 리질리언스integrative resilience**다.** 기업 조직과 외부 환경 간 복잡한 상호연계를 이해함으로써 조직의 회복 탄력성을 강화하고, 이를 경영 위기관리에 반영하는 전략이다.

I4. 다중 상호작용

사회를 구성하는 개인·가족·도시·국가 같은 주체들이 각각 서로 다른 규모로 상호작용하듯이, 기업 또한 가치사슬의 외부화로 이해관계자가 점차 확대되면서 외부 환경 변화와 이해관계자와의 역학관계에 유기적으로 적응하고 능동적으로 상호작용해야 한다. 기업 가치망에 속한 외부 환경과 이해관계자는 서로 다양한 방면에서 예측하기 힘든 영향을 미치기 때문에, 일부 요소가 아닌 통합적인 상호작용 시스템을 구축해야 한다. 글로벌 비즈니스 환경의 복잡성과 상호의존성으로 일련의 사건이 다른 사건에 어떻게 파급되고 영향을 미치는지 파악하기가 훨씬 어려워졌기 때문에 '다중 상호작용'에 대한 고려는 더욱 중요하다. 다시 말해 이는 전체를 보는 훈련, 즉 '시스템적 사고'가 필요하다는 것이며, 개별 사물보다는 상호 연관성을 그리고 정지된 상태가 아닌 변화의 패턴을 바라보는 프레임워크가 요구된다는 것을 강조한다.

시스템 엔지니어들은 강력하게 얽혀 있고 동조화된 시스템의 각 부분이 실제로는 상호의존적이고 분리하기 매우 어렵다고 정의한다. 이런 시스템 안에서 일단 사건이 발생하면 이를 멈추게 하거나 통제·관리하는 것이 거의 불가능하다. 글로벌 금융위기, 원자력발전소 사고, 항공기 추락, 대정전 사태, 초대형 산불과 같은 재앙급 사고를 분석하는 전문가들은 시스템의 구조로부터 초래되는 피할 수 없는 '사고'는 결국 강력한 동조화와 비선형성 때문에 일어난다고 강조한다.

이런 재앙은 대부분 복잡한 연쇄반응을 촉발하는 하나의 사건에서 시작되고, 시스템 안에서 통제하려고 하다 오히려 복잡성이 더 커져서 악화되곤 한다. 소규모 정전을 억제하는 과정에서 전체 시스템에 과부하가 걸려서 결과적으로 대규모 정전이 발생했던 북미 대정전 사태, 잡목에 붙은 조그만 화재를 진압하려던 것이 결국 대형 산불 재앙으로 번진 캘리포니아 산불 등이 그 예다. 이처럼 강력하게 동조화된 시스템에서는 얼핏 합리적인 해결책으로 보이는 것이 때로 엄청나게 부정적인 결과를 초래할 수 있다.

15. 문턱 효과

문턱 효과는 어떤 패턴, 특히 수학적 파생의 연쇄 고리로 순환 연결된 패턴이 일정 수위를 넘어서면 갑자기 그 증가세가 폭발적으로 커져 변화가 나타나는 것을 뜻한다. 물이 100℃가 되어야 끓고 1℃라도 낮으면 끓지 않는 것과 마찬가지로, 임계점을 넘어야 비로소 효과가 발생하는 이치다. 그동안 수많은 기업이 이러한 문턱 효과를 예측하지 못하고 위기에 직면했다. 아직도 미래 경영전략이나 계획을 수립하는 데 이를 반영하지 않는 기업이 많다.

오늘날의 글로벌 리스크는 서서히 다가오는 것이 아니라 어느 한순간 걷잡을 수 없는 붕괴로 이어지기 때문에 기업들이 문턱 효과를 정확히 예측하는 것은 매우 어렵지만, 미래 경영계획을 수립할 때 이를 묵과해서는 안 된다.

16. 사회적 결속

위기 시에 기업이 사회적 자본에 의지하게 된다는 점을 이용한 전략이다. 결속을 활용해 조직 회복력을 강화하고 위기 상황을 완화해 주는 위기관리 장치다. 코로나19 사태를 계기로 기업은 커다란 충격과 스트레스에 빠진 산업·경제 및 사회 시스템 내의 주요 이해관계자라는 것, 즉 기업의 뿌리내림(착근성), 사회적 책임을 다시 한번 생각해 봐야 한다. 공급망이나 비즈니스 생태계를 전체적으로 보지 못하는 기업은 그 영향력이 앞으로도 계속 제한적일 것이다. 다른 회사의 이익을 희생하거나 무시한 개별 기업만을 위한 대응책은 장기적으로 큰 불신을 불러오고 결국 해당 비즈니스에 손실을 가져온다. 반대로 역경의 시기에 고객, 비즈니스 파트너, 공중보건 및 사회 시스템에 복구를 지원하는 것은 해당 기업에 대한 잠재적 선의와 신뢰를 창출할 수 있다.

실제로 대규모 재해·재난으로 사회와 경제의 인프라가 멈춘 상황에서 P&G, GM, AT&T, T-Mobile 등의 미국 기업들은 어려움에 처한 지역사회와 고객 등의 이해관계자를 지원하는 것은 물론 곤경에 빠진 공급업체를 도왔다. 이러한 공급업체와 소비자 사이의 협업을 통상 '수직적 협업'이라 한다. 그뿐 아니라 경쟁사도 같은 공급망 범위에 속해 있으므로 회사가 필요한 자원을 확보하기 위한 노력을 공동으로 하는 '수평적 협업'으로 복구와 정상화를 가속하기도 했다.

세 번째 범주는 **전환적 리질리언스**transformative resilience**다.** 회복탄력성이란 반드시 위기 이후 원점으로 돌아오는 능력만을 의미하는 것이 아니다. 영원히 돌아가지 못할 수도 있다. 리스크를 완화하기 위해서는 때때로 기업 조직이 자체적으로 변혁을 도모해야 하며, 외부 요인에 의해 강제로 변화를 겪게 될지도 모른다. 전환적 리질리언스는 여기에 방점을 둔 위기관리 전략이다.

T7. 분산/다극화 지배 구조

내부 변혁에 필요한 전략이다. 기업 조직의 권한이 분산되거나 다극화된 체계는 비효율적으로 보이기도 하지만, 위기 상황에서 신속하게 회복할 수 있는 좋은 구조다. 노벨경제학상 수상자 엘리너 오스트롬Elinor Ostrom은 조직이 여러 층위로 겹쳐진 형태의 조직 구조를 통해 어떻게 변혁에 필수적인 적응력을 구축하는지 기술하기도 했다.

전통적이고 계층적 조직 구조와 비교해 분산된 의사 결정은 복잡하고 모호한 작업에 더 나은 결과를 얻을 수 있다. 단순, 선형적 문제의 경우에는 상명하달식(하향식) 통제가 단기적으로 가장 효과적이다. 그러나 불확실성, 예측 불가능성이 그 어느 때보다 커진 비즈니스 환경 아래서는 분산된 지배구조(명확한 권한 정의 기반)에서 의사 결정이 더욱 독립적으로, 즉시, 그리고 가장 효과적인 수준에서 실행될 수 있다. 이렇게 분산되거나 다극화된 지배구조하에서의 민첩성과 유연성은 기업이 다양한 위험 사건에 매우 효과적으로 대처할 수 있게 하고, 발생하는 새로운 문제에 맞춰 변화에 적응하고 심지어 시간이 지남에 따라 조직을 긍정적 방향으로 진화할 수 있게 한다. 지속적으로 변화하는 리스크 환경에서, 동적으로 재편성할 수 있는 이 역량은 장기적인 회복탄력성을 확보하는 데 매우 중요하다.

T8. 예지력

'예측forecast'과 구분되는 용어다. 예기치 못한 방식으로 전개되어 사회 전체에 미치는 파급 효과가 큰 '팻테일 리스크'의 경우, 과거 데이터만을 기초로 '예측'할 수 없다. 그러나 여러 가지 다양한 시나리오 작업을 통해 '예지력'을 발휘하면 발생 가능한 미래에 대처하면서 위기를 관리할 수 있다.

대표적인 예가 네덜란드와 영국의 합작 정유사인 로열더치셸그룹Royal Dutch-Shell Group의 '시나리오 플래닝 분석 기법'이다. 로열더치셸그룹은 지금까지도 복잡한 상상력과 예지력을 요구하는 미래 시나리오 개발의 선두 기업으로 평가받고 있다. 1972년에 셸은 에너지 미래에 대한 6가지 시나리오를 개발했다. 그중 미래에 석유 공급이 중단되어 유가가 급등할 것이라는 첫 번째 시나리오는 유가 안정세가 장기간 유지되던 당시만 해도 납득하기 어려운 시나리오였으나 개발 1년 만에 현실이 되었다. 1973년

제1차 오일쇼크로 전 세계 에너지 공급에 차질이 빚어지고 기업들도 큰 위기에 당면했으나, 셸은 이 상황을 발생 가능한 미래로 예견하고 잠재적 경영 리스크로 관리했기에 다른 기업들보다 피해를 최소화할 수 있었다. 이렇듯 '예지력'은 기업의 흥망성쇠를 좌우하는 매우 중요한 위기관리 전략이다. 셸은 오늘날에도 미래 에너지 시스템이 어떻게 변화할지 이해하기 위해 50년 앞을 내다보는 장기 에너지 시나리오를 정례적으로 개발하고, 이에 대비하고 있다.

T9. 혁신과 실험

경쟁 업체보다 변화에 빠르게 대응하고 변화에 맞는 시스템을 구축하면 위기 상황에서 회복력을 강화하는 데 도움이 된다. 외부 변화에 적극적으로 대처하기 위해서는 일상적인 조직 경계에서 벗어나 때로는 '불편한 영역'을 개척하는 것이 중요하다는 점에 착안한 전략이다. '창조적 파괴'가 일어나는 속도는 더 빨라지고 있다. 세상 모든 기업이 직면하는 가장 큰 위협이지만 잘 인식하고 있지 못한 것 중 하나가 바로 연례적인 원가절감에 사로잡혀 스스로 정체하게 되는 위험이다. 글로벌 경쟁, 기술적 진보, 사회적 책임 기준 변화, 규제 등에 직면한 기업은 진부해진 제품과 사업 부문을 교체하기 위해서라도 지속적으로 성장을 추구해야만 한다.

RESILIENCE

4장

기업 리질리언스
실천 액션
플랜 9

R1. 당연한 것을
다시 한번 생각하라

적벽대전은 삼국지의 수많은 장면 중에서도 다양한 전략이 포함된 역동적인 스토리와 웅장한 스케일 덕분에 단연 백미로 꼽힌다. 압도적 전력을 뽐낸 조조 군이 군사력에서 절대 열세인 동오에 대패한 것, 더구나 천하의 지략가 조조의 대패를 이끈 결정타가 바로 모든 사람의 예상을 깨고 등장한 한겨울의 '동남풍'이었다는 점은 매우 흥미롭다. 전투에 동원된 군사력의 규모나 시기가 불분명하고, 심지어 지리적 배경이 '적벽'이 아니라는 주장에 이르기까지 논란이 많지만, 설혹 허구라고 하더라도 음미해 볼 내용이 적지 않아 보인다.[1]

당초 조조 군 안에서도 배를 묶어 놓으면 화공에 속수무책이라는 우려가 있었으나 조조는 이를 무시했다. 한겨울이니 동남풍이 불 수 없다는 고정관념이 그 근거였는데, 모두의 예상을 깨고 등장한 겨울 동남풍은 거대한 '블랙 스완'이 되어 조조 군을 궤멸했다. 즉 기존 사고방식으로는 해석되지 않는 새로운 유형의 사건이면서 파급효과가 엄청난 사건, 한마디로 판도를 뒤바꾸는 극단적 사건인 'X이벤트'가 현실화했던 것이다.

경영 환경과 현재의 비즈니스 모델에 대한 기존 가정을 잘 이해하고 이에 대립되는 반대 명제를 제시함으로써 기업은 앞으로 일어날 주요 변화를 예측하고 이러한 변화가 기업에 도움이 될지 악영향을 미칠지 파악할 수 있다. 다시 말해 리스크는 잘못된 가정에서 시작될 수 있으며, 자신의 기업이 추구하는 전략이나 목표가 잘못되었을 수 있다는 점을 깨닫고 이를 확인해야 한다.

1973년부터 이익을 내기 시작해 2016년까지 44년 연속 흑자를 낸 유일무이한 항공사가 있다. 그것도 전통적 항공사 형태가 아닌 저비용 항공사로 사업을 성공시키며 세계 최대 항공사가 되었는데, 바로 사우스웨스트항공Southwest Airlines이다. 이 항공사의 성공의 바탕에는 전통적인 항공 사업에 대한 반대 명제에서 만들어낸 비즈니스 모델이 있었다는 분석이 있다.

전통적인 모델에 반대되는 사업 모델을 개발하는 것은 경쟁 우위의 중요한 원천이 될 수 있다는 것을 사우스웨스트항공이 제대로 보여주었다. 예를 들어 다양한 기종의 항공기를 보유하고 있는 기존 항공사들과 달리 단일 기종으로 단순화하여 운영하거나, 예약을 변경할 때 수수료를 없애고 비지정 좌석제를 운영하는 등 항공업계의 통념을 깨는 비즈니스 모델과 서비스를 제시했던 것으로 유명하다. 이 외에도 항공업계의 전통적인 지휘와 통제를 위한 계층적 조직 구조와 문화를 깨고 경영진은 고객에 봉사하는 직원들을 지원하기 위해 존재한다는 역피라미드 조직 체계를 만들었다. 또한 업계 최초로 급여 외에 임직원에게 이윤을 분배하기도 했다. 그리고 항공업계에서 당연시되었던 항공 서비스 운영 전략인 '허브 앤드 스포크hub and spoke(허브 공항을 중심으로 하는 바퀴살형 구조)'가 아닌 '포인트 투 포인트point to point(중소 규모 공항을 연결하는 구조)' 서비스 전략을 적용한 점 역시 큰 효과를 발휘했다.

기업의 근본적인 가정과 비즈니스 모델에 건설적인 의문을 제기하여 성공을 일궈낸 또 하나의 기업 사례를 알아보자. 세계 최대 금융정보 서비스 업체인 톰슨로이터Thomson Reuters는 1980~90년대에 가족 기업의 면모에서 벗어나 사업 전환을 본격적으로 모색하기 시작했다. 외부 환경 변화가 회사의 존립과 장래를 위협할 만한 주요 리스크로 떠올랐기 때문이다. 대규모 체인점에 시장을 잠식당하고 있던 소규모 소매상들이 광고주 대열에서 이탈하고 있었으며, 인터넷 매체가 등장함에 따라 구인·구직 등으로 대표되는 생활 광고 시장이 퇴조했다. 최고경영자 리처드 해링턴Richard Harrington은 알짜 사업 부문을 포함해 모두 150억 달러에 달하는 자산을 매각한 뒤 여기서 확보된 자금으로 회사를 사들였다. 당시 인수 기업의 상당수는 시장 전문가들이 인정하는 고품질 정보를 제공하는 곳이었다. 온라인에서 입수할 수 있는 무료 정보가 늘어나는 추세였지만 소비자들이 기꺼이 큰 돈을 지급할 수 있는 고급 정보로 정면 승부를 보겠다는 복안이었다. 활발한 인수합병 전략을 구사하면서 급기야 2007년에는 유서 깊은 로이터통신을 인수하기에 이르렀다.

로이터통신을 인수한 뒤에도 톰슨로이터의 핵심 역량을 강화하려는 노력은 멈출 줄 몰랐다. CEO인 해링턴과 톰슨로이터 이사회는 자사가 제공하는 정보의 정확성을 검토하고 확인하는 약 2000명의 전문가 집단을 구축하는 데 투자하기로 결정했다. 정보를 전달하는 기반 구조 없이는 전문 지식이 무용지물임을 깨달은 톰슨로이터는 정보를 바로 사용 가능한 형태로 제공할 수 있는 소프트웨어 및 응용 시스템 개발 역량을 갖춘 기업을 인수하기 시작했다. 즉 정보의 내용도 중요하지만 결국 정보산업의 경쟁 우위는 정보 제공 솔루션과 서비스에서 결판날 것이라고 믿었던 것이다.

특히나 수익성이 높은 성숙한 사업부를 매각한 상황에서, 이처럼 어찌 보면 '엉뚱한' 곳에 돈을 쏟아붓는 움직임은 터무니없을 만큼 위험한 것으로 보였다. 당시 많은 이의 우려를 자아냈지만, 해링턴은 묵묵히 한 방향을 고수했다. 그러나 그의 통찰은 맞아떨어졌고, 톰슨로이터의 전략적 행보 역시 결국 올바른 방향으로 나아갔다. 유통 정보의 양이 폭발적으로 증가했지만, 그와 동시에 정보의 평균적 품질은 떨어져 신뢰할 만한 데이터를 찾기가 쉽지 않아졌다. 금융시장 투자자 등 주요 고객들의 요구는 더욱 분명해졌다. 고객의 요구를 정확히 읽어내고 적극적으로 대응하여 시장 주도권을 장악한 톰슨로이터는 그 후 블룸버그, 뉴스코퍼레이션과 어깨를 나란히 하면서 성장 가도를 달렸다.

천하의 지략가였던 조조는 명운을 건 전투를 앞두고 '겨울에는 동남풍이 불지 않는다'는 고정관념을 왜 재검토해 보지 않았을까? X이벤트와 같은 엄청난 재앙을 불러올지도 모르는 위험 징후

치명적 결함	근본적인 가정에 대한 의문을 제기하지 않음		
리질리언스 경영 기법: 정正반反합合	正 기본 명제 → 反 반대 명제 → 合 종합 명제		
	근본적인 가정에 의문을 제기하라	각각의 가정에 의문을 제기하라	정과 반의 조화, 종합 결론을 도출하라
실무 적용 방안	정	우리의 가정은 논리적이고 확실한가? 모르는 것은 알 수 없는가? 현재 가정에 의문을 제기해서는 안 되는가? 발생할 수 있는 것만 고려해야 하는가?	
	반	우리의 가정이 틀릴 수도 있음 모든 가정에 건설적인 의문을 제기해야 함 모르는 것을 알 수 있거나 최소한 대비할 수 있음	
	합	시장 붕괴 등 극단적인 사건을 가정할 것 과거 가정 중 일부는 잘못으로 판명될 수 있음 리스크 / 기회에 따르는 극단적 사건을 예측함 단선적인 사고와 비선형적인 사고를 통합함	

를 무시하고 긴장의 끈을 놓아 버린 것은 아마도 화북 일대를 평정하고 손쉽게 형주 지방을 차지한 연이은 성공에 도취되었기 때문이 아닐까? 기업 리스크, 위기관리라는 측면에서 다시 한번 곱씹어 보아야 할 대목이다.

X를 경영하라

과거에 비하면 일생에 한 번 있을까 말까 한 정도의 큰 위기가 요즘
은 거의 매년, 아니 그보다 자주 일어난다. "무엇을 상상하든 그 이
상을 보게 될 것이다"라는 광고 문구처럼 변동성Volatility, 불확실성
Uncertainty, 복잡성Complexity, 모호성Ambiguity을 뜻하는 VUCA 환경
이 우리를 계속해서 옥죄어오고 있다. 이러한 비즈니스 환경에서 제
한된 정보를 가지고 시간에 쫓기며 중요한 의사 결정을 내려야 하는
기업 경영진의 어려움은 더 말할 것도 없다.[2]

　누구나 마찬가지겠지만 대부분의 사람은 자신이 몸담고 있는
조직·기업의 리스크, 위기 상황을 생각하거나 이야기하는 것을 매
우 꺼린다. 한 번도 경험해 보지 않았거나 기존 사고방식으로는 해
석할 수 없는 유형의 사건과 사고, 발생하면 파급효과가 엄청난 사
건, 즉 판도를 뒤바꾸는 극단적인 상황을 'X이벤트'라는 용어로 표
현한다. 그러나 이렇게 비즈니스를 더 어렵게 하는 X를 무조건
부정하고 회피할 것이 아니라, 감내하고 적극적으로 활용·대응해
야 한다.

　혁신의 대명사, 트랜스포머 같은 변신의 귀재 등으로 우리에
게 잘 알려져 있는 글로벌 기업 듀폰DuPont은 2004년 당시 매출
의 4분의 1을 차지하던 섬유 사업 매각을 선언하면서 200년이 넘
는 몇 안 되는 초장수 기업 역사상 가장 큰 도박을 했다. 화학기업
에서 벗어나 바이오·대체 에너지 사업에 집중적으로 투자해서 결

국 종합 과학 기업으로 대변신에 성공한 것이다. 물론 2009년 전세계를 강타한 금융위기의 한파로 공장 100개를 폐쇄하고 직원 15%를 줄이는 가혹한 구조조정을 단행하는 시련도 겪었지만 어떤 상황에서도 흔들림 없이 신사업 투자를 줄이지 않았다.

이렇게 회사의 명운이 걸릴 정도로 굵직굵직한 전략적 행보가 가능했던 배경에는 바로 앞에서 강조한 리질리언스 경영전략이라는 강력한 기본 토대가 있었다. 다른 기업들과 큰 차이를 보인 듀폰의 리질리언스 경영전략의 특징을 다음과 같이 네 가지로 정리해 보았다.

첫째, 복잡성에 대한 대응이다. 듀폰은 리스크맵을 통해 기업이 영향을 받을 수 있는 상황을 모두 파악하고, 기업의 운영과 리스크의 복잡성 및 연계성을 정리하고 관리하고 있다. 또한 리스크 관리가 전사 차원의 전략이며 회사의 모든 임직원이 리스크 관리에 책임을 진다는 통합적 리스크 관리의 관점이 그 핵심 요소로 자리 잡고 있다.

둘째, 회복탄력성과 민첩성의 극대화다. 평상시의 리스크 관리는 물론 위기 상황에서 실질적으로 작동될 수 있는 대응 역량의 확보를 의미한다. 듀폰에는 기계 및 시설 운영, R&D, 공급망 관리, 고객 관리 등 가치사슬에 발생하는 예상치 못한 사건 사고에 가장 효과적으로 대비할 수 있는 리질리언스, 즉 회복탄력성과 더불어 시장·기업 환경의 급격한 변화에 신속하고 유연하게 대응하는 민첩성, 그리고 위기를 최대한 예방하되 이를 넘어서는 상황이 발생할 때 가동하는 강력한 위기관리 계획이 존재한다. 실제로 9·11 테러와 2009년 금융위기에서 가동된 바 있는 듀폰의 위기관리 체계는, 위기 상황을 감지하면 각자의 책임에 따른 전문 경영진으로 구성된 17개의 위기대응팀이 필요시 30분 이내에 바로 가동된다고 한다.

셋째, 복잡성과 불확실성을 관리하면서 얻는 교훈을 적극적으로 학습하여 실수가 재발하지 않도록 막고, 목표 달성 가능성을 높이는 체계를 수립했다. 듀폰은 이를 조직 문화에 내재화하고 적극적으로 실행에 옮기기 위해서 방대한 지식을 갖춘 수천 명의 임직원 리스크 관리 경험을 데이터베이스화했다. 이런 내용을 다시 취합해 새로운 가치를 창출해내는 지식 경영 시스템을 갖추고 있는 것 또한 듀폰의 주요한 특징이라고 할 수 있다.

마지막으로, 듀폰의 리질리언스 경영의 특징은 듀폰만의 기업 가치를 만들고 그것을 강력한 운영 원칙으로서 준수한다는 점이다. 듀폰에는 '무사고'를 최고 목표로 하는 안전성, 주요 정보 자산과 임직원의 안전을 아우르는 포괄적 개념의 보안과 환경보호, 그리고 인간 존중을 기반으로 하는 높은 윤리성 원칙인 지속 가능성을 최고의 기업 가치로 삼고 모든 임직원이 그 가치를 지키도록 하는 엄격하고 강력한 운영 원칙이 있다. 듀폰은 오랜 기간 체득해온 자사만의 모범 실천 관행을 기반으로 업무 원칙과 표준을 수립하고, 이를 지속적으로 훈련하는 강력한 운영 원칙을 통해 전사적 위기관리 역량을 공고히 하고 있다.

히포크라테스가 우리에게 일깨워 주었듯이, 판단은 언제나 어려운 일이 틀림없다. 불확실한 환경에서 비즈니스의 생존과 성장을 밤낮으로 고민하는 CEO 역시 크게 흔들리는 시장과 기업 환경의 변화에 선제적으로 대응하기는 결코 만만한 일이 아니다. 그리고 이런 상황은 당분간 크게 바뀌지 않을 것이다. CEO로서 시시각각 변하는 불확실한 환경에 대비하기 위해 무엇을 해야 할지에 대하여 위기 상황에서 더 나은 판단을 내리고, 이를 통해 시장에서 경쟁 우위와 기회를 확보하고, 더 나아가 경쟁 회사들에 '블랙 스완' 같은 존재가 되기를 바란다.

R2. 경계심과 긴박감을
지속적으로 유지하라

"인류 역사상 이처럼 훌륭한 기술이 쓰인 적은 없었다. 알려진 모든 과학적 발전이 이 배를 설계하는 데 적용되었다. 제어장치들이 완벽해 문제가 생길 소지가 전무하다!" 1912년 4월 14일, 2200여 명의 승선자 중 1500여 명과 함께 바닷속으로 가라앉은 타이타닉호의 선장 E. J. 스미스가 출항 직전 한 말이다.

일반적으로 사고의 80%는 경영자의 실수로 일어나고, 경영자의 실수 가운데 80%는 경계심 또는 상황에 대한 인지가 부족해서 발생한다고 한다. 역사가 증명하듯이, 조직이나 기업은 물론 국가조차 수많은 위협과 경쟁 상황, 신제품 개발, 대형사고 등 큰 영향과 충격을 줄 수 있는 X이벤트를 감지하지 못하는 경우가 흔히 있다. 사실 경영 환경에서도 다양한 변화 신호가 제기되지만 정작 해당 기업은 그러한 변화 신호를 알아채지 못할 때가 많다. 설사 변화 신호를 사전에 감지했더라도 미세한 변화의 신호가 그 기업에 어떻게 영향을 끼치고 의미를 줄지 알지 못하는 경우도 다반사다. 그래서 경영 환경에서 나타나는 갖가지 주의와 변화 신호를 효과적으로 살피는 것은 매우 중요하다.[3]

우리에게 흔히 셸이라고 알려져 있는 글로벌 에너지·정유회사인 로열더치셸의 사례를 다시 한번 살펴보자. 1973년 이전에 로열더치셸은 중동 개발에 대한 시나리오를 몇 가지 수립했다. 그중 하나는 산유국의 군국주의 확대에 따른 대규모 석유파동에 관한 것이었다. 시나리오를 작성하면서 도출된 여러 위기 신호를 주시함으로써 셸은 실제로 석유파동이 현실화했을 때 빠르게 인지할 수 있었고, 투자의 우선순위를 사전에 재조정할 수 있었다. 이미 마련해 둔 대안에 따라 셸은 생산 설비를 증설하는 대신 정제 효율을 개선하는 쪽으로 전략을 재빠르게 수정했다. 이러한 변화를 뒤늦게 인식한 경쟁사들은 생산 설비를 계속해서 증설해온 바람에 엄청난 과잉 생산과 수익성 감소에 맞닥뜨렸다. 당시 블랙스완이었던 석유파동을 극복한 셸은 업계 7위에서 일약 2위로 도약했고, 그 후 수십 년간 경쟁 우위를 지속적으로 확보할 수 있었다. X이벤트를 사전에 감지할 수 있게 한 '시나리오 수립'은 셸 임직원들이 좀 더 통찰력을 갖고 그들이 처한 상황을 인식하고, 이를 기반으로 불확실한 비즈니스 상황의 잠재적 영향을 깨닫게 하는 데 큰 도움이 되었다.

많은 기업이 역사적으로 유명했던 주요 재해·재난은 다음의 세 가지 실패 유형 중 하나 이상에 해당한다. 첫째, 변화에 대한 감지 실패. 둘째, 변화가 초래할 수 있는 영향 파악 실패. 셋째, 변화의 향후 방향에 대한 예측 실패. 파국으로 치달았던 극적인 재해·재난에 영향을 받았던 많은 사람과 관리책임자가 X이벤트가 닥치기 직전까지 무감각한 상태에서 평상시와 다름없이 업무를 보았다고 한다. 당시 무시되고 축소되고 일상 업무에 묻혔던 수많은 이상 징후와 신호가 여기저기에 널려 있었는데도 말이다.

2001년 9·11 테러 이전과 9·11 테러가 발생하는 동안에도 수많은 의사소통의 실패로 여러 정부기관 사이에서 정보가 제대로 공유되지 않았다고 한다. 결국 중앙집중적 통제 체계는 실패로 귀결되었다. 2005년 발생한 미국의 허리케인 카트리나의 경우에도 기반 시설 정비 소홀과 자원 동원 문제, 정전 사태 등 결국 징후 탐지 능력과 대응 시스템 장애의 복합적인 실패, 즉 인적 자원과 의사소통, 지휘 통제의 총체적 실패로 말미암아 최악의 사태로 치달았다. 또한 2008년 미국 서브프라임모기지 부실 사건은 관련 리스크의 본질과 규모를 제대로 파악하지 못한 금융기관들의 실수와 불완전한 리스크 감지 역량에서 기인했다고 평가받고 있다. 그러나 리스크 감지 능력을 가지고 있었던 골드만삭스Goldman Sachs 같은 극소수의 금융회사는 이 사건으로 상당한 경쟁 우위를 얻게 되었다.

골드만삭스는 금융위기가 발생하기 전인 2006년 12월부터 수많은 지표에서 약한 신호를 감지하기 시작했다고 한다. 손익계산서를 매일 검토했던 골드만삭스는 주택담보대출 부문에서 10일 연속으로 손실이 발생한 이상 징후를 발견했다. 당시 CFO였던 데이비드 비니어David Viniar는 리스크 관리자들과 딜러들을 소집해 문제를 찾기 위한 회의를 열었다. 여기서 최대 예상 손실액Value at Risk, VaR을 포함한 수많은 리스크 관리 모델에서 나온 결과들을 모아 분석했고, 상황이 더 악화될 것이라고 판단하기에 이르렀다. 따라서 자산담보부증권을 처분하거나 금융자산 운영 포지션을 헤지(위험 회피)하면서 신용도를 강화하고 위험에 대한 노출 수준을 줄이는 조치를 취했다. 경영진은 예상하지 못한 손실이

	변화에 대한 감지 실패	변화의 영향 파악 실패	향후 변화에 대한 예측 실패
치명적 결함	· 정보와 업무의 과부하 · 공통된 감지 체계 부족 · 부서 간 소통 부재	· 과신 · 경청하려 하지 않음과 부인 · 기존 심리 모델과 편견	· 장기기억의 상실 · 예측의 실패
리질리언스 경영 기법	**1** 변화 신호 감지 →	**2** 변화 신호 해석 →	**3** 변화 신호 커뮤니케이션
실무 적용 방안	**1.** 내부 모니터링을 통해 예상되는 성과에 대한 변동성 감시 신호 감지 능력 개발을 위해 정반합과 시나리오 플래닝 기법 활용 **2.** 품질 문제에 대한 정의 및 측정 원인 분석 및 품질 문제 개선 품질 유지를 위한 프로세스 통제 활동 **3.** 리스크와 위협, 기회, 의사소통 규칙에 대한 공통된 이해 필요 중앙집중적 통계 체계를 통해 내부적으로 소통 및 보고		

발생했을 때, 기존 리스크 모델이 어떤 결과를 내든 상관없이 대응 조치를 즉각 이행했다.

앞서 언급한 바 있지만, 2002년 2월 12일, 당시 급박하게 돌아가는 아프가니스탄 상황을 브리핑하는 기자회견 자리에서 미국 국방장관 도널드 럼즈펠드는 다음과 같은 유명한 말로 불확실성과 X이벤트의 개념을 일깨워 주었다. "이 세상에는 '우리가 이미 알고 있는 것', '우리가 모르고 있다는 것을 이해하고 있는 것', '우리가 모르고 있다는 것 자체도 모르고 있는 것'이 있습니다. 이 마지막 '우리가 모르고 있다는 것 자체도 모르고 있는 것'은 발생하기 전에는 그 존재 여부를 전혀 상상할 수 없습니다."

아마도 이 발언을 할 때, 럼즈펠드 장관은 2001년 9월 11일 뉴욕 세계무역센터를 강타한 비행기 테러에 대해 잠재 가능성 자체도 사전에 인식하지 못하고 있었다는 사실을 염두에 두었던 것으로 짐작할 수 있다. 마지막에 언급한 '우리가 모르고 있다는 것 자체도 모르고 있는 것'은 그 후 2008년 미국 서브프라임모기지 부실로 베어스턴스Bear Stearns, 리먼브라더스, 메릴린치Merrill Lynch 등 글로벌 대형 투자은행 세 곳이 파산하고, 세계 최대 보험회사인 AIG가 파산 직전까지 갔던 글로벌 금융위기를 정확히 예측한 나심 니콜라스 탈레브Nassim Nicholas Taleb의 베스트셀러 《블랙 스완The Black Swan》 전체의 주제가 되었다. 가장 심각한 것은 알려지지 않은 위험이라는 메시지를 준 럼즈펠드 장관의 일갈을 불확실성이 커진 비즈니스 환경에서 꼭 기억해야 한다.

R3. 가속도와 모멘텀을
항상 고려하라

"나를 죽이지 못하는 고통은 나를 더욱 강하게 만들 뿐이다." 독일의 사상가이자 철학자 니체의 일 같이다. 이 금언은 지금껏 우상으로 여겨지는 가치들이 저물어 가는 시기가 도래했음을 표현했던 니체의 대표작 《우상의 황혼 Saemtliche Werke》에 실려 있다. 세상에는 충격을 받으면 더욱 강해 지는 것들이 있다. 가변성, 무작위성, 무질서, 스트레스에 노출될 때 오히려 번성하고 성장하며 모험과 리스크, 불확실성을 좋아한 다. 방향을 알 수 없이 갑작스럽게 몰아닥치는 거센 바람은 촛불 같은 기업에는 재앙이겠지만 사전에 위기에 대비하는 리질리언 스 경영에 충실한 모닥불 같은 기업에는 활활 타오를 수 있는 에 너지원과 기회가 된다.4

우리는 종종 갑작스럽게 발생한 사건의 발생 속도에 현혹될 수 있다. 오랫동안 쌓아온 기업의 평판이 며칠이나 몇 분 만에 땅 에 떨어지고 세계경제가 몇 주 안에 곤두박질칠 수 있지만, 사실 이러한 사건들은 오랜 기간 잠재해 있으면서 잉태되어온 경우가 대부분이다. 그럼에도 특정한 사고, 범죄, 자연재해 같은 것은 종종 사전 경고 없이 갑작스럽게 발생하기도 한다. X를 경영하는 준비된 기업이라면 조직의 생존이나 성공과 관련된 사건에 대해서는 발생 가능성이 높고 낮음에 관계없이 사전에 반드시 준비해야 한다. 즉 '(좋든 나쁘든) 해당 사건이 일어날 확률이나 가능성은 어느 정도인가?'라고 묻기보다는 '얼마나 긍정적으로(또는 부정적으로) 해당 사건이 전개될 수 있으며, 그리고 얼마나 빨리 진행될 수 있는가?'라고 질문해야 한다. 이런 질문은 리스크 요인의 크기와는 상관없이, 기업이 위기 상황에서 민첩하게 정상으로 복귀하는 역량을 향상하기 위해 무엇을 해야 하는지 체계를 잡을 수 있게 해준다.

속도와 더불어 '모멘텀'이라는 요소도 같이 고려해야 한다. 일반적으로 '모멘텀'이란 어떤 사물이나 사건 또는 추세가 정해진 방향으로 계속해서 움직이려고 하는 힘이나 경향을 뜻한다. 경기 종료 10분을 남겨 둔 시점까지 0 대 0으로 팽팽하게 전개되던 월드컵 결승전에서 한 팀이 득점에 성공한 후 그 여세를 몰아 추가 득점을 한다. 또는 갑작스러운 계기로 판매 실적이 저조했던 기존 제품의 판매량이 급상승하여 대박 상품이 된다. 열세에 있던 후보가 투표일 직전 지지율이 급상승해 대반전의 결과를 가져오는 일도 있다. 이러한 기세 같은 것 역시 모멘텀으로 설명할 수 있다.

기업에서 위기와 그 영향이 전개되는 방향은 위기의 속도와 모멘텀에 따라 다양하다. 먼저, 다음의 세 가지 기본적인 방향이 고려되어야 한다.

- 첫째, '기습'이다. 자연재해, 화재, 사고 혹은 광범위한 품질 불량 등 엄청난 영향을 미치는 단일한 사건의 발생이다.
- 둘째, '눈덩이 효과snowball effect'다. 직간접적으로 관련되었거나, 아니면 전혀 관련되어 보이지 않은 일련의 사건이 쌓여서 더 큰 영향과 가속도가 붙고, 하나 이상의 강력한 누적 효과를 가져오는 경우다.
- 셋째, '스포트라이트 효과spotlight effect'다. 특정한 사건이 사회적인 관심을 끌거나 감독기관의 조사로 이어져서 또 다른 사건이나 결과를 초래하게 되는 경우다.

그간 언론 매체를 통해 자주 접해온 유명인뿐 아니라 이슈가 되었던 여러 기업의 위기 상황을 떠올려 보면 어렵지 않게 이해할 수 있다. 특히 기업이 제공하는 주요 제품과 서비스의 브랜드 문제로 곤욕을 치르는 경우를 종종 볼 수 있다. 역설적으로, 기업 브랜드 가치가 커질수록 그 취약성 역시 더욱 커지기 마련이다.

미국 매사추세츠주에 있는 의료 기기 제조업체 보스턴사이언티픽Boston Scientific은 자재 담당자, 제조 담당자, 외부 계약업체, 외상매입금 담당자 등 자사의 공급망에 참여하고 있는 주요 이해관계자와 인터뷰를 해 20개의 위기 경보 신호 체크리스트를 만들어 관리하고 있다고 한다. 해당 공급업체를 직접 방문하거나 공개된 재무 정보, 외부 감사보고서 등을 정기적으로 점검한다. 보스턴사이언티픽이 관리하는 위기 경보 신호 체크리스트에는 특정 공급업체가 제때 재무 보고를 하지 못하거나 외부 감사인의 감사보고서에 여러 차례 수정이 발생한다든지 운전자본 비율이 줄어드는 것, 외상 매입 기간이 길어지는 것과 같은 특이 사항에 대한 점검이 포함되어 있다. 이와 같은 종합적인 공급 기반에 대한 모니터링은 공급업체의 갑작스러운 도산이나 제공받는 원료·부품의 잠재적 품질 불량 또는 결함 가능성 등을 사전에 감지하려는 실제 활동의 좋은 사례다. 이는 결국 비즈니스 환경 내에 숨어 있는 블랙 스완을 미리 감지하여 조치에 소요되는 시간을 확보하려는 리질리언스 경영의 일환이다. 사실 대개의 경우 예상치 못한 사건 사고가 발생했을 때 그 피해를 줄이는 대응에서 핵심은 빠른 발견이다. 경보를 조금이라도 일찍 포착할수록 재고와 자산을 영향권 밖으로 옮긴다든지, 회복에 필요한 물자를 준비한다든지, 다른 공급업체를 확보한다든지 하는 대응에 필요한 일을 더 많이 할 수 있기 때문이다.

더 정확한 날씨 예보·경보를 확보하기 위해 5명의 기상학자를 글로벌 상황실에 배치하는 물류 기업 UPSUnited Parcel Services, 위험 물질을 운반하는 철도와 차량을 GPS로 추적하고 만약 차량이 예정된 경로를 벗어나거나 인구 밀집 지역을 지나가면 경고 신호를 보내 당국이나 기관에 위험 가능성을 알리는 다우케미컬Dow Chemical, 고객 불만·제품 결함·악선전 등을 파악하기 위해 소셜미디어 청취 센터를 운영하여 크고작은 문제를 사전에 발견하고 대응하는 델Dell 컴퓨터 등은 리질리언스 경영의 좋은 모범 사례다.

위기의 시대,
기업 명성 붕괴를 막는 브랜드 리질리언스

"명성은 1년에 인치 단위로 쌓여가지만 1초에 피트 단위로 사라진다"는 서양 속담이 있다. 여기서 피트는 인치보다 훨씬 큰 길이 단위다. 쉽게 말해, '상대방에게 신뢰를 얻기 위해서는 엄청난 시간과 노력이 필요하지만 이를 잃는 것은 한순간'이라는 의미다. 사실 이 말은 가치투자의 귀재 워런 버핏Warren Buffett의 다음과 같은 명언으로 우리에게 더 잘 알려져 있다. "한 기업이 명성을 쌓는 데는 20년이 필요하지만 그것을 무너뜨리는 데는 5분이면 족하다. 이를 명심한다면, 당신의 행동은 달라질 것이다."[5]

기업의 생명과도 같은 브랜드와 명성의 파괴는 인터넷을 기반으로 하는 소셜미디어와 모바일 기술, 그리고 이들의 전파 속도로 인해 과거와 달리 매우 쉽고 빠르게 극단적으로 진행된다. 상품의 결점, 기업 임원의 비윤리적 행동, 부주의에 의한 고객 정보 누출은 물론이고 아무도 관심을 기울여 보거나 듣지 않을 것이라고 생각했던 사실이나 보고서 등이 기업 브랜드의 취약성에 기여하는 요소가 될 수 있다. 고객의 신뢰를 잃는 시점부터 기업의 규모를 막론하고 비즈니스가 추락하는 것은 순식간이다. 브랜드의 가치는 앞으로 더욱 커질 것이고, 브랜드 가치가 커질수록 브랜드 취약성 역시 커진다. 이는 해당 브랜드가 더 이상 가치가 없다고 증명되는 순간, 바로 대체 브랜드를 고려하는 의지 역시 더욱 커진다는 것을 기업 경영진에게 시사해 준다.

소셜미디어와 모바일 기술은 일상생활에 점점 더 깊숙이 침투하고 있다. 브랜드의 명성이 추락하는 사건은 이에 따라 더욱 증가할 것이 분명하다. 기업 브랜드와 명성의 리스크를 관리하는 데에서 다음의 네 분야는 특히 문제가 될 수 있다.

● 아웃소싱(외주) 관련 요소들, 제3자 공급업체를 포함한 기업의 확장된 공급망에 연결된 제품의 안전성 및 지속가능성 이슈.
● 기밀이 보장되어야 하는 민감한 고객 정보의 유출.
● (기업 경영진, 관리자뿐 아니라 고객과의 접점에 있는 현장 직원 모두를 포함한) 직원들의 부적절한 행동.
● 중요한 기업 정보 유출.

기업이 훌륭하고 회복력 있는 브랜드를 만들려면 적극적 방어와 적극적 공격을 모두 겸비해야 한다. 브랜드 파괴 사건을 감지하고 대응하고 그로부터 빠르게 정상으로 회복하는 능력을 갖는 것이야말로 앞으로 기업 마케팅과 리스크 관리의 핵심 요소가 될 것이다.

갑작스럽거나 경험해 보지 못한 색다른, 그렇지만 매우 치명적인 무기를 사용하여 공격하는 익명의 적, 아군의 공격, 또는 성난 군중의 갖가지 위협을 맞닥뜨리는 브랜드는 아마도 군에서 사용하는 전투 교범에서 대응 아이디어를 얻을 수 있을 것이다. 미육군과 해병대를 위한 반란 진압 계획 야전 교범 지침은 마치 브랜드 리스크 관리를 위해 맞춤형으로 제작된 것처럼 보인다. (브랜드 관리자를 위해 정리한) 주요 내용은 다음과 같다.

● 처음에는 당신이 공격받고 있다는 사실을 알지 못할 수도 있다.

● 공격에 대응하기 위해 아군의 압도적 병력 수를 보여주고자 하는 당신의 충동은 잘못된 것일 수 있다. 때로는 자신을 지키기 위해 쓸 수 있는 병력의 수가 많을수록 오히려 덜 안전해지기도 한다. 가끔은, 아무것도 하지 않는 것이 가장 효과적인 대응이 된다.

● 반란을 진압하기 위한 전투에서 승자는 가장 빨리 배우고 적응하는 팀이다.

● 반란 폭도와 싸우기에 가장 효과적인 무기 중 일부는 그들을 직접적으로 겨냥하는 것이 아닐 수 있다. 위협을 식별하고, 적의 무장을 해제하고, 대응하는 능력이 아마도 당신의 가장 효과적인 무기일 것이다.

● 이번에 먹힌 전략이 다음에는 통하지 않을 수 있다. 한 시장에서 통한 전략은 다른 시장에서 통하지 않을 수도 있다. 반란 진압군은 유연하고 재빨라야 하며, 자신들의 브랜드를 어떻게 지켜야 할지 항상 평가해야 한다.

반란 진압 야전 교범에서 권고 조치 강령은 계획, 준비, 실행이라는 세 범주로 정리할 수 있다. 브랜드 리질리언스 강화를 위해 그것을 7단계의 프로그램으로 응축하면 다음과 같다. 7단계는 각각 브랜드 리질리언스를 확보하는 데 필수 불가결하다. 특히 그중에서 즉각적 행동을 위해 고려해야 할 두 단계는 브랜드 파괴 초기 증세를 감지하기 위한 체계적이고 측정 가능한 프로세스를 전개하는 것(3단계)과, 과거 공격에서 얻은 교훈을 다음에 있을 예상할 수 없고 피할 수도 없는 공격에 대비하기 위해 체계적으로 정리하는 것(5단계)이다.

첫 번째 범주, 계획

1단계, 브랜드 리스크 평가. 브랜드가 직면한 잠재적 위협을 이해하라(이들의 원천 및 잠재적 영향/파급효과).

두 번째 범주, 준비

2단계, 브랜드 군대 독려. 회사 임원·간부들이 브랜드 리스크를 탐지·예방·경감하는 활동에 적극적으로 참여하게 하라.

3단계, 브랜드 리스크 조기 경보 시스템 구축. 브랜드에 대한 공격을 조기에 탐지하는 역량과 시스템을 계획/준비/실행 사이클의 모든 단계에서 작동할 수 있게 하라.

세 번째 범주, 실행

4단계, 브랜드에 대한 공격 격퇴. 적절한 시점/기간 및 수위를 조절하여 실제 공격에 적극적으로 대응하라.

5단계, 브랜드 방어의 습득과 조정. 각각의 공격에 대해 분석하고 배우며, 그 후의 행동과 전술에 맞춰라.

6단계, 브랜드 리질리언스의 측정과 추적. 브랜드 리스크 관리와 브랜드 리질리언스 확보의 성과를 측정·평가하고 모니터링하라.

7단계, 대중의 지원 창출. 자원병 같은 지원 세력과 기반을 넓혀라.

펩시콜라로 유명한 펩시사는 3년간 성과가 좋지 않았던 게토레이의 매출을 촉진하기 위해 미션 컨트롤 프로젝트를 시작했다. 시카고에 있는 게토레이 마케팅 부서 사무실 한쪽의 통유리로 개조한 회의실에는 전담 직원 4명이 배치되어 지속적으로 소셜미디어상의 관련 글을 추적하고 브랜드의 인터넷 이미지를 강화했다. 단지 고객들의 이야기를 주의 깊게 듣는 것에서 그치지 않고 게토레이는 스포츠 드링크 매진에 대한 불만을 파악했고 해당 제품의 생산량을 늘리는 것으로 불만을 해소할 수 있었다. 아울러 회사와 관련 상품들에 관한 잘못된 정보, 악성 루머나 소식에 대해서는 선제적으로 수정·관리할 수 있었다.

이렇듯 기업과 조직 측면에서 브랜드 취약성 문제를 해결하기 위해서는 청취 플랫폼을 포함한 브랜드 리스크 조기 경보 시스템을 구축하고, 모니터링과 분석 결과를 실제 대응 액션 플랜과 연결하며, 과거의 위기 활동 사례에서 학습하고 이를 다음 대응 체계 개선에 적용하는 등 선제적이고 적극적인 브랜드 리스크 관리 활동이 필요하다.

기업 비즈니스 생태계 안에 있는 임직원, 파트너, 고객, 심지어는 경쟁사에 이르기까지 모든 주요 이해관계자들 가운데 취약한 어느 한곳에서 브랜드 파괴 사건이 일어날 수 있다. 자체 분석

뿐 아니라 고객 관점에서도 무엇이 잘못되었는지, 그리고 무엇이 개선될 수 있는지 피드백이 필요하다면 반드시 받아야 한다. 의도적이든 그렇지 않든 기업의 브랜드와 명성을 파괴하려는 시도, 그리고 이를 저지하기 위한 기업·조직 간의 긴장 관계는 앞으로 더욱 심해질 것이다.

당장은 어렵더라도 회사와 회사의 대표 제품 및 브랜드의 취약성에 대하여 어떤 상황이 발생할 수 있는지, 그리고 브랜드 리스크를 완화하기 위해 임직원이 각각 어떤 노력과 역할을 할 수 있을지 고민하는 것부터 실천해 보자. 이러한 움직임은 앞으로 브랜드와 명성에 치명적인 문제가 발생하더라도 회복력을 확보하는 데 분명 도움을 줄 것이다.

R4. 핵심 연결성을 고려하고 관리하라

인간이 생존하기 위해 꼭 필요한 세 가지 요소는 무엇일까? 바로 공기, 물, 음식이다. 실제로 인간은 공기 없이는 3분, 물 없이는 3일, 그리고 음식물 없이는 3주 동안 버틸 수 있다고 한다. 기업에서 공기에 해당하는 것은 바로 자금이다. 기업 역시 살아남기 위한 기본적인 요소를 사전에 정의해 두어야 한다. 이는 글로벌 비즈니스 환경의 복잡성과 상호의존성으로 일련의 사건이 다른 사건에 어떻게 파급되고 영향을 미치는지 파악하기가 훨씬 어려워졌기 때문이다. 그러므로 다음과 같은 고민을 해 봐야 한다. '우리 회사가 생존하기 위해 반드시 있어야 할 필수 요소는 무엇일까? 이러한 필수 자원 없이 우리는 얼마 동안 버틸 수 있을까? 우리 회사가 허용할 수 있는 손실, 피해의 최대 수준은 얼마일까? 어느 정도의 비상 상황까지 대비해야 할까?' 다시 말해 이는 전체를 보기 위한 훈련, 즉 '시스템적 사고'가 필요하다는 것이며, 개별 사물보다는 상호 연관성을, 그리고 정지된 상태가 아닌 변화의 패턴을 바라보는 프레임워크가 필요하다

는 뜻이다.6

월스트리트의 베테랑이자 MIT 출신 경제학자인 리처드 북스테이버Richard Bookstaber는《우리가 스스로 만들어낸 악마A Demon of Our Own Design》에서 다음과 같이 말했다. "상호작용하는 복잡성과 강력하게 동조화된 시스템은 중간에 개입할 수 있는 시간을 허용하지 않는데, 이 두 가지가 모두 존재할 때 가장 큰 위험이 생겨난다." 일반적으로 시스템 엔지니어들은 강력하게 얽혀 있는 동조화된 시스템을 각 부분이 상호의존적이어서 분리하기 매우 어려운 것으로 정의한다. 또한 이런 시스템 내에서는 일단 사건이 발생하면 이를 멈추게 하거나 통제·관리하는 것이 매우 어렵거나 불가능할 수도 있다고 지적한다.

북스테이버는 시스템의 구조로부터 초래하는 피할 수 없는 '사고'는 결국 강력한 동조화와 비선형성 때문에 일어난다는 것을 강조하면서 글로벌 금융위기, 원자력발전소 사고, 항공기 추락, 대정전 사태, 초대형 산불 같은 사고를 언급했다. 그는 또한 이러한 재앙은 대부분 복잡한 연쇄반응을 촉발하는 하나의 사건으로 시작하는 경우가 많았고, 시스템 내에서 이를 통제하려고 하다 오히려 복잡성과 시스템의 불명확성이 더 커져서 사태만 악화했다는 것을 강조했다. 참고로, GM의 사례는 눈여겨볼 필요가 있다. 전 세계 30여 개국에 20만 명 가까운 종업원을 두고 자동차를 만들어 140여 개국에서 판매하는 이 회사는 기업 활동에 영향을 미치는 많은 충격이 지리적 요인에서 비롯된다는 사실을 경험을 통해 깨달았다. 실제로 자연재해나 정치적 불안, 환율 급변 등 리스크 요인 중 상당수는 특정 지역에서 발생하지만 글로벌 공급망을 타고 기업 전반으로 확대되곤 했다. 그래서 회사는 완성 차에 들어가는 각각의 부품이 어느 지역에서 얼마나 공급되는지 파악하는 방식으로 지리적 취약성에 대한 대비 태세를 갖췄다. 리스크 관리팀이 구성되어 이런 업무를 한다. GM 식의 '지역 공급망 지도'는 공급망 곳곳에 포진한 주요 연결고리에 초점을 맞춰 활용할 수 있다. 브라질에서 일어난 홍수가 싱가포르 공장의 생산 또는 독일 시장의 매출에 어떤 영향을 미치는지를 구체적으로 파악하는 것도 가능해진다.

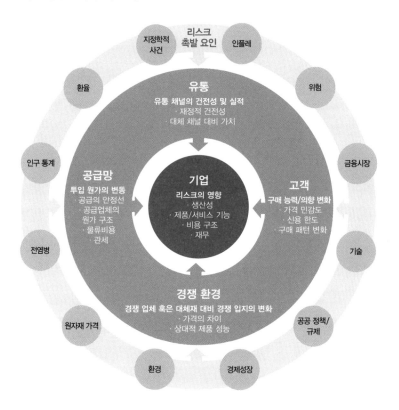

증가하는 시장의 복잡성과 불확실성에 대응하기 위한 기업의 전략이 오히려 다시 복잡성을 만들어내는 원인이 되기도 하고, 이로 인해 비즈니스의 취약성이 커져 더 이상 안정성을 담보하기 어려워진다. 기업 내외부의 유연성과 상호연계성이 높아질수록 새로운 기회를 더욱 효과적으로 탐색할 수 있는 한편, 조직 체계가 더 복잡해지거나 덜 명확해지고 위협에 대한 노출도는 과거보다 커진다. 결국, 조직을 구성하는 각각의 요소와 부문 또는 개체가 어떻게 연결되어 있는지, 연결고리를 통해 예상치 못한 충격이나 영향이 어떻게 발생하고 전이될 수 있는지, 이러한 핵심 연결고리를 식별하고 관리해서 어떻게 리스크를 관리할 것인지 정확히 꿰고 있지 않으면 안 된다.

그러나 기업으로서는 어느 때보다도 위기에 취약한 시대를 살고 있는 것이 사실이며, 이는 촘촘히 연결된 하나의 망 위에 글로벌 경제와 비즈니스의 모든 과정이 존재하기 때문이다. 특정 시간과 장소에서 위기 상황이 발생할 확률은 매우 낮지만, 복잡한 글로벌 및 로컬 공급망 어느 한곳에서 사건 사고가 일어날 확률은 상대적으로 높다. 따라서 이러한 비즈니스 연결망에 직간접적으로 참여하고 있는 기업이라면 그로 말미암은 부침을 피할 도리가 거의 없다. 단언컨대, X이벤트는 물론 글로벌 공급망에서 발생할 수 있는 위기 자체를 개별 기업이 통제하기는 불가능하다고 할 수 있다. 따라서 CEO들 역시 이러한 위기가 사업의 존폐에까지 영향을 미칠 수 있다고 보고, 이를 미리 감지·관리하고 신속히 회복할 방법을 찾는 것을 최우선순위로 삼아야 한다.

대양 항해, 사막 횡단, 중요한 기업의 인수 혹은 신규 시장 참여 등 리스크가 매우 큰 일을 준비할 때 수행하는 분석 과정 중 하나인 SIPOC이라는 기법을 살펴보자. 버려진 섬에 갇혀 발이 묶였을 때 생존을 위해 반드시 필요한 것은 무엇일까? 핵심적으로 의존해야 하는 것들은 무엇이며, 그것들 없이 얼마나 버틸 수 있을까? 이렇게 극한 상황에서는 암묵적이거나 즉흥적이거나 임기응변으로 접근하기보다는 정확한 판단에 기초해 분명한 결정을 내려야 한다. SIPOC은 공급자Suppliers를 뜻하는 S, 투입 자원Inputs을 뜻하는 I, 프로세스Processes를 뜻하는 P, 산출물Output을 뜻하는 O, 그리고 고객Customers을 뜻하는 C의 약자다.

규모와 형태야 어떻든, 대부분의 기업은 SIPOC 분석을 통해 비즈니스 운영에서 핵심적인 의존 요소들을 정의할 수 있다. SIPOC 분석은 식스시그마, 린Lean 생산방식, 전사적 품질관리 등 글로벌 기업에서 사용하고 있는 품질과 프로세스 개선 방법론에서 비롯했다. 제품 생산 또는 서비스 프로세스에 영향을 미칠 수 있는 모든 요인을 식별하기 위해 사용되며, 이를 통해 시스템 전체 관점에서 모든 기업 활동을 시각적으로 표현할 수 있다. 결국 경영진은 공급자, 프로세스에 투입하는 자원, 운영 프로세스, 프로세스의 결과물 그리고 내부 및 외부 고객과 관련된 핵심 가치 유발 동인을 식별할 수 있게 된다. SIPOC 분석을 통해 기업은 붕괴하거나 악화하거나 혹은 위협이 될 수 있는 영역을 구체적으로 적시할 수 있다. 또한 프로세스에 존재하는 특정한 취약성을 사전에 식별하고 잠재적인 영향을 측정할 수도 있다. 예를 들어,

SIPOC 분석은 다음과 같은 내용을 좀 더 깊이 있게 검토할 수 있는 틀을 마련해 준다.

● 필수 생산 요소를 제공하는 공급자는 누구인가? 당신의 회사에 영향을 미칠 수 있는 리스크(예로, 핵심 공급업체나 해당 공급업체 협력사의 재무 상태)를 미리 감지할 수 있는 메커니즘을 가지고 있는가? 이 공급업체가 제공하는 제품 또는 서비스 요소 없이 당신의 회사는 얼마나 버틸 수 있는가?

● 특정 고객의 매출 비중이 어느 정도이면 의존도가 지나치다고 볼 수 있는가? 10%? 15%? 20%? 그 핵심 고객이 이탈하거나 파산하면 당신의 회사에 어떤 영향을 미칠 수 있는가?

● 프로세스의 각 단계에서 투입 혹은 산출의 부족이나 중단 혹은 품질상의 문제가 발생하면 어떤 영향을 미칠 수 있는가? 최우선적 필수 투입 자원과 산출물은 무엇인가? 그와 관련된 위협과 기회를 파악하고 인식하고 보고하는 메커니즘은 무엇인가?

● 각 단계에서 공급업체의 협력업체와 해당 고객의 영향까지 어떻게 모니터링할 수 있는가? 이상 징후에 대한 조기 경보나 감지 시스템이 마련되어 있는가?

리질리언스 경영을 위해서는 핵심 연결망의 관리가 반드시 필요하다. 이는 기업을 깊이 이해하는 것에서 출발한다. 기업에 대한 이해는 취약성이 어디에 존재하는지 파악하고, 어떤 취약성을 수용해서 어느 수준까지 완화할지에 대해 합리적으로 의사 결정하는 것까지 포함해야 한다. 비즈니스의 핵심 의존 요소와 상호 의존성이 명확하게 정의되고 파악되지 않으면, 심각한 사업 중단을 맞거나 커다란 기회가 오더라도 사전에 충분히 대비하지 못할 수 있음을 명심해야 한다.

포스트 코로나 시대, 회복탄력적인 네트워크가 필요하다

코로나19 대유행 사태가 진정되면, 과거와는 전혀 다른 세계가 전개될 것이다. 2020년 2월 중국에서 시작된 공급 충격과 세계 경제가 멈춰 서면서 이어진 수요 충격은 거의 모든 지역에서 기업 생산 전략과 공급망의 취약성을 노출했다. 일시적인 무역 제한, 주요 의약품과 생활필수품의 부족 사태로 이러한 약점은 더욱 부각되었다. 이런 상황은 미중 무역 전쟁과 맞물려 자유무역에 더욱 역행하는 경제 민족주의의 도래를 촉발하고 있다. 이 모든 것의 결과로, 글로벌 제조업체들은 자국 내 생산과 고용을 늘리고, 심지어 위험하다고 인식되는 공급 원천에 대한 의존도를 줄이거나 없애는 등 글로벌 공급망에서 조달을 최소화하고 린(적기 공급 생산) 제조 전략을 다시 생각해 보라는 커다란 정치적·경제적 압력을 받기 시작했다.[7]

그러나 많은 것이 변하지는 않을 것이다. 소비자들은 계속해서 (특히 불황에 더욱) 저렴한 제품을 찾을 것이고, 시장 경쟁이 심화하는 상황에서 제조 비용이 더 드는 국내에서 제품을 만든다고 가격을 더 올릴 수는 없을 것이기 때문이다. 또 한편으로는 자본과 제조 능력을 방만하게 운영해서는 안 된다는 압박 역시 여전할 것이다.

　　결국, 앞으로 기업의 도전 과제는 경쟁력을 약화하지 않으면서 공급망을 더욱 회복탄력적으로 만드는 것이다. 이러한 도전을 극복하기 위해 기업은 먼저 자사의 취약점을 파악하고 다음과 같은 몇 가지 조치를 생각해 보아야 한다. 사실 이 중 일부는 코로나 감염병 대유행 훨씬 전에 취했어야 했던 조치이기도 하다.

숨겨진 위험 요소를 파악하고 대응하라

요즘은 제품 생산에 전문 기술력으로 만들어지는 정교한 부품이 필요한 경우가 많다. 즉 어떤 기업도 생산에 필요한 것을 모두 자체적으로 조달하는 광범위한 역량을 보유하기란 매우 어렵다. 자동차 제조에 필요한 수많은 전자부품을 생각해 보면 그리 어렵지 않게 이해할 수 있다. 엔터테인먼트와 내비게이션 시스템에 들어가는 터치 스크린 디스플레이부터 엔진, 조향 및 파워 윈도와 조명 같은 기능을 제어하는 수많은 마이크로프로세서까지 자동차 회사에서 다 만들기란 불가능하다. 또 다른 예로 DNA와 RNA 염기서열을 만드는 데 사용되는 뉴클레오사이드 포스포라미디트Nucleoside Phosphoramidite로 알려진 화학물질과 관련 시약을 들 수 있다. 이것들은 DNA 또는 mRNA 기반 코로나19 백신과 DNA 기반 약물 치료법을 개발하는 데 필수적이지만 선행 물질은 대부분 한국과 중국에서 생산된다.

거의 모든 산업에서 제조업체들은 특정 분야의 전문성을 지닌 공급업체들에 의존하게 되었고, 이 전문 업체들 역시 대개 다른 많은 협력업체에 의존한다. 이러한 방식에는 여러 가지 이익이 있다. 우선, 제품 생산에 큰 유연성과 최신 기술을 적용할 수 있다. 그러나 제품 생산에 매우 중요한 구성 요소를 글로벌 네트워크 어딘가에 있는 단일 공급업체에 의존하게 되므로 항상 돌발 상황에 취약한 상태로 남는다. 만약 해당 공급업체가 한 공장에서만 또는 한 국가에서만 그 품목을 생산한다면, 이에 의존하는 기업의 비즈니스 중단 위험은 훨씬 더 커진다.

취약점을 파악하라. 기업 자신을 스스로 보호할 수 있도록 리스크가 어디에 있는지 제대로 이해하려면 많은 노력이 필요하다. 이는 거래하는 1차 공급업체와 2차 공급업체에 대한 파악을 훨씬 넘어서 물류 시설과 운송 거점을 포함한 회사의 전체 공급망 지도를 만들어 보는 것을 포함하는데, 시간과 비용이 엄청나게 많이 드는 일이다. 바로 이것이 대기업들이 전략적으로 중요한 1차 공급업체에만 주로 관심을 집중해온 이유이기도 하다. 그러나 갑작스러운 공급망 붕괴에 따른 비즈니스 중단의 비용은 사전에 공급망을 깊게 분석하고 파악하는 비용보다 훨씬 크다는 것을 이해해야 한다.

공급망 지도를 만든다는 목표는 공급업체를 저위험, 중위험, 고위험으로 분류하는 것이어야 한다. 이를 위해 특정 공급원을 잃었을 때 수익에 미치는 영향, 특정 공급업체의 공장이 중단되고 정상화하는 데 걸리는 시간, 그리고 대체 공급원의 가용성 등의 지표를 만들어 적용할 것을 제안한다. 산업 전체가 공급 중단과 같은 갑작스러운 상황에 직면해서도 비즈니스를 멈추지 않고 얼마나 오랫동안 공급 충격에 버틸 수 있는지, 그리고 얼마나 빨리 중단에서 회복하거나 대체 공급업체를 통해 비즈니스의 연속성을 유지할 수 있는지를 확인하는 것은 매우 중요하다.

이러한 질문에 대한 답은 제조 능력이 유연하고 필요에 따라 재구성과 재배치를 할 수 있는지(수동이나 반자동 조립 작업이 많은 경우), 또는 고도로 전문화되고 까다로운 작업으로 구성되어 있는지에 따라 달라진다. 후자의 예로는 대만 반도체회사 TSMC의 3개 공장에 집중화되어 있는 최첨단 스마트폰 칩 생산, 일본·독일·미국에만 있는 고도로 전문화된 설비에서만 가능한 희귀 센서와 부품 제작, 그리고 중국에서만 조달할 수 있는 에어팟과 전기 자동차 모터에 들어가는 자석용 네오디뮴Neodymium(희토류 금속 원소)의 정제 등을 들 수 있다.

공급망에서 리스크를 파악한 뒤에는 그 정보를 활용하여 조달원을 다양화하거나 주요 자재 또는 품목을 비축함으로써 리스크를 해결할 수 있다.

공급 기반을 다양화하라. 중위험 또는 고위험 조달원(단일 공장, 공급업체나 지역)에 대한 과도한 의존을 분명하게 해결하는 방법은 동일한 위험에 취약하지 않도록 여러 지역에 있는 조달원을 확보하는 것이다. 미중 무역 전쟁으로 일부 기업은 중국과 동남아 국가(베트남, 인도네시아, 태국 등) 사이에 생산 거점을 확대하는 '차이나 플러스 원' 전략으로 전환하고 있다. 그러나 1997년 아시아 금융위기나 2004년 쓰나미 같은 자연재해는 더 넓은 지리적 분산이 필요하다는 주장을 뒷받침한다.

기업은 주요 제품에 대해서는 주로 소비가 이루어지는 지역 내에서 조달하고 생산하는 지역 전략을 고려해야 한다. 북아메리카의 경우에는 노동집약적인 일을 중국에서 멕시코와 중앙아메리카로 옮기면서 이러한 전략을 실행에 옮길 수 있다. 서유럽의 경우 동유럽 국가들, 터키, 우크라이나로부터 생산과 조달 의존도를 높일 수 있다. 글로벌 시장 점유율을 유지하려는 중국 기업들은 고급 기술이 불필요한 노동집약적 생산에 대해 이미 이집트, 에티오피아, 케냐, 미얀마, 스리랑카 등의 지역을 찾고 있다. 일부 제품은 중국에 대한 의존도를 줄이는 것이 다른 제품보다 쉽다. 가구, 의류, 생활용품 등은 목재, 직물, 플라스틱처럼 원부자재가 기본 재료이기 때문에 중국 이외의 다른 지역에서도 비교적 쉽게 구할 수 있다. 그러나 고밀도 인터커넥트 회로기판, 전자 디스플레이, 정밀 주물 등 부품을 조립하는 정교한 기계, 전자제품 등에 대해서는 대체 공급원을 찾기가 더욱더 어려워질 것이다.

중국의 경험에서 알 수 있듯이, 다른 국가나 지역에 새로운 공급 기반 시설을 구축하는 데는 상당한 시간과 비용이 소요될 것으로 예상된다. 1980년대에 중국이 처음 경제특구를 개방했을 때 토착 공급업체가 거의 없어 공급망과 물류 전문 업체들에 의존했고, 전 세계로부터 자재를 조달받아 중국 현지에서 조립했다. 중국 정부의 인센티브 지원에도 불구하고 중국 내에서 생산에 필요한 전자 부품, 자동차 부품, 화학제품, 의약품 성분의 대부분을 공급할 수 있도록 현지 기반을 마련하는 데 20년이라는 시간이 걸렸다. 생산을 중국에서 동남아 국가로 옮기려면 기존과 다른 물류 전략도 필요하다. 중국과 달리 이들 지역은 대형 컨테이너선을 처리하거나 주요 시장의 정기 직항 서비스가 운영되는 대규모 항구 같은 항만 기반 시설이 없는 경우가 많다. 이는 생산된 제품을 시장에 도달하게 하려고 싱가포르, 홍콩 또는 다른 거점 항구를 통해야 한다는 의미인데, 결국 더 긴 운송 시간이 소요될 것이다. 그렇다고 해도 장기적으로 볼 때 중국을 회사의 공급망 전략에서 완전히 배제하는 것은 실수일 수 있다. 중국의 깊이 있는 공급망, 유연하고 훈련된 노동 인력, 크고 효율적인 항구와 운송 기반은 앞으로도 여전히 높은 경쟁력으로 남을 것이다. 중국은 세계에서 두 번째로 큰 경제와 시장 규모를 가지고 있어, 기업이 중국 시장에서 입지를 유지하고 경쟁력 있는 정보를 얻는 것은 앞으로도 중요할 것이기 때문이다.

중간 재고나 안전 재고를 보유하라. 만약 대체 공급 채널을 즉시 구할 수 없다면, 기업은 가치사슬을 따라 중간에서 여분의 재고를 얼마만큼, 어떤 형태로, 어디에 보유할 것인지 결정해야 한다. 물론 안전 재고는 다른 재고자산과 마찬가지로 노후화 위험을 수반하고 현금 유동성도 묶는다. 즉 재고량을 적게 유지하면서 적시에 자재를 조달·보충하는 일반적인 생산 관행에 반한다. 그러나 이렇게 절감되는 비용은 갑작스럽게 공급 부족 사태가 발생했을 때의 엄청난 수익 손실, 사태 수습을 위해 치러야 하는 시간과 노력을 비롯해 모든 비즈니스 중단 및 긴급 조달 관련 비용을 고려한다면 다시 평가되어야 한다.

프로세스 혁신을 활용하라

공급망 일부를 이전함에 따라, 일부 기업은 공급업체들에 함께 이전하기를 요청하거나 공급업체의 생산 일부를 기업 내부로 가져올 수도 있다. 이때 생산 라인을 이전하거나 새로운 생산 설비를 구축하는 과정에서 주요 공정 개선을 위한 기회를 찾을 수 있다. 변화의 일환으로 익숙한 업무 수행 절차에서 벗어나 프로세스를 뒷받침하는 설계 가정을 재점검해 볼 수 있기 때문이다. (경영진은 자산이 완전히 감가 상각될 때 새롭고 경쟁력 있는 공장과 시설, 장비에 투자하기보다는 기존 형태를 유지하려는 유혹을 받기 쉽다. 감가상각비는 생산원가 계산에 반영되지 않기 때문에 유휴 능력이 있는 공장의 생산을 개선하거나 촉진하는 데 드는 한계비용은 더 낮다.)

미국의 한 산업 설비 회사가 중국에 새로 공장을 하나 세웠다. 이 회사는 미국과 일본 공장의 설계를 가지고 공장 설립을 시작했고, 결국 새로운 시설과 장비와 작업 방식을 도입함으로써 개선을 이루어냈다. 결과적으로, 미국과 일본의 기존 공장에서보다 훨씬 효율적이고 간소화된 운영 체계를 수립했다. 그 후 회사는 미국에 새로운 공장을 세우면서 중국 공장의 성과를 출발점 삼아 개선 과정을 반복했다고 한다. 멕시코 과달라하라에 있는 플렉스 공장 단지 운영을 또 하나의 예로 들어 보자. 생산성이 정체 상태일 때 회사는 더 작은 조립 공정을 자주 다른 건물(혹은 같은 시설 내의 일부)로 옮겼다. 이렇게 이전하는 동안, 생산 근로자들은 더 적은 공간과 노동력을 사용해야 했기 때문에 작업 단계를 재설계했고 결과적으로 생산성을 높일 수 있었다.

신기술은 이미 혹은 머지않아 기업이 제품 생산에서 비용을 절감하거나 좀 더 유연하게 전환할 수 있게 해줄 것이고, 현재의 경쟁 업체나 공급업체들이 설치·운영하는 기반을 쓸모없는 것으로 만들 수도 있다. 또한 향후 기술 진보는 대체로 공장을 더욱 환경적으로 지속가능하게 만들 기회를 주기도 한다. 이를테면 다음과 같다.

자동화: 자동화 비용이 감소하고 로봇이 산업 현장에서 사람과 함께 안전하게 작동할 수 있다는 것이 알려지면서, 더 많은 형태의 작업과 업무가 자동화하고 있다. 감염병 대유행으로 공장에서 사회적 거리 유지는 이제 필수가 되었기 때문에 자동화는 훨씬 더 매력적인 방식이 되었다. 생산 공정의 자동화가 더욱 발전하면서, 오프쇼어링으로 생산되었던 제품을 이제 고비용 국가에

서 생산하는 쪽으로 전환하는 것 역시 실현 가능한 방안이 되고 있다. 제품의 출하 준비 과정에서 사람의 노동을 대폭 줄일 수 있는 로봇 팔레타이저(포장·물류 자동화기기)의 경우 품질관리를 위한 자동화된 광학 검사 시스템으로도 매우 빠르게 비용 대비 효과를 낼 것이다.

새로운 프로세싱 기술: 최신 화학제품 제조 장비는 에너지와 용매를 적게 사용하고, 폐기물을 적게 배출하며, 자본 집약도가 낮으면서 운영 비용도 적게 든다. 이와 유사하게, 최근 개발된 소형 바이오리액터bioreacter(생물반응기) 덕분에 바이오 의약품 및 백신 제조회사들은 예전보다 더욱 저렴하게 작은 규모의 제품을 실험하고 생산할 수 있게 되었다.

지속적 흐름 제조: 이 혁신은 제약회사가 활성 제약 성분API에 덜 의존하게 함으로써 대부분 수입에 의존하는 저분자 화합물로 제조하는 일반 약품 공급망의 회복탄력성을 크게 높일 수 있다. 미국 국방성 산하 방위고등연구계획국Defense Advanced Research Projects Agency, DARPA은 이 분야의 개발 계획에 자금을 지원했는데, 이는 특정 질병의 치료에 대하여 수요가 발생할 때 복수의 API를 생산할 수 있는 유연한 소형화 제조 플랫폼·방법의 개발에 관한 것이다.

적층 제조: 3D 프린팅으로도 알려진 이 생산 방법은 복잡한 금속 모양을 만드는 데 필요한 수많은 단계를 크게 줄일 수 있다. 플라스틱 사출 성형에 필요한 기계와 공구를 제작·조달하는 원거리 공급업체에 대한 의존도를 줄일 수 있다. 3D 프린팅 기술의

급속한 발전으로 훨씬 많은 양의 품목을 매우 저렴하게 생산할 수 있게 되었다.

많은 산업에서 이러한 기술은 몇몇 대규모 시설에 생산을 집중시킴으로써 규모의 경제를 추구하던 전통적인 전략을 완전히 뒤집을 것으로 전망된다. 결국, 기업은 이러한 기술을 통해 대규모 공장 대신 공급망 붕괴에 더욱 잘 견디는 지리적으로 분산된 소규모 공장 네트워크로도 충분히 글로벌 시장에서 제품과 서비스를 제공할 수 있게 될 것이다.

제품 다양성과 생산능력 유연성 간의 상충 관계

감염병 대유행 동안 많은 제품군에서 수요가 급증했을 때, 제조업체들은 한 개별 시장에 공급하던 것을 다른 시장에도 공급하거나 한 종류의 제품을 만드는 것으로 다른 제품을 만들기 위해 전환하는 데 어려움을 겪었다. 대표적인 사례가 미국 식료품 시장인데, 식당과 카페테리아 등의 수요 급감과 소비자 수요의 증가 상황이 동시에 오면서 많은 기업이 적응에 어려움을 겪었다. 재고 관리 코드Stock Keeping Unit, SKU의 확대, 다시 말해 서로 다른 시장에 제공하기 위해 동일한 제품을 다른 형태로 추가하는 재고 코드 관리 관행이 혼란에 일부 책임이 있다. 예를 들어, 슈퍼마켓에서 폭증하는 화장지 수요를 제대로 충족하지 못했던 이유 중 하나는 제조업체가 생산 라인을 바꿔야 한다는 것이었다. 왜냐하면 일반 소비자들은 많은 호텔과 기업 사무실에서 구입하는, 모양이 더 크고 얇은 재질의 화장지보다 부드러운 여러 겹의 두루마리 화장지를 선호하기 때문이다. 여기에 여러 소매 체인점들은 그들만이 선호하는 포장 형태와 제품 조합이 있어 복잡성은 더 커졌다. 선택지가 많다는 것이 항상 좋은 일은 아니다. 수요를 여러 SKU로 분리하면 예측이 더 어려워지고, 공급 부족 기간 중 제품을 대체해 수요를 채우려 하면서 결국 커다란 혼란이 일어나게 된다. 너무 많은 제품을 다양화하는 데 대한 장단점을 기업은 반드시 재점검해 보아야 한다.

　팬데믹으로 인한 경제 대혼란은 공급망의 많은 취약점을 드러냈고, 세계화에 대한 의구심을 불러일으켰다. 이번 사태를 통해 기업은 공급망을 새롭게 살펴보고, 취약점을 이해하기 위한 조치를 취하고, 견고성을 개선하는 행동에 나서야 한다. 기업은 세계화로부터 완전히 물러날 수 없고, 그러지도 않을 것이다. 그렇게 하는 순간 세계화를 포기하지 않는 다른 경쟁사가 기꺼이 그리고 빠르게 공백을 채울 것이기 때문이다. 대신 비즈니스 리더들은 사업이 더 잘되고 회사에 유리해지게 할 방법을 찾아야 한다. 기존 글로벌 시스템과 역량을 활용하면서도 언제 일어날지 모르는 공급망 붕괴 위험을 줄이고 회복탄력성을 높이는, 새로운 시대의 현실에 맞는 새로운 비전을 채택할 때다.

R5. 잠재적 실패를 미리 예상하라

'잘못될 수 있는 일은 결국 잘못되기 마련이다.' 또는 '안 좋은 일은 하필 최악의 순간에 터진다.' 이런 상황을 표현할 때 쓰는 말이 있다. 바로 '머피의 법칙'이다. 일이 좀처럼 풀리지 않고 오히려 갈수록 꼬이기만 하여 되는 일이 하나도 없을 때를 의미하는 머피의 법칙은, 1949년 미 공군 에드워드 머피Edward Murphy 대위의 일화에서 유래한 것으로 알려져 있다. 당시 실험에 참여한 기술자들이 사소한 실수를 하는 바람에 실험은 크게 실패했고, 실험의 설계자였던 머피 대위가 실패 원인을 조사한 후 이렇게 말했다고 한다. "일을 하는 데 있어 여러 가지 방법이 있는데, 그중 잘못될 수 있는 방법이 있다면 누군가는 반드시 그 방법을 쓴다."[8]

언뜻 안 될 일은 뭘 해도 안 되게 되어 있다는 비관적인 의미일 것 같은 머피의 법칙은 사실 '잘못될 원인이 있다면 그 일은 반드시 나쁘게 흘러가거나 실패하므로, 잘못된 원인을 찾아야 그 일의 실수와 오점을 해결할 수 있다'는 사실을 강조하기 위해 만든 개념이라고 한다. '모든 것이 당신이 생각한 것보다 더 많은 비용이 소요될 것이며, 생각보다 더 오랜 시간이 걸릴 것이다. 그리고 무엇인가 잘못될 수 있다면, 반드시 그렇게 될 것이다.' 그렇다면 스스로 물어보라. 어떤 비용이 추가로 발생할 수 있는가? 처음에 계획했던 것보다 더 오래 소요되게 하는 요인은 무엇인가? 무엇이 잘못될 수 있는가? 바로 이러한 질문에 대한 해답을 찾아내라는 것이 '머피의 법칙'이 의도했던 바이며, 이것은 또한 리질리언스 경영의 출발점이라고 할 수 있다.

임금님이 벌거벗고 있다는 진실을 누구도 말하지 않을 때 '임금님이 벌거벗었다!'라고 진실을 말한 아이 역할을 하는 것이 기업 현실에서는 쉽지 않다. 어떤 일이 잘못될 수 있다는 가능성을 제기하는 사람은 자칫 매사에 부정적이거나 나약하거나, 또는 매우 예민하거나 의심이 많거나, 아니면 조직이 달성하고자 하는 목표에 '동참하지 않는' 사람으로 보일 수 있기 때문이다. 임원이든 말단 사원이든 관계없이, 개인이 회사의 오너, 또는 최고경영자의 전략에 문제를 제기하기는 결코 쉽지 않다. 그러나 회사와 조직 내의 결점이 드러나기 전에 누군가는 그것을 지적해야 하지 않을까? 어떻게 실패할 수 있을지를 좀 더 체계적이고 객관적으로 이해하는 방법이 있다면, 부정적인 사고의 힘을 기꺼이 받아들이고 실패 사례들을 조직 내부에서 체계적으로 검토하고 논의하는 것은 덜 고통스럽고 실현 가능한 일일 것이다.

결국, 리질리언스 경영의 핵심은 실패에 대한 건설적인 논의를 정당화하고 맹목적인 자만심이나 낙관주의에 빠져 있을지 모르는 현재의 위치를 공격해 보는 것이다. 이는 실패의 잠재적인 원인, 즉 리스크에 관한 체계적 논의를 분석과 의사 결정 프로세스 속에 심는 것을 의미하는 동시에 현재의 위치를 파악하여 계획이나 부서 내에 존재하는 취약점을 찾아내기 위함이다.

현재 위치를 공격하는 훈련이 새로운 것은 아니다. 미군에서는 취약점을 적보다 먼저 발견해내기 위해 지난 수십 년간 '레드팀red team'을 활용해왔다. 국가 안보, 특히 국익에 민감한 군사 기지와 시설 방어를 점검하기 위해 창설된 특수부대인 '네이비실Navy SEAL'이 최초의 레드팀 역할을 했다고 한다. 레드팀 함대는 먼저 도착한 팀이 모든 방어 조치를 취한 뒤에 항구에서 블루팀blue team을 공격하는 임무가 주어진다. 레드팀은 블루팀이 포격이나 어뢰 공격에만 대비하고 있을 때 잠수부대를 몰래 잠입시켜 블루팀의 선체에 폭탄을 부착한 뒤 승리를 거두는 등 적군처럼 생각하고 예상치 못한 접근 방식으로 공격하는 역할에 집중한다. 즉 실패의 잠재적인 원천을 식별하기 위해 내부적인 시각에만 의존하지 않고 그 문제에서 잠시 벗어나거나, 제3자의 새로운 시각을 통해 조직 내부의 문제점과 취약점을 찾도록 하여 실패의 원인 분석을 극대화하는 것이다.

레드팀과 유사한 사례로 '하얀 모자white hats'라는 역할이 있다. 이들은 컴퓨터 시스템 혹은 네트워크가 공격당하기 전에 먼저 공격해서 취약점을 발견하는 것을 도와주는 윤리적인 해커들이다(참고로 '검은 모자black hats'는 네트워크 시스템의 취약점을 불법적으로 활용하는 해커를 말한다). 미국 국토안보부는 디지털 스파이 행위에 대한 방어 대책을 확인하기 위한 사이버 테러 대응 훈련인 '사이버 스톰'을 주기적으로 실시·감독하면서 하얀 모자 해커들을 고용해 침투를 시도하게 했다. 이러한 훈련은 통신과 교통 및 에너지 생산을 관리하는 디지털 기반 시설에 대한 주요 공격을 대상으로 한다. 실제로 이러한 훈련을 통해 현재 사이버 방어에서 부족한 점이 다수 발견되었고, 방어에 할당된 자원이 충분하지 않다는 취약점이 지적되었다. 기업도 같은 맥락에서 레드팀이나 하얀 모자 해커와 같은 방안을 실제 업무에 적용하고 있다.

글로벌 화학기업 듀폰은 매우 중요한 비즈니스의 투자 계획이나 제안을 준비할 때면, 이와 관련된 문제점을 '공격'하기 위해 조직 내외부에서 차출된 레드팀을 구성한다고 한다. 일단 투자 계획이나 제안에서 결함이나 취약점이 밝혀지면, 레드팀의 검토 보고서를 바탕으로 해당 사업의 '시행' 혹은 '중단'을 결정한다. 결국, 기업 역시 레드팀과 하얀 모자 해커로부터 교훈을 얻어 자신의 취약점을 찾고 관리할 수 있다.

"우리는 실패했고 이를 인정합니다. 다음에는 더 잘하겠습니다"라고 말하는 것만으로는 충분하지 않다. 기업 경영자들은 자신들이 겪은 실패에서 항상 배우는 것이 아니기 때문이다. 기업이 같은 실수를 되풀이하지 않기 위해서는 실수가 발생하는 원인, 더 정확하게는 아직 일어나지 않은 실패의 원인을 예상할 수 있어야 하는데, 이는 결코 쉽지 않은 일이다. 이러한 어려움을 극복하는

것은 먼저 그 실패가 일어날 수 있음을 인정하고, 맹목적인 자만
심이나 낙관주의에 빠지지 않으며, 자신과 다른 사람의 의견과 겪

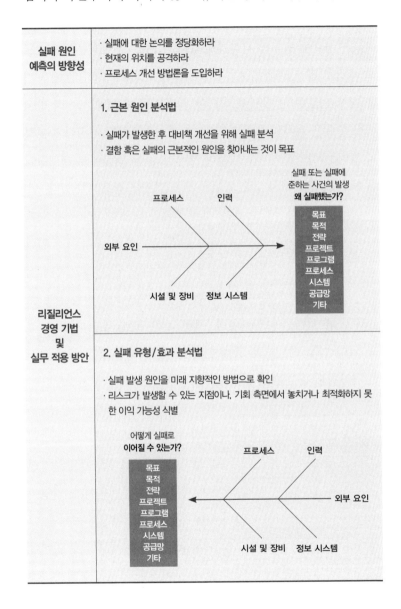

실패 원인 예측의 방향성	· 실패에 대한 논의를 정당화하라 · 현재의 위치를 공격하라 · 프로세스 개선 방법론을 도입하라
리질리언스 경영 기법 및 실무 적용 방안	**1. 근본 원인 분석법** · 실패가 발생한 후 대비책 개선을 위해 실패 분석 · 결함 혹은 실패의 근본적인 원인을 찾아내는 것이 목표 **2. 실패 유형/효과 분석법** · 실패 발생 원인을 미래 지향적인 방법으로 확인 · 리스크가 발생할 수 있는 지점이나, 기회 측면에서 놓치거나 최적화하지 못한 이익 가능성 식별

정과 두려움에 귀를 기울이고, 나쁜 일 즉 잘못될 수 있음을 상상하는 것에서부터 시작된다.

영화 〈인터스텔라Interstellar〉의 주인공 우주비행사 쿠퍼는 딸의 이름을 '머피'라고 지었다. 불운이 연거푸 일어난다는 머피의 법칙. 그래서 아이는 늘 이름에 불만이었다. 시무룩해진 머피에게 아버지는 이렇게 말한다. "머피의 법칙은 나쁜 일만을 의미하는 것이 아니라 일어날 일은 반드시 일어나게 되어 있다는 말이란다." 주인공 쿠퍼의 말처럼 일어날 일은 어차피 일어나게 되어 있다. 리질리언스 경영 관점에서 중요한 것은 '무엇이 잘못될 수 있는가?'라는 물음을 던지고 좀 더 냉정하고 차분하게 질문에 대한 해답을 찾아내야 한다는 것임을 명심하라.

나사제트추진연구소의 화성탐사 프로젝트

화성 탐사의 선봉에 서 있는 미국 항공우주국의 제트추진연구소 Jet Propulsion Laboratory, JPL 같은 조직은 기술 혁신의 한계를 초월하는, 장기적이고 복잡하면서 어마어마한 규모의 비용이 드는 프로젝트를 진행하기 때문에 당연히 매우 높은 리스크와 실패 가능성에 늘 직면해 있다. JPL은 독립된 기술 전문가로 구성된 리스크 검토위원회를 운영하고 있으며, 이들의 역할은 프로젝트 엔지니어의 설계와 리스크 평가 및 경감 대책 등에 의문을 제기하는 것이다.

JPL의 리스크 검토위원회의 회의는 불꽃이 튈 정도로 매우 열정적인 것으로 유명하다. '우리는 진행되는 모든 과정에서 돌을 던지고 비판적인 말을 하며 서로를 물어뜯는다'는 표현이 나올 정도다. 리스크 검토 회의를 하는 동안 학교나 직장에서 실패를 거의 경험해 본 적이 없는 명문 대학의 최우등생 출신들인 로켓과학자들은 자신의 업무를 다른 관점에서 볼 기회를 갖게 된다고 한다.

리스크 검토위원회의 한 위원은 다음과 같이 말했다. "자신의 일에만 매몰되어 있다가 빠져나오는 격이라는 표현이 맞을 것 같습니다. 매우 대립적이기도 건설적이기도 한 이 회의들은 프로젝트 팀이 야심만만한 미션이나 디자인을 추구하지 못하도록 기를 꺾어 버리는 것을 목표로 하지 않습니다. 오히려 로켓과학자, 엔지니어들이 자신의 디자인을 어떻게 설명하고 옹호할지, 실패 가능성이나 결함을 충분히 고려했는지 등을 미리 생각해 볼 수 있게 하는 것이지요. 위원회는 일부러 반대 입장을 취하는 사람처럼 행동해서 엔지니어들이 원래 갖고 있던 지나친 자신감을 반대쪽에서 당깁니다. 즉 정반합의 균형을 맞춰서, 감당할 수준을 넘어서는 정도의 리스크가 있는 프로젝트에 몰입하는 것을 막아 주는 역할을 하게 됩니다."

R6. 정보를 거듭 확인하고 입증하라

"적과의 첫 교전 후 모든 계획은 바뀌게 된다." 19세기 독일 육군 원수 헬무트 폰 몰트케Helmuth von Moltke의 명언이다. 이는 그의 군대가 프랑스 군대와 전투를 시작하자 정교하게 짜 놓았던 전술은 전혀 쓸모없는 것이 되고, 제일선의 행동에 전세가 좌우되는 것을 보면서 얻은 깨달음이라고 한다. 전투는 유동적이고 변화무쌍하며 예상대로 진행되는 경우가 극히 드물다고 한다. 오늘날 치열한 비즈니스의 세계는 흡사 전쟁터와 다르지 않다는 점에서 공감이 된다.[9]

정확한 정보를 이용해 대응하지 못하면 엉뚱한 결과를 초래하기도 한다. 그렇기 때문에 정보를 파악하고 검증하는 작업은 항상 중요하다. 19세기와 달리 현대전에서는 지휘Command, 통제Control, 통신Communication, 자동화Computer, 그리고 정보 수집과 분석Intelligence을 연결한 'C4I' 체계를 운영하고 있다. 군대가 일사불란하게 움직이기 위해서는 각종 정보가 수집되고 융합되어야 하고, 그 과정에서 불필요하거나 잘못된 정보는 걸러지고 철저하게 검증되어야 한다. 기업 역시 복잡한 비즈니스 환경에서 C4I와 같은 시스템을 통해 의미 있는 정보를 최대한 면밀하게 파악·분석·검증하는 과정이 필요하다.

복잡한 글로벌 비즈니스 환경에서 다양한 형태의 잠재된 X 이벤트 요인을 발견하려면 해당 기업뿐 아니라 공급업체, 비즈니스 파트너, 고객, 물류망 등 언제든 비즈니스에 영향을 미칠 수 있는 부문들과 관련된 데이터를 적시에 확보해야 한다. 어찌 보면 매우 당연한 말이지만, 기업 입장에서 현실적으로 무엇을 파악하고 어떻게 분석해야 할지 몰라 막연할 수 있다. 비즈니스에서의 여러 교란 요인을 조기에 발견하기 위해 선도적인 기업들이 중요하게 보는 9가지 데이터 원천[10]을 알아보면서 리질리언스 경영을 위한 시사점을 도출해 보자.

첫째, 날씨를 모니터링한다. 특히 악천후가 글로벌 물류와 공급망의 흐름에 미치는 영향은 매우 크기 때문에 기업들은 전 세계 또는 특정 지역의 채널에서 날씨에 대한 세밀한 정보·예보·경보를 얻는다.

둘째, 뉴스의 흐름과 경보에 집중한다. 화재, 폭발, 폭동과 같은 단순 사건이 일어난 지역에 관련 생산 시설이나 공급업체가 있다면 혹시 모를 통행 제한, 도로 폐쇄, 보안 강화 등으로 연결되어 수백, 수천 킬로미터 떨어져 있는 원청 기업에도 직간접적인 영향이 생길 수 있기 때문이다.

셋째, 센서 데이터를 적극적으로 활용한다. GPS 수신기, 전력·

기온·압력 측정기, 광센서 등에 인터넷 기술을 적용한 '사물인터넷IoT'을 통해 어느 때보다도 상황 인지와 추적 역량이 높아지고 있다.

넷째, 공급 기반을 모니터링한다. 글로벌 생산과 아웃소싱으로 비즈니스 전략이 변화하면서 공급업체의 도산이나 전략 변화, 품질 결함, 기업의 사회적 책임을 고려하는 기업은 종합적인 공급 기반 모니터링을 통해 문제를 탐지하고자 노력을 경주하고 있다.

다섯째, 공급업체를 직접 방문한다. 멀리서 위험을 발견하는 데는 한계가 있다. '신뢰하되 검증하라'라는 접근법에 따라 부정기적으로 공급업체를 직접 방문해 생산 라인을 둘러보고, 창고를 확인하고, 공장 노동자들과 면담하고 품질 불량, 중단된 생산 라인, 과다 재고, 최근의 사건 사고 등 경고 신호나 위험 징후를 파악한다.

여섯째, 속임수를 경계한다. 부도덕한 공급업체라면 정기적인 품질 실험과 검사에서 불량이 적발되는 것을 피하기 위해 결과를 조작하려는 시도를 할 가능성이 크다. 그뿐 아니라 공급업체의 경영 상태, 생산 라인 운영 기록, 사용 원재료에 대한 정보를 언제든 조작할 수 있기 때문에 이에 대응하기 위한 추가적인 데이터 확보와 다양한 채널을 통한 검증 조치 마련에 노력한다.

일곱째, 이력 추적 역량을 강화한다. 공급망에 내재된 자재, 부품, 사람, 업체, 상호작용 등의 복잡성 사이로 스며드는 문제들은 지진이나 태풍처럼 즉각적으로 눈에 보이지 않는다. 특히 제품 설계 결함, 제조상 오류와 오염 등이 제품 성능의 악화로 나타나기까지는 시간이 꽤 오래 걸릴 수도 있다. 그러나 결함이 발견되었을 때 문제의 제품이 공급망에 얼마나 유통되었는지에 따라 폐기·환불·대체·재생산에 들어가야 할 물량과 비용을 예측하여 빠르게 대응할 수 있기 때문에 체계적인 이력 추적 관리는 리스크, 위기관리 측면에서도 매우 중요하다.

여덟째, 소셜미디어를 모니터링한다. 예를 들어 '트위트시던트 twitcident'라고도 불리는 트위터 인시던트 매니지먼트 twitter incident management와 같은 솔루션은 트위터의 데이터를 분석해 화재, 극단적 기후, 폭발, 테러 공격, 업계 비상 사태와 같은 비즈니스 교란 상황을 탐지하고 추적한다. 그뿐 아니라 소셜미디어 데이터는 기업의 리스닝 플랫폼을 통해 고객 불만, 더 나아가 평판 위험에 대한 정보도 제공한다.

아홉째, 규제의 변화를 추적한다. 정부 정책의 변화는 기업의 비용 구조, 입지 결정, 규제 준수 등 비즈니스에 매우 큰 영향을 미친다. 물론 일반적으로 정부 규제는 시행 전에 1년 정도 유예기간이 주어지지만, 특정 국가와의 수출입 관련 정부 조치는 예고기간이 거의 없거나 아예 없는 채로 실시되는 경우도 종종 있기 때문에 규제 변화 모니터링에 소홀함 없이 법무·준법 감시 및 리스크 관리 부서가 협력한다.

전천후로 지상과 공중에서 비행기들의 복잡한 이동을 조정하는 공항의 관제탑, 즉 컨트롤타워와 같은 운영은 좋은 모델이 될 수 있다. 공급망 컨트롤타워는 기술·인력·진행 절차가 모여 있는 중심지로, 공급망에 대한 데이터를 포착하고 그것을 사용해서 더 나은 장단기 의사 결정을 내릴 수 있다. 400억 유로 규모의 식품 및 소비재 기업인 유니레버는 2009년 폴란드에 울트라로지스틱UltraLogistik이라는 사내 조직을 만들었다. 유니레버의 유럽 지역 제품 수송 및 이동을 총괄하는 컨트롤타워인 울트라로지스틱은 구매와 영업에 필요한 교통 관리를 일원화함으로써 공급망 비용 절약은 물론 온실효과를 유발하는 이산화탄소 배출량을 의미하는 탄소발자국을 줄이는 성과를 달성하고 있다. 또한 가시성이 높아지면서 복잡한 글로벌 공급망에서 나타나는 많은 문제까지 조기에 포착할 수 있게 되었다. 현재까지도 울트라로지스틱 조직과 시스템은 운영 중에 있다. 사실 공급망 컨트롤타워는 일상적인 운영을 지원하는 것이 1차적인 목적이지만, 비즈니스상의 교란을 포착하고 사건 사고를 관리하며 대응을 조절할 때는 현장의 최전선에 서는 역할도 한다. 이런 점에서 컨트롤타워는 상설 비상 상황실이나 마찬가지이며, 컨트롤타워의 직원들은 예기치 못한 부품 부족, 운송 교란(항구 폐쇄나 노조 파업 등) 사고와 같은 교란의 징후를 가장 먼저 포착한다. 또한 그에 맞춰 물류의 이동 경로를 조정하고 대체 루트에 따라 제품을 받아야 할 시설과 해당 고객에게 알리는 등의 위기 대응으로 자연스럽게 연결된다.

현대전의 C4I 체계까지는 갖출 수 없더라도 매우 중요한 의사 결정을 위해서 기업 CEO라면 다음과 같은 질문을 반드시 던져 보아야 한다. '해당 정보의 출처로부터 정확하다고 입증된 정보를 입수했는가? 해당 정보의 출처가 3개월, 6개월이나 1년 전에도 옳은 것으로 판명된 정보를 알려주었는가? 해당 정보를 다른 정보의 출처를 통해서도 검증할 수 있는가? 다른 정보의 출처에서도 동일한 내용을 말하고 있는가? 신뢰할 수 있는가? 왜곡이나 조작 가능성까지 확인했는가?' 리질리언스 경영을 위한 정보 출처를 검증하고 정보를 철저히 확인하는 것이 얼마나 중요한지, 그리고 이를 어떻게 조직에 내재화할 수 있을지 다시 한번 생각해 보라.

디지털 전환과 기업 리스크, 그리고 리질리언스

디지털 기술은 새로운 시대를 열며 모든 산업에서 혁신적 변화를 주도하고 있다. 조직과 기업이 이러한 기술을 채택하여 가치를 창출하고, 제공하며, 포착하는 방법을 재정의하고 있기 때문이다. 디지털 대전환과 관련된 새로운 리스크를 식별하고, 이해하고, 해결하는 것은 기업이 미래에 그들의 노력에서 더 많은 가치를 도출하는 데 도움이 된다. 더욱이 디지털 전환을 리스크 관리에 어떻게 적용할 수 있는지 이해하는 것은 조직과 기업이 디지털 기술을 리스크의 원천이자 리스크의 관리 방법으로 좀 더 균형 있게 볼 수 있도록 해줄 것이다.11

기업들은 디지털 혁신으로 새로운 성장 기회를 포착하는 동시에 운영 중단의 위험을 피할 수도 있다는 것을 알고 있다. 이 같은 조직들은 곧 새로운 기술들이 이전에는 접하지 못했던 새로운 리스크를 발생시키고, 또한 기존의 리스크에도 복잡성을 가중한다는 것을 알게 될 것이다. 결국 리스크의 상호 연결성이라는 특징을 더욱 심도 있게 고려해야 한다는 필요성을 보여주고 있다.

디지털 기술은 새로운 리스크를 가져오지만, 리스크 관리를 강화하여 과거에는 불가능하다고 여겨졌던 새로운 기능을 가능케 하고 새로운 가능성을 열어 준다. 리스크를 관리하기 위한 디지털 기술에 대한 투자는 효과와 효율성을 높일 수 있고, 심지어 특정 리스크에 대응하는 접근법을 바꿀 수도 있다. 조직은 디지털을 지렛대 삼아 리스크 관리 실행을 더욱 합리화하고 최적화하여 효율성을 도출하고, 리스크 관리 고도화에 재투자해야 한다. 어떤 것에 초점을 맞춰야 할지 처음에는 찾기 힘들 수 있지만, 다음의 사항들은 조직·기업이 리스크를 더 잘 해결하기 위해 새로운 디지털 기술의 활용과 기대 효과를 이해하는 데 도움이 된다.

이제 많은 기업은 디지털 전환이 기술 채택 이상의 것을 수반한다는 사실을 이해하고 있다. 우리 앞에 이미 다가온 디지털 대전환 시대에 예상되는 다음과 같은 9가지 리스크의 미래를 고찰하면서 고유한 디지털 DNA를 구축하기 위한 전략, 구조, 프로세스, 인력 및 기술을 활용하여 기업이 어떻게 조직되고 운영되고 행동하는지 정의하기 위한 노력을 앞으로도 계속할 필요가 있다.

디지털 리스크 1:
인공지능 블랙박스를 관리한다

오늘날 이 트렌드는 왜 중요한가? 많은 기업과 조직이 인공지능 기법과 솔루션을 사용하여 대출 승인, 사기 거래 확인, 감시 수행 등 광범위한 업무 성과와 결과에 영향을 주기 시작했다. 이러한 애플리케이션, 솔루션은 의사 결정을 위해 종종 '블랙박스'처럼 작동한다. 해명 없이 결과를 내놓으면, 부적절한 결정을 감지하기가 어려워진다. 이렇게 하면 기업은 알고리즘 라이프 사이클에서 편향된 데이터, 부적합한 모델링 기법 및 잘못된 의사 결정과 같은 취약성에 노출된다. 알고리즘이 점점 강력해지고, 널리 보급되고, 정교해지면서 모니터링 및 문제 해결 방법은 뒷전으로 밀릴 수 있다. 기업은 알고리즘에 의한 의사 결정의 투명성과 책임성을 찾고, 알고리즘의 사용 방법에서 윤리·공정성·안전을 고려하고, 복잡한 AI 알고리즘에 의해 도입된 새로운 리스크를 효과적으로 관리하기 위한 새로운 접근 방식을 고민해야 한다.

사례 1-1: 한 의료 서비스 프로그램이 기존의 프로세스를 AI 알고리즘으로 대체했는데, 그 후 일부 환자들의 의료보험 혜택을 오히려 줄여 환자들의 반발을 크게 샀다.

사례 1-2: 유죄판결을 받은 범죄자의 형 집행을 결정할 때 활용한 범죄 예측 알고리즘의 정확성이 일반인이 내리는 판단의 정확성과 별반 차이가 없어 해당 솔루션에 대한 정밀 조사가 이루어졌다.

사례 1-3: 광고 알고리즘이 부적절한 콘텐츠 옆에 광고를 배치하도록 프로그래밍되었다는 사실을 알고 많은 기업이 광고 의뢰를 취소했다.

리질리언스 역량 점검 포인트

● 알고리즘 관련 리스크 관리가 주요 경영 어젠다로 다루어지고 있는가?

● 알고리즘 복잡성으로부터 발생할 수 있는 리스크를 감독하는 명확한 조직 체계를 가지고 있는가?

● 부적절하게 기능하는 알고리즘의 잠재적(부정적) 영향에 대해 인지·대비하고 있는가?

조직은 이에 어떻게 대응할 수 있는가?

● AI 응용프로그램 목록AI applications inventory을 분석하고 정책, 교육, 역할, 책임 등의 분야를 망라하는 AI 리스크 관리 전략 및 조직 체계를 마련한다.

● 블랙박스 알고리즘을 검토하고 데이터 수집, 준비, 모형 선택, 교육, 평가, 유효성 확인 및 배치를 포함한 알고리즘 수명 주기 전반에 걸친 통제 활동을 설정한다.

● 기업의 의사 결정이 알고리즘에 의해 수행되는 경우 관련 이해관계자에게 프로세스 및 결과를 공개하는 표준화된 절차를 마련한다.

● 알고리즘의 결과 모니터링을 지원하는 감시 프로세스를 개발·유지·관리한다.

● 테스트 데이터의 유효성을 검토하고 조작 취약성을 줄이는 보안 방안, 그리고 모델 성능을 최적화할 수 있도록 설정된 기준을 기반으로 주기적인 알고리즘에 대한 독립적 감사 또는 검증을 수행한다.

● 연구기관, 대내외 전문가들과 협력하여 알고리즘 리스크를 해결하기 위한 방안과 첨단 솔루션을 채택한다.

디지털 리스크 2: 자동화, 그리고 이를 위한 조직 체계 및 제어의 진화

오늘날 이 트렌드는 왜 중요한가? 자동화를 위한 조직 체계 및 제어의 진화가 조직의 성장과 비용 최적화 전략을 지원하는 새로운 표준이 되고 있다. 이는 로봇 프로세스 자동화Robotic Process Automation, RPA, 지능형 자동화, AI 기반 의사 결정 도구 등 자동화 기술을 도입하도록 유도하고 있다. 기존 통제 활동·기능의 진부화, 운영의 복잡성, 연속적인 오류의 가능성을 포함하여 의도하지 않은 결과 발생이 최대 관심 영역이 된다. 기존 인프라와 단절·파편화되는 운영 환경은 해당 조직이 추구할 수 있는 이점을 제한할 수 있다. 자동화의 완전한 이점을 실현하기 위해, 조직은 비즈니스-IT 융합, 조직 문화, 자동화 기술에서 발생하는 특정 리스크 대응에 맞게 설계된 새로운 제어·통제 활동 등 전체적인 변화 관리 방식을 채택할 필요가 있다.

사례 2-1: 2017년 한 언론사가 사용한 자동화 도구가 1925년 발생한 지진에 대한 뉴스 속보를 내면서 소셜미디어 웹사이트에 큰 파문을 일으켰다.

사례 2-2: 한 기업의 자동 가격 결정 알고리즘이 경영진도 모르게 국가 비상사태 시 가동되었고, 그 결과 폭등 가격이 부가되었다.

사례 2-3: 한 제조업체가 인간이 개입하여 평가하도록 설계된 품질 통제 절차를 변경하지 않고 조립 라인에서 공정을 완전히 자동화했는데, 오히려 제품 품질이 떨어지고 비용이 증가했다.

리질리언스 역량 점검 포인트
● 자동화된 프로세스에서 기인하는 리스크를 관리하고 통제하는 책임을 조직 내의 누가 담당하고 있는가?
● 자동화의 복잡성에 대해 파악하고 대비하기 위한 통제 활동을 적용하고 있는가?
● 자동화가 유발하는 오류, 장애에 대해 빠르게 대처할 수 있도록 준비되어 있는가?

조직은 이에 어떻게 대응할 수 있는가?
● 자동화를 적용할 수 있는 부문과 적용할 수 없는 부문의

한도를 명확히 설정하고, 자동화 관련 프로세스 설계·개발·테스트 및 유지관리에 관한 정책을 설정하기 위한 중앙집중화된 조직 체계를 수립하여 자동화 관련 리스크 관리를 수행한다.

● 분석 및 기타 기술을 통해 기존 제어장치를 디지털화하고, 내장된 오류 처리 능력, 프로세스 고장에 대한 경보 메커니즘, 예기치 않은 상황에 대한 수동 예외 처리 등 각 기술에 특정한 새로운 제어장치를 설계한다.

● 디지털 숙련도를 높이고, 직원들에게 자동화의 이점에 대해 교육하여 두려움을 해소하고, 채택을 가속화하며 개발을 위한 가능성 있는 적용 사례를 찾는 것을 장려한다.

● 비즈니스(현업), 리스크 관리 및 내부 감사 팀을 포괄하는 통제 체계를 재설계하고, 자동화된 프로세스를 테스트하거나 감사하는 데 기술 기반 도구(툴)를 사용한다.

● 기존 변경 관리 체계를 확장하여 자동화 봇을 고려하는 한편, 기존 IT 사고/위기 대응 전략을 고도화하여 봇의 사용과 관련된 잠재적 사고에 대비한다.

디지털 리스크 3:
변화하는 사이버 보안 위험 환경으로부터 보호한다

오늘날 이 트렌드는 왜 중요한가? 새롭게 떠오르는 기술의 급속한 채택은 효율성을 크게 높이는 동시에 조직의 동적 사이버 보안 과제를 가중하고 있다. 사이버 공격은 신원 도용과 온라인 계정 해킹을 넘어섰다고 한다. 그것들은 우리의 집, 도시, 기반 시설, 심지어 우리 몸 안에 있는 의료 기기와 같은 코드 사용이 가능한 물리적 세계를 위협한다. AI, 자동화된 봇넷, 사물인터넷, 클라우드 컴퓨팅과 같은 수많은 디지털 기술은 공격을 촉진함은 물론 이전에는 볼 수 없었던 규모, 속도, 정교함의 수준으로 방어도 한다. 자동화된 피싱 도구와 새로운 기술과 결합된 암호화 마이닝 소프트웨어 같은 새로운 유형의 악성코드가 사이버 리스크 지형을 확장하고 있다. 조직, 기업은 이러한 공격을 방어하기 위해 사이버 보안 조치를 지속적으로 재검토해야 한다.

사례 3-1: 한 소프트웨어 회사는 컴퓨터 하드 드라이브를 파괴하는 악성코드 공격을 받아 주문 처리 시스템이 중단되어 수백만 달러의 손실을 입었다.

사례 3-2: 보안 전문가들이 온라인 의료 장비의 취약성을 발견했는데, 실시간 원격 해킹으로 환자의 바이탈 사인을 변경하여 의료진이 중환자의 상태에 대해 잘못된 의사 결정을 내리게 할 수 있다는 것이었다.

사례 3-3: 한 금융회사는 빈도가 매우 높은 거래에 대한 알고리즘의 소프트웨어 결함으로 자동으로 과대평가된 주식을 시장에 더 낮은 가격에 되팔아 큰 금융 손실을 겪었다.

리질리언스 역량 점검 포인트

● 기존의 보안 조치로 새롭게 부상하는 사이버 리스크에 대응할 수 있는가?

● 회사 임직원들의 디지털 혁신과 변화에 대한 전문성을 어떻게 증진하고, 취약성에 대한 악용·공격을 최소화할 것인가?

● 스마트 디바이스와 소프트웨어봇 같은 새롭게 부상하는 플랫폼과 솔루션에 대한 리스크를 고민하고 있는가?

조직은 이에 어떻게 대응할 수 있는가?

● 디지털 전환 대상 사업부서와 기술 조직에 대해 보안 관련 역할과 책임성을 명확히 정의하여 리스크 및 보안을 중요시하는 조직 문화를 마련한다.

● 보안을 개발 라이프사이클의 필수적인 부분으로 통합하고 가능한 한 자동화 부분을 개발·보안·운영 결합을 지원하는 프로세스로 재구성한다.

● 새롭게 도입·구축되는 기술 리스크뿐 아니라, 최근 생겨난 기술과 관련하여 진화하는 사이버 공격에 대응하기 위해 기존의 사이버 리스크 관리 체계를 강화한다.

● 기술 복잡성을 줄이고 사이버 위협에 대한 보호 조치를 단순화하며, 잠재적 공격 대상의 수를 줄이기 위한 수단으로 사이버 보안 관련 디지털 기술 적용 속도를 높인다.

● 인적 오류를 줄이고 비용 감소, 탐지 및 대응 속도를 높이기 위해 보안 운영, 보안 코드 검토 및 디지털 계정관리의 자동화

를 개선·강화한다.

● 사이버 보안 사고와 위기에 대한 실제 대응 역량을 기르기 위해 임직원을 참여시켜 워게임과 같은 실상황을 가정한 모의 훈련을 실시한다.

디지털 리스크 4: 무기화되는 잘못된 정보에 대처한다

오늘날 이 트렌드는 왜 중요한가? 머신러닝, 자동 소프트웨어봇, 자연어 생성natural language generation을 채용하는 정교한 도구로의 접근은 때로는 오히려 제한된 기술력을 가진 사람들이 조작한 정보를 규모에 맞게 쉽게 만들고 퍼뜨릴 수 있다. 이는 여론에 영향을 미치는 소셜미디어봇, 유료 온라인 리뷰를 통한 허위 트렌드, 진실로 보이는 가짜 사진과 동영상, 잘못된 인식을 바탕으로 한 금융 거래 등 다양한 방식으로 드러난다. 이 문제는 알고리즘이 조작된 정보로부터 악의 없이 부정확한 통찰력을 얻어내면서 의사 결정에 심각한 오류를 야기할 때 더욱 심해진다. 국가, 조직 범죄 단체, 회사, 그리고 심지어 불만을 품은 고객들도 악의적인 어젠다를 홍보하거나, 경쟁 우위를 확보하거나, 단순히 장난을 치기 위해 그러한 도구를 사용하기 시작했다. 놀라운 사실은 잘못된 정보를 규모에 맞게 시작하고 퍼뜨리는 것이 너무나 쉬울뿐더러 그 진위를 판별하고 확산을 막기는 매우 어렵다는 점이다. 이러한 환경에서 기업·조직은 공개적으로 만들어진 콘텐츠를 면밀히 모니터링하여 브랜드의 안전과 명성을 보호할 필요가 있다.

사례 4-1: 지난 1년간 한 소매 체인점은 날조된 인종·성차별 같은 부정적 허위 뉴스가 널리 퍼지는 상황을 여러 차례 경험했으며, 이로 인해 대중의 면밀한 조사가 증가하고 브랜드의 평판이 손상되었다.

사례 4-2: 회사의 한 임원이 직원 면접을 볼 때 잘못된 언행을 했다는 가짜 뉴스가 소셜미디어 전반으로 확산되면서 소비자들의 반발을 샀으며, 주가 하락과 매출 감소를 경험했다.

사례 4-3: AI 기반 이미지 합성 기술인 '딥페이크'는 버락 오바마 전 미국 대통령이 도널드 트럼프 현 대통령에게 경멸적인 말을 하는 가짜 영상 제작에 사용되었는데, 사실상 진짜 영상과 거의 구분할 수 없었다.

리질리언스 역량 점검 포인트

● 소셜미디어 콘텐츠를 모니터링하고 부적절한 정보를 선제적으로 탐지하기 위해 어떠한 도구나 기술을 사용하고 있는가?

● 관련 이슈, 쟁점, 위기가 회사의 통제 범위를 넘어서기 전에 관리하는 시스템, 체계를 가지고 있는가?

● 회사의 소셜미디어 전략 실행에 대해 어떻게 모니터링하고 있는가?

조직은 이에 어떻게 대응할 수 있는가?

● 가짜 정보가 대규모로 확산되는 리스크를 완화할 대응 계획을 수립하고, 잠재적 취약성을 사전에 파악하여 브랜드 보호 및 복원 전략을 수립한다.

● 기존 소셜미디어 전략에 온라인에서 강력한 목소리를 내고 부정확한 콘텐츠를 적발하기 위한 소셜미디어 플랫폼과의 협업을 증강한다.

● 소비자·대중의 긍정적 지지를 얻기 위해 비윤리적인 관행을 하는 파견 직원들과 관련되지 않도록 소셜미디어 전략을 적극적으로 개발한다.

● 디지털 미디어 플랫폼과 데이터 소스(예컨대 다양한 언어로 되어 있는 특허 정보나 콘텐츠)를 실시간으로 모니터링할 수 있는 정교한 소셜미디어 리스크 감지 툴을 마련하여 통제 불능 상태가 되기 전에 이슈를 최대한 사전에 예측하고 탐지해야 한다.

● 잘못 이해하고 있는 내용과 실제 현실의 차이를 이해관계자에게 효과적으로 소통하여 기존 및 신규 고객을 사실로부터 소외되게 할 수 있는 리스크를 완화하는 위기 대응 계획을 마련한다.

디지털 리스크 5:
가치 창출을 위한 데이터 리스크를 관리한다

오늘날 이 트렌드는 왜 중요한가? 데이터로 인해 디지털 경제가 발전하고 있다는 것은 이제 더 이상 비밀이 아니다. 경쟁력을 유지하기 위해 조직은 어느 때보다도 데이터를 수집·저장·분석·사용·수익화·공유하고 있다. 이것은 더 낫고 개인화된 제품과 서비스, 더 효율적인 비즈니스 프로세스, 그리고 새로운 수익원을 창출한다. 한편으로는 데이터 사용, 투명성, 제어, 정확성, 윤리, 보안, 신뢰성 및 프라이버시에 대한 우려도 제기한다. 규제 당국은 이에 동의하여 유럽연합의 일반데이터보호규정General Data Protection Regulation, GDPR 및 캘리포니아소비자개인정보보호법 California Consumer Privacy Act, AB 375과 같은 전 세계의 새로운 규제를 이끌어낸다. 고객, 비즈니스 파트너, 규제 기관 및 그 밖의 이해관계자의 신뢰를 얻기 위해 조직은 새로운 데이터 리스크를 관리하기 위한 기존의 접근 방식을 재평가해야 한다.

사례 5-1: 자동차 제조사들이 운전자 맞춤형 서비스를 제공하기 위해 온보드 센서로부터 운전자 위치, 운전 습관·행동 정보를 수집하고, 이를 자동차 보험사와 공유하는 등 수익화하여 사용자 프라이버시에 대한 우려가 커지고 있다.

사례 5-2: 인기 전자상거래 몰에서 불티나게 팔리는 저가형 스마트폰은 사전에 설치된 소프트웨어를 통해 고객 데이터를 다른 서버들과 공유한다는 의혹을 받았으며, 이러한 플랫폼의 데이터 책임성 수준에 대해 많은 의문과 우려가 제기되고 있다.

사례 5-3: 한 의료 기관이 솔루션 회사와 기술 제휴를 하면서 환자의 동의 없이 데이터를 공유한 것이 밝혀지며 규제 기관의 조사를 받게 되었고, 법적·규제적·평판적 영향을 피할 수 없게 되었다.

리질리언스 역량 점검 포인트

● 고객의 동의나 인지 없이 민감한 고객 데이터를 수집하거나 사용하는 비즈니스 프로세스가 있는가?

● 어떤 데이터가 우리 회사의 비즈니스 파트너나 협력사와 공유되고 있고, 적절하게 보호·관리되고 있는지 잘 알고 있는가?

● 회사가 비즈니스를 하고 있는 모든 지역과 시장에서 데이터와 관련해 다양한 정부·감독 기관의 규제와 법규를 준수하고 있는가?

조직은 이에 어떻게 대응할 수 있는가?

● 데이터를 귀중한 자산으로 인식하고, 데이터 관련 리스크와 기회를 면밀히 식별한다.

● 데이터 자산의 책임성 및 소유권을 명확히 정해 적절한 이유와 근거를 기반으로 데이터를 수집·저장·사용할 수 있게 한다.

● 데이터 수집·분류 속도를 높이기 위해 적절한 기술과 솔루션을 활용하여 데이터의 정의를 지속적으로 유지할 수 있도록 관리한다.

● 데이터 리스크 평가를 수행하여 조직의 가치 달성, 이해관계자의 기대 사항 및 규제 준수 요구 사항과 일치하는 데이터 사용 수준을 정한다.

● 데이터 리스크의 식별과 완화 방안을 마련하기 위한 AI 기반 통제 및 고도화된 감시, 모니터링 기법을 적용하여 중요한 데이터를 보호한다.

● 중요한 데이터의 가치를 보존하기 위한 노력을 집중하여 시장에서 브랜드와 신인도를 제고한다.

● 데이터 리스크 기반의 비즈니스 전략, 정책 및 프로세스를 마련하는 데 투자하여 데이터 관련 규제를 효과적으로 준수하도록 노력한다.

디지털 리스크 6: 초연결 시대의 조직 리질리언스를 강화한다

오늘날 이 트렌드는 왜 중요한가? 많은 기업이 중요한 조직 인프라와 프로세스를 클라우드로 이전하고, 센서를 통한 운영 인식을 향상하며 외부 에코시스템external ecosystem과 접점을 늘리기 시작했다. 이러한 운영 환경의 변화는 복잡성과 취약성을 높이고 조직들을 예측하지 못한 다양한 리스크에 노출한다. 제3자에 대한 의존도 증가와 단일 오류로 말미암은 연속적 실패가 관련성이 없어 보이는 다수의 시스템에 급속히 확산될 수 있다.

또 모바일 기기나 사물인터넷 등 새로운 시스템의 도입 경로를 통한 공격의 급속한 확대는 디지털 시대에 조직 리질리언스가 무엇을 의미하는지 조직들이 재고하도록 유도한다.

사례 6-1: 서비스 제공업체의 예상치 못한 정전으로 여러 웹 사이트 회사의 서비스가 중단되어 큰 혼란을 겪었고, 이에 따라 웹 사이트 성능 저하는 물론 시가총액까지 감소하는 등 재무적으로 큰 피해를 입었다.

사례 6-2: 차량 온보드 무선 서비스를 제공하는 휴대폰 네트워크에 연결된 자동차들이 연구원들에 의해 원격으로 해킹되었다. 이 테스트에서 실제로 차량의 대시보드 기능을 통제할 수 있었다고 한다. 결국 이는 제조사의 제품 리콜로 이어졌다.

사례 6-3: 바이러스가 스마트 기기들을 감염시켜 봇넷으로 노예화하고 공격 대상 서버들이 다운될 때까지 트래픽으로 공격했다. 곧 미국 전역에 걸쳐 골든타임에 많은 인기 웹사이트에 접속하기 어려워졌다.

리질리언스 역량 점검 포인트

● 회사가 제공하고 있는 비즈니스 서비스의 중요도 우선순위와 해당 서비스를 지원하는 시스템이 무엇인지에 대해 잘 알고 있는가?

● 네트워크 장애 등으로 전체 시스템이 중단되는 위기를 최소화할 수 있는 안전장치나 백업 전략을 어떻게 설계하고 있는가?

● 취약한 리스크들을 분류하고 대비·대응·복구할 방안을 얼마나 효과적으로 준비하고 있는가?

조직은 이에 어떻게 대응할 수 있는가?

● 경영진이 리질리언스 효과를 모니터링하고 대응 및 복구 역량을 확보할 수 있도록 일련의 활동 및 성과 매트릭스를 개발한다.

● 최대한 사전에 문제를 감지할 수 있도록 디지털 평가 툴을 활용하여 상호 연결된 시스템의 리스크를 지속적으로 모니터링한다.

● 비즈니스 연속성을 계획하기 위해 핵심 비즈니스 서비스, 지원 시스템, 업무 시스템 및 제3자 공급업체 등을 파악·분석하여 이를 바탕으로 조직 회복탄력성을 설계한다.

● 단편적이고 수동적인 백업 계획이 아닌 여분 및 실시간 자동 복구 체계를 설계하여 마련한다.

● 무작위로 또는 사전 예고 없이 '언플러그' 테스트를 수행하여 고장·장애를 시뮬레이션하고, 복잡하게 연결된 시스템의 복원력(회복탄력성) 수준을 확정한다.

● 주요 서비스 공급업체와 함께 사고 대응 및 복구 계획을 테스트해 보고 운영을 중단해야 할 사건이 발생하면 실제 대응 역량을 기를 수 있도록 준비한다.

디지털 리스크 7: 이머징emerging 기술에 대한 규제 변화를 탐색한다

오늘날 이 트렌드는 왜 중요한가? 새롭게 떠오르는 비즈니스 및 서비스 모델은 기술 혁신이 규제보다 계속 앞서가고 있음을 시사한다. 이러한 비즈니스 환경에서 규제 기관들은 스스로에게 다음과 같이 묻는다. 혁신과 비즈니스가 번창할 수 있게 하는 동시에 어떻게 소비자를 보호하고 투명한 시장을 보장할 수 있을까? 규제 및 감독 기관은 규제 샌드박스, 결과 기반 규제outcome-based regulation, 위험 가중 규제risk-weighted regulation, 적응 규제adaptive regulation와 같이 좀 더 유연한 접근 방식을 채택할 수 있는가? 이와 더불어 새로운 기술 주제(데이터 프라이버시, 알고리즘 의사 결정, 자율 주행 차량 등)에 대한 규제 지침을 제시하고 있는가? 이렇듯 유연한 규제 환경은 기업 조직의 규정에 영향을 미치고 규정 준수 접근 방식을 현대화하여 효율성 및 비용 효율성을 높일 수 있는 기회를 제공한다.

사례 7-1: 현재 미 연방법으로 금지된 무인 항공기 비행을 실험할 수 있는 환경을 마련하기 위해 10개 회사가 제휴하여 미국 정부와 파트너십을 맺었다.

사례 7-2: 공유 플랫폼 기반 기업들이 전 세계적으로 엄격한 산업 규제와 감독에 직면해 있어 수익 창출에 영향을 받고 있고, 이러한 상황에 대한 우려로 많은 기업이 기술 혁신에 대해 일단 관망하는 자세를 취하고 있다.

사례 7-3: 미국 캘리포니아소비자개인정보보호법은 소비자에게 자신의 정보가 (기업에 의해) 상용화되지 않을 선택권을 주고 있는 한편 기업에는 이에 대해 추가 비용 부가와 차별 금지를 요구하고 있어 거대 인터넷 서비스 기업은 비즈니스 모델을 재검토하고 있다.

리질리언스 역량 점검 포인트

● 규제 불확실성이 존재하는 부문에 대한 투자를 어떻게 관리하고 있는가?

● 최근 등장하고 있는 기술 규제를 수립하는 규제 기관과 어떻게 협업하고 있는가?

● 규제 준수(컴플라이언스) 프로그램을 좀 더 효과적으로 운영하기 위해 어떠한 기술들을 활용할 수 있는가?

조직은 이에 어떻게 대응할 수 있는가?

● 정부 등의 규제 기관을 이해시키고 새로운 기술의 영향을 함께 연구하여, 혁신을 저해하지 않으면서 공공의 이익을 보호하는 규제 개발에 공동으로 기여한다.

● 산업 주도형 협업 표준을 수립하고 자체 규제 기구(협회 등)를 통해 신규 기술 사용에 관한 정책 및 표준을 마련한다.

● 현행 규제 범위를 벗어나 있는 사업을 평가할 때는 기업의 리스크 수용 범위를 명확히 정하고 판단해야 한다.

● AI 기술을 사용하는 경우에는 항상 새로운 규정을 식별하고, 기존 규정의 개정·변경을 추적하며, 조직에 미치는 영향을 명확히 이해하는 광범위한 분석과 조사horizon scanning를 진행해야 한다.

● 제품 및 기술 전문가에게는 이머징 기술을 통해 혁신하면서도 한편으로는 새로운 규정을 잘 준수할 준비를 하도록 리스크 관리에 대한 훈련과 교육을 수행한다.

디지털 리스크 8: 조직 문화 리스크 관리로 디지털 전환을 실행한다

오늘날 이 트렌드는 왜 중요한가? 기업들이 디지털 환경에서 성장하기 위해 변모함에 따라, 그들의 성공은 전환 과정에 그들의 인력을 얼마나 잘 통합하느냐에 영향을 받는다. 조직·기업은 실험, 스마트한 위험 감수, 지속적인 학습 및 협업의 원칙을 통합해 디지털 문화를 심사숙고하여 구축할 필요가 있다. 기업은 임직원들을 넘어 계약자, 판매자, 그 밖의 인력 참여자, 심지어 조직을 대신하는 소프트웨어봇에게도 이러한 조직 문화를 전달하는 방법을 이해해야 한다. 디지털에 정통한 리더십과 숙련된 인력을 구축하여 지능적이고 윤리적인 기술 사용을 가능케 하면 성공적인 전환이 가능해질 것이다. 디지털 전환은 예상되는 이익을 얻기 위해 기술 업데이트나 프로세스 재설계를 넘어 전반적인 기업 문화를 정비할 필요성을 제시한다.

사례 8-1: 재무 시스템을 중앙집중화하고 자동화하기 위해 미국 연방정부가 수행한 디지털 전환 프로젝트의 실패는 투명성, 책임성, 그리고 새로운 시도에 대한 의지와 참여 같은 조직의 디지털 문화 속성의 결여로 인해 발생했다.

사례 8-2: 한 대형 보험회사가 RPA 도입을 시도했다. 1년이 지난 뒤에도 실제 업무 프로세스에서 RPA로 운영을 진행할 수 없었는데, 이는 기존 조직 문화에서 새로운 기술에 대한 반감이 컸기 때문이다.

사례 8-3: 잠재적으로 유해한 목적으로 사용될 가능성이 있는 신규 기술에 대해 일부 직원들이 우려의 목소리를 내고 있는 가운데, 결국 논란의 여지가 있는 기술 사용과 관련된 사내 몇몇 부서에서 해당 부문의 업무를 축소하거나 중단하게 되었다.

리질리언스 역량 점검 포인트

● 디지털 혁신·변화에 전문적인 리더십과 숙련된 인적자원을 어떻게 확보할 수 있는가?

● 디지털 전환 과정에서 회사 임직원, 협력업체 및 파견 직원들을 어떻게 참여시키고 이끌어갈 수 있는가?

● 조직 문화 관련 리스크의 징후에 대한 식별·모니터링을 어떻게 하고 있는가?

조직은 이에 어떻게 대응할 수 있는가?

● 현재 지배적인 조직 문화를 이해하고, 문제 징후를 파악하고(예로 직원 행동 모니터링, 소셜미디어 감지), 성공적인 디지털 전환에 필요한 행동 변화를 이끌어내는 전사 차원의 조직 문화 리스크 관리 프로그램을 마련한다.

● 스마트한 리스크 감수, 협업, 디지털 문화 전환에 도움이 되는 지속적인 교육과 학습, 디지털 문화 달성 목표를 위한 성과 지표 및 인센티브 구조를 마련하여 조직의 핵심 가치를 새롭게 한다.

● 임직원 대상 설문조사, 타운홀 미팅 및 온라인 플랫폼을 통해 직원 참여와 디지털 문화 전환이 조화롭게 이루어지고 있는지 정기적으로 점검한다.

● 디지털 전환을 주도하는 비즈니스(현업)와 기술 팀 간의 초기 단계부터의 협업을 유도하는 디지털 방식으로 능숙한 리스크 기능을 마련한다.

● 현장 직원들이 디지털 문화와 리스크를 효과적이고 스마트하게 대할 수 있도록 디지털 숙련 프로그램에 리스크 기반 의사 결정 및 리스크 관리 개념을 접목한다.

● 행동과학 기법과 훈련을 활용하여 임직원들이 바람직한 행동을 하도록 유도하고, 리스크가 큰 활동에 대해서는 모니터링하여 문제 발생을 사전에 감지하고 바로잡는다.

디지털 리스크 9:
디지털 책임 및 윤리성을 확보한다

오늘날 이 트렌드는 왜 중요한가? 새로운 수익원을 가능하게 하는 디지털 기술의 힘은 상당할 수 있다. 디지털 기술의 확산과 그들이 제시하는 특정한 윤리적 도전으로 말미암아 기업 조직은 어떤 디지털 기회를 추구하고 그것을 어떻게 추구할 것인가의 지침으로 윤리적 의무, 사회적 책임 및 조직적 가치를 고려할 것을 요구받고 있다. 가치 창출 추세에 대한 데이터 리스크 관리에서 논의했듯이 책임 있고 편견 없는 수집, 취급, 사용 및 개인 정보 보호가 데이터에 관한 가장 중요한 영역이다. 또한 공정하고 공평하게 접속할 수 있고, 신체적·정신적으로 건강한 사용을 촉진하고, 다양성과 참여를 장려하며, 사회적으로 유익한 사용에 맞춰진 디지털 서비스에 대한 요구가 증가하고 있다. 디지털 사용자, 소비자들은 해롭거나 차별받지 않고 안전하고 오류가 없는 기술을 원한다. 기업은 좋은 일을 함으로써 잘할 수 있는 기회가 있다. 즉 이해관계자의 신뢰를 쌓는 디지털로 책임감 있는 성장 전략을 추구해야 한다.

사례 9-1: 윤리적 리더십을 보여 장기적 가치를 창출하고, 휴대전화에 지나치게 중독된다는 사회적 우려를 조치하는 일환으로, 한 기술 회사는 사용자가 모바일 기기 사용 시간을 모니터링하고 줄이는 데 도움이 되는 기능을 운영체제에 추가했다.

사례 9-2: 로봇·자동화와 관련된 일련의 사건 사고는 인간의 판단이 개입되지 않은 상황에서 자율적인 시스템에 의한 책임과 의사 결정에 관한 우려와 의문을 조명하고 있다.

사례 9-3: 안면 인식 소프트웨어 회사는 대중 및 소비자의 신뢰를 높이고 미래의 제품에 대한 사회적 편견을 줄여 인공지능 활용의 지침을 만든다는 목표로 'AI 윤리위원회'를 설립했다.

리질리언스 역량 점검 포인트

● 회사의 제품, 서비스와 의사 결정의 윤리적 함의는 무엇인가? 우리의 행동과 조치가 전략, 브랜드와 일관되게 이루어지고 있는가?

● 회사의 제품, 서비스 그리고 조직 내에서 디지털 기술의 윤리적이고 책임 있는 사용을 어떻게 촉진하고 있는가?

● 위험한 의사 결정은 어디서 내리고 있으며, 의도하지 않은 결과에 대한 소비자의 반발과 비판에 대비할 계획이 있는가?

조직은 이에 어떻게 대응할 수 있는가?

● 윤리위원회를 설치하거나, 사업부와 긴밀하게 협력하고 기술 활용을 유도하기 위한 혁신 노력을 감독하는 최고윤리책임자를 임명하여 조직 전략에 윤리를 통합한다.

● 제품·서비스 라이프사이클 전 과정을 통해 공정성·윤리성·안전성의 원칙을 통합하고, 경영진의 강력한 지원 및 성과 관리 시스템으로 바람직한 행동을 장려하는 등 업계의 선도적 모범

실천 관행을 직원들에게 교육함으로써 책임의 문화를 구축한다.

● 잠재적으로 발생할 수 있는 윤리적·사회적·문화적 영향을 고려하기 위해 제품과 서비스에 새로운 기술의 적절한 적용 여부를 면밀히 평가한다.

● 확립된 표준과 규범이 없는 경우에, 산업 이해관계자들과 협력하여 새로운 기술의 활용을 위한 윤리적 체계를 구축한다.

R7. 안전 마진을
설계하고 확보하라

에베레스트와 같은 최고봉을 등반할 때는 아무리 경험이 풍부한 산악인이라도 얼마나 많은 장비를 가져갈지에 대하여 힘든 결정을 내려야 한다. 산소 부족, 눈사태, 갑작스러운 돌풍, 그리고 곳곳에 숨어 있는 '크레바스(얼음이 갈라진 틈)' 등 통제할 수 없는 요소가 너무도 많기 때문이다. 그러나 대부분의 산악인은 정상을 정복하기 위해 필요한 장비를 되도록 최소한으로 준비하고 싶어 한다. 결국, 생존에 필요한 장비를 많이 챙겨 갑작스러운 X이벤트 상황이 발생했을 때 대응하는 회복탄력성의 이점을 더 고려할 것인가, 아니면 장비를 최소화하고 이동성을 높여 신속하게 정상에 오르는 민첩성의 이점을 더 고려할 것인가라는 선택의 기로에서 고민하게 된다.[12]

경영진과 기업은 자신의 성공을 지나치게 과신할 수 있고, 자신이 아주 현명하거나 규모가 커서 실패할 염려가 없다고 확신하는 바람에 잘못된 리스크를 수용할 수도 있다. CEO라면 자신의 능력을 확신하는 동시에 한계도 파악하고 있어야 한다는 말이다. 예를 들어, 린 생산 방식을 포함해 효율성을 추구하는 비즈니스 프로세스들은 모든 낭비 요소와 불필요한 원재료, 활동 및 자원을 프로세스에서 제거하는 것을 핵심 목표로 삼는다. 적기 생산과 적기 재고 관리 및 이와 관련된 노력을 통해 고객이 원하는 것을 고객이 원하는 시기에 전달할 수 있는 최적화된 프로세스를 갖추는 것이다. 그러나 경영진은 다음과 같은 의문도 가져야 한다. '최소한의 자원'으로 운영하다가 어느 순간 부족분이 발생하면 어떻게 될까? 적정한 수준의 안전 마진을 유지하면서도 효율성을 유지할 방법은 없을까?

일정 고도 이상의 고산지대에는 한 번의 서툰 행동으로도 목숨을 잃을 수 있는 '죽음의 구역death zone'이 있다. 전문 산악인들은 죽음의 구역에서 마주칠 수 있는 각종 상황에 대비하기 위해 훈련하고, 한계상황에 닥쳤을 때 벗어날 수 있는 여유, 즉 안전 마진을 마련한다고 한다. 사실 대부분의 사람은, 기업도 마찬가지이지만, 스스로를 한계상황까지 내몰아 본 적이 거의 없기 때문에 실제 한계를 정확하게 알기란 현실적으로 매우 어렵다. 전문 등반가라면 육체적인 관점에서 최대한도에 달하는 시점, 즉 모든 기력이 소진되어 바닥에 쓰러져 의식을 잃는 시점이 언제인지 이해하는 것을 훈련에 포함한다고 한다. 음식과 물 없이 얼마나 버틸 수 있는지, 극한의 추위와 바람에 신체가 어떻게 반응하는지를 확인하기 위한 훈련도 있다고 한다. 또한 한계에 도달하거나 초과할 때 작동하는 비이성적인 심리 변화에 대해서도 준비한다. 이를테면 한계 상황에서 조난자들은 걸을 필요 없이, 절벽에서 뛰어내려

산아래로 날아 내려갈 수 있을 거라는 이상한 생각에도 사로잡힐 수 있다는 것이다. 최대한 자신의 한계에 도달해 보는 훈련을 통해 전문 등반가는 등반 중에 언제 위험이 커지고, 언제 숨길 수 없는 이상 징후가 나타나는지를 알게 되어 더욱 많은 계획과 준비를 할 수 있게 된다.

예상치 못한 엄청난 사고의 발생과 그 대응을 통해 안전 마진의 중요성을 깨닫고, 이를 적극적으로 극복하면서 일상적 운영의 개선으로까지 연결한 기업의 사례를 알아보자. 2011년에 있었던 인텔의 차세대 칩셋 제품 결함 사례다.13 1월 9일, 인텔이 야심 차게 출시한 차세대 칩셋인 쿠거포인트Cougar point의 첫 선적이 시작되었다. 1월 중순에 약 10만 개의 칩이 제조되었을 때 시장에서 문제 보고가 들어오기 시작했다. 계속된 테스트를 통해 결국 핵심 트랜지스터에 예상치 못했던 작은 엔지니어링 결함이 발생했음을 알게 되었다. 1월 31일 인텔이 결함을 공식적으로 발표하자 칩의 배송이 중단되고 리콜이 시작되었다. 결함을 추적하고 심각성을 이해했을 시점까지 약 800만 개의 쿠거포인트 칩이 제조되어 선적되었다. 당초 인텔은 쿠거포인트 칩셋의 결함으로 3억 달러의 수입 손실을 입고, 결함 칩 교체에 따른 추가 비용이 7억 달러 정도 발생할 것으로 추산했다. 그러나 인텔은 내부적으로 '아웃풋맥스output max'로 불린 내부 토론 포럼을 적극적으로 활용해 중단 문제 해결을 위한 제조라인 생산량 극대화에 집중하며 생산과 유통의 속도를 높였다. 결과적으로, 수입에 대한 파급 영향은 완전히 경감되었고 예상 비용도 반으로 줄일 수 있었다.

이 대응 과정을 통해 인텔은 필요시에 어떻게 더 신속히 반응할 수 있는지를 배우게 되었다. 인텔은 이 기준을 '쿠거포인트 속도'라고 부르는데, 속도와 민첩성의 향상을 지향하는 인텔의 현재진행형 진화에서 핵심적 요인이 되고 있다. 쿠거포인트 당시만큼이나 신속한 다른 방법을 언제든지 발견할 수 있다는 자신감을 임직원들에게 심어 주는 계기도 되었다. 즉 '쿠거포인트 속도'는 이제 인텔이 든든하게 믿고 의지할 안전 마진으로 자리 잡은 것이다.

미국 속담에 "1온스의 예방은 1파운드의 치료 가치를 갖는다"라는 말이 있다. 무게 단위인 온스는 파운드의 16분의 1밖에 되지 않는다. 물론 '안전 마진'을 위해 무조건 막대한 자원을 투입하여 모든 생산 시설을 요새와 같이 만들고 재고를 산더미처럼 쌓아 두라는 의미는 아니다. 작지만 매우 중요한 준비를 비즈니스 상황, 회사의 처지, 해당 리스크의 특징에 맞추어 안전 마진으로 마련하라는 것이 핵심 포인트다.

비즈니스 세계에서 많은 의사 결정은 필요한 수준의 안전 마진이나 바람직한 수준의 안전 마진이 고려되고 산출되어야 한다. 재고 수준과 발주 수량은 운송비와 공급이 중단될 가능성에 영향을 받는다. 투자 의사 결정은 경쟁사의 유사한 전략과 대응 방향뿐 아니라 자본 비용, 이자율 변동, 환율 변동 등도 함께 고려해야 한다. 데이터 백업이나 IT 시스템의 요구 사항과 관련해서는 비용, 시스템의 신뢰성, 잠재적인 시스템 중단 시의 신속한 복구 필요성 등이 중요한 고려 요소가 되어야 한다. 안전 마진을 너무 낮게 가져가서 오류나 예측할 수 없는 사건에 대비할 수 있는 여지를 거의 혹은 전혀 남겨 두지 않으면 기업의 생존 자체를 위태롭게 하는 치명적인 결과에 노출될 수 있기 때문이다.

자동차 안전 시스템을 만들 때 운전자가 정면충돌이라는 극한 상황에서도 생존할 수 있게 반드시 두 가지 이상의 방어 체계가 작동할 수 있게 한다. 먼저 자동차 앞부분이 찌그러지면서 충격 에너지를 흡수한 뒤 에어백이 추가 충격을 완충하는 역할을 한다. 안전벨트는 운전자의 몸이 앞으로 쏠리는 속도를 늦춰 줄 수 있는 정도로만 늘어나고, 여기에 엔진룸은 운전자가 앉는 공간 아래로 미끄러져 들어가고, 운전대는 계기판 쪽으로 무너져 들어가게 된다. '다층적 균형 방어' 체계의 기본으로, 이러한 시스템이 동시에 실패할 가능성은 0.5% 미만이라고 한다. 기업이 성장하고 번영하기 위해서는 우선 단기적으로 살아남아야 하는 생존 역시 매우 중요하다. 블랙 스완과 창조적 파괴가 넘쳐나는 비즈니스 환경에서, 기업의 전략적 행보를 가능케 하는 리질리언스 경영을 위한 안전 마진인 리스크 관리, 회복탄력성의 중요성을 다시 한번 생각해 보아야 한다.

R8. 다양한 시간 지평을 설정하고 계획하라

《전쟁과 평화》로 우리에게 유명한 러시아 대문호 톨스토이의 소설《안나 카레니나》는 다음과 같은 구절로 시작한다. "행복한 가정은 대부분 많은 점에서 닮았고, 불행한 가족은 제각각의 평계와 이유로 불행한 삶을 살고 있다." 기업도 마찬가지인데, 이른바 잘나가는 기업을 들여다보면 보편적인 성공 요인을 대부분 충족하고 있다. 그러나 어려움에 빠져 있거나 실패한 기업들은 그들만의 수많은 원인과 이유를 언급하고, 폭포수처럼 전개되는 문제의 충격과 영향에 대해 장황하게 설명하는 것을 쉽게 볼 수 있다.[14]

기업의 경쟁력을 논할 때 흔히 기발하고 거창한 아이디어나 전략 실행을 연상하지만, 실상은 평범한 실천이 중요할 때가 많다. 즉 성공한 기업 중에는 다들 뻔히 알면서도 실행에 옮기지 않았던 원칙을 집중하여 실천한 경우가 많다는 것이다. 성공적인 리스크 관리, 리질리언스 경영 비결도 크게 다르지 않다. 리스크 관리에 실패한 수많은 기업의 사례를 분석해 보면, 대부분 기본에 충실하지 못한 데서 실패의 원인이 비롯했음을 알 수 있다. 잘못된 가정과 검증되지 않은 정보에 의존하고, 실패의 가능성에 둔감하며, 단기 성과에 너무 집착한다. 각 사업 부문과 외부 환경 간 연결성에 대한 이해가 부족한 상태에서 설마 하는 마음으로 치명적인 리스크에 대한 지속적인 관심과 경계를 소홀히 하는 것 역시 공통점으로 들 수 있다. 이는 대부분 리질리언스 경영에서 강조되고 있는 주요 원칙이기도 하다.

'단기성과주의'라는 용어가 있다. 장기적인 생존 가능성을 위협할 수도 있는 방향으로 단기 이익을 극대화하려는 것을 의미한다. 영국의 〈이코노미스트The Economist〉에서는 이를 "단기적으로는 더 나은 성과를 내지만, 종국에는 더 좋지 않은 결과가 나오도록 행동하는 것"이라고 정의했다. 기업이 단기적인 생존에만 매달리면 장기적인 성과를 내기 어렵다. 장기 성과보다 단기 수익을 선호하는 기업은 궁극적으로 성장과 생존이 불가능하기 때문이다. 물론 그렇다고 단기적인 생존이 중요하지 않다는 것은 아니다. 단기 성과와 중장기 성과에 대한 안목, 영어로는 '시간 지평time horizon'이라고 하는 목표 기간을 모두 가져야 기업이 지속 가능하게 성장할 수 있다는 의미다. 기업이 위기에 대처할 때도 마찬가지다. 눈앞에 보이는 사안에만 매달리면 근본적인 대안을 찾기 어렵고, 결국 위기는 현실화하고 불행은 시작되기 마련이다.

최근 화두인 기업의 사회적 책임과 환경문제를 다루는 '지속가능성'를 고려하면, 단기성과주의와 장기적인 지속가능성 간의 구분이 명백해진다. 지속 가능 경영의 실천 덕목은 '최적화

optimizing'다. 기업이 장·단기적으로 생존하고 성장하기 위해 상충
될 만한 의사 결정을 조율하고 합리적 해결책을 찾아가는 과정을
말한다. 장기적이고 환경 친화적이며 지속 가능한 접근 방식 역시
최적화에서 나온다. 이와 대비되는 개념은 '극대화maximizing'다.
이윤을 최대치로 끌어올리는 데 매달리다 보면 환경이나 안전은
뒷전으로 밀리기 쉽다. 이는 또한 장기적인 자본 투자를 줄이고
자원의 낭비·오염·고갈과 같은 파괴적 결과를 초래하게 된다.

　　2009년 금융위기 직후 불확실성 때문에 대다수 기업이 투
자를 줄이던 시기에 마이크로소프트Microsoft는 90억 달러(한화
로 약 10조 6000억 원)를 연구개발에 투입하기로 결정했다. 당시
마이크로소프트의 최고경영자였던 스티브 발머Steve Ballmer는 회
사의 장기적 생존을 위해 부득이하다며 빗발치는 투자자들의 반
발에도 뜻을 굽히지 않았다고 한다. 발머의 머릿속에는 미 전자·
통신 장비 업체 RCA의 지속적 투자 성공 사례가 깊이 새겨져 있
었다고 한다. 1920년대 미국 라디오 제품 시장을 장악했던 이 회
사는 30년대 대공황 기간에도 R&D 투자를 이어 나가 라디오뿐
아니라 TV 시장에서까지 상당 기간 절대 우위를 점할 수 있었
다. 인텔 역시 비슷한 시기에 차세대 32나노미터급 프로세서 개
발을 위해 반도체 중간 재료의 제조 공정에 70억 달러(한화로 약
8조 3000억 원)를 투자할 계획이라고 발표했다. 경쟁사인 미국의
AMD도 반도체 제조 공정 분리 계획을 밝힌 가운데 나온 이 대규
모 투자 결정은 일반의 예상을 완전히 뒤엎은 것이었다. 직전 분

기 순이익이 90%나 급락할 만큼 업황이 엉망이었지만, 그는 당시 120억 달러에 달하는 현금 및 투자 자산을 무기로 결단을 내렸다.

더욱더 강력해지고 있는 아마존과 치열한 유통 전쟁을 치르고 있는 월마트Walmart는 일찍부터 사회와 환경 성과를 경영 성과와 같이 고민했다. 2005년 10월, 월마트 최고경영자 리 스콧Lee Scott은 쓰레기와 온실가스를 줄이고 에너지 효율성을 높여서 "환경을 위한 선량한 관리자"가 되는 것을 목표로 한다고 공표했다. 스콧은 월마트가 무엇보다도 규모가 크다는 것에 대해 비난을 받아온 것을 인정하면서 다음과 같이 말했다.

"월마트에 대한 비판과 월마트가 사회에 미치는 영향을 더 깊이 이해하기 위해 저희는 지난 수년간 고객과 협력업체, 시민단체, 정부, 비영리 민간단체 등 주요 이해관계자를 직접 만나고 의견을 경청했습니다. 저희가 만난 많은 개인과 단체는 저희와 다른 시각에서 세상을 바라보고, 그들 자신의 생각을 가지고 있었습니다. 사실 월마트를 강하게 비난하는 많은 사람도 저희가 사업을 그만두기를 원하는 것이 아니라 사업을 변화시킬 필요가 있다고 느끼며, 저희 회사뿐 아니라 모든 회사가 변해야 한다고 생각하고 있다는 것을 알게 되었습니다."

당시 월마트 스콧 회장의 이 발표는 단순히 일반 대중을 의식한 홍보용이라 일고의 가치도 없다는 반응을 비롯해 사회적으로 매우 다양한 반향을 불러일으켰다. 그러나 그 후 월마트는 공급업체들에게 포장용기가 환경 친화적인지에 근거해서 협력업체

평가를 진행할 것이라고 통보하는 것을 시작으로 더 많은 혁신을 이끌어냈는데, 폐기물을 줄이고 배송비를 낮추는 등 실질적인 경영 성과로도 이어졌다.

앞에서 소개한 마이크로소프트와 월마트의 사례는 단기성과주의의 한계를 극복한 경우지만, 현실에는 그렇지 않은 회사가 더 많다. 경영 실적을 올리라는 주주 등 주요 이해관계자의 압력을 받다 보면 기업은 전략적 방향성을 잃고 글로벌 경쟁력 제고나 R&D·환경·동반 성장 등 지속 가능 경영에 필수적인 투자를 게을리하기 쉽다. 투자자와 경영진·이사회·증권사 애널리스트에 이르기까지 모두가 단기 성과에 몰두한 나머지 10년, 20년 뒤 회사의 장래는 누구도 관심을 갖지 않는다.

위협이 멀리 있을수록, 그 위협에 대처하도록 사람들을 움직이게 하기는 더 어렵다. 즉각적이고 심각한 결과가 눈앞에 전개되지 않는 한 리스크에 대비하기 쉽지 않다는 말이기도 하다. 통상 기업을 무너뜨리는 것은 눈앞에 다가온 위협이 아니라 시간을 두고 서서히 드러나는 장기적 리스크인데도 말이다. 리스크야말로 단기 대증요법이 아니라 장기적 접근 방식을 통해 관리해야 한다.

'고려해야 할 필수 목표 기간은 무엇인가? 비즈니스 전략에서부터 운영에 이르기까지 이러한 필수 목표 기간에 집중할 책임은 누구에게 있는가? 다양한 의사 결정과 그 영향을 평가하는 데 어떠한 기간 범위를 적용해야 하는가?' 이러한 질문을 되짚어 보며 단기적 생존과 장기적 성장 및 번영을 균형 있게 보고 의사 결정을 하라는 리질리언스 경영의 원칙을 생각해 보라.

R9. 계산된 위험은 충분히 감수하라

위선적이거나 양면성을 지녔다는 뜻으로 우리는 '야누스의 얼굴'이라는 표현을 자주 사용한다. 그러나 로마 신화에 등장하는 두 얼굴의 야누스는 실제로는 앞뒤를 동시에 바라볼 수 있는, 문을 지키는 신으로 위선이나 양면성의 의미와는 거리가 멀다. 오히려 앞 얼굴은 미래를 내다보고, 뒤 얼굴은 과거를 돌아본다는 의미에 더 가깝다. 기업의 비즈니스 관점에서 본다면, 앞을 본다는 것은 혁신과 함께 사업을 추진해 나가는 과정일 것이다. 한편 뒤를 본다는 것은 과거의 많은 실패와 경험에서 교훈을 얻어 앞으로 발생할 수 있는 사고를 미연에 방지하고자 하는 활동이라고 해석할 수 있다.[15]

전통적인 기업의 리스크 관리 방식은 경영전략 자체의 리스크를 이해하고 관리하기보다 전략에 영향을 주는 위험을 회피하는 데 중점을 두었다. 물론 규제 미준수, 운영상의 실패, 부정확한 재무 보고 등과 같은 위험이 발생하지 않도록 하는 것은 매우 중요하고 필수적인 기업 활동이다. 그러나 단순히 위험이나 복잡한 상황에서 벗어나는 것에 그치지 않고 가장 높은 투자수익률을 확보하려면 새로운 미래 가치를 반드시 창출해야 한다. 위험 회피에 집중한 나머지 리스크를 합리적으로 감수하지 못하고 간과하여 미래의 중요한 성공 기회를 놓쳐 버린 기업의 실패 사례를 우리는 어렵지 않게 찾아볼 수 있다. 새로운 비즈니스 모델을 개발하고 경쟁 구도를 변화시켜야 하며, 또한 소비자 선호도와 행동의 변화, 새로운 기술 등에 능동적으로 대응하기 위해 민첩해져야 하고 회복탄력적인 조직이 되도록 끊임없이 학습하고 노력해야 한다. 바로 이것이 기업의 당면 과제임을 다시 한번 생각해 보아야 한다.

전 세계인들이 가장 사랑하는 음료는 무엇일까? 웰빙 트렌드가 과거에 비해 매우 커졌다고는 하나 아직까지 전 세계 음료 업계의 부동의 1위 브랜드는 탄산 음료인 '코카콜라'다. 100년이 넘도록 코카콜라와 '콜라 전쟁'을 벌여온 펩시조차 단 한 번도 코카콜라의 시장 점유율을 넘어서진 못했다. 코카콜라와 펩시, 이 두 회사의 경쟁은 그야말로 애증의 역사였다. 주가는 물론 매출액, 배당수익률, 시장 점유율, 브랜드 가치, 경영전략까지 두 회사의 모든 것이 경쟁 대상이었다. 현재까지도 콜라의 시장 점유율은 여전히 코카콜라의 벽을 넘지 못하고 있지만, 종합식품회사로 성장한 펩시는 사실 콜라를 제외한 전체 사업 매출에서는 코카콜라를 추월한 지 오래되었다. 이는 두 회사의 서로 다른 전략이 만든 결과물이기도 하다.

한때 펩시는 코카콜라와의 '100년 콜라 전쟁'에서 참혹히 패배하고, 최대 위기에 직면했다. 당시 절치부심하는 자세로 '펩시 재발명re-inventing Pepsi'이라는 모토 아래 사업 구조, 마케팅, 조직 문화 등에서 근본적이고 장기적인 대변신에 착수했다. "일시적인 매출 확대나 단기 성과에 매달리기보다는 장기적인 경쟁력을 연마하는 데 집중하겠다"고 선언한 펩시는 비탄산 음료 및 스낵에 집중하고, 웰빙으로 제품을 포지셔닝하고, 젊은 층을 핵심 고객으로 한 마케팅 전략을 실행하며, 개방적이고 도전적인 조직 문화를 구축하는 등 네 가지 대변신 프로젝트를 추진하여 재도약의 기틀을 마련했다. 2000년대 이후 탄산음료 시장이 위축될 것으로 예측하고 1996년부터 장기적인 안목을 갖고 사업 구조를 선제적으로 전환한 펩시는 그 후 '게토레이'가 펩시를 변화시키고 미래의 이익을 가져올 것이라는 확신 아래 내부 조직의 거센 반대를 무릅쓰고 5년간의 치밀한 준비 끝에 퀘이커오츠Quaker Oats Company를 인수했다. 시리얼과 스포츠 이온 음료 게토레이를 생산하는 퀘이커오츠는 그 후 시장에서 '게임 체인저'가 되었다.

2006년에는 인도 출신 인드라 누이Indra Nooyi를 CEO로 발탁하는 혁신적인 의사 결정으로 세간의 이목을 집중했고, 2008년에는 50년 동안 펩시를 상징했던 로고마저 과감하게 바꿨다. 물론 2009년 글로벌 금융위기와 경기침체에서 펩시, 마운틴듀, 게토레이, 트로피카나를 포함한 펩시의 주력 브랜드를 해체하고 새로운 브랜드를 설립하기 위해 '창조적 파괴' 프로그램을 시행하려다 실패를 경험하기도 했으나, 굵직굵직한 전략적 행보를 유지하며 현재까지도 여전히 세계에서 가장 성공적인 음료 및 식품 기업 중 하나로 성장했다는 평가를 받고 있다.

펩시가 이처럼 도전정신으로 무장할 수 있었던 것은 코카콜라와의 오랜 경쟁이 결정적이었으며, 탄산음료 시장 유지를 고집하지 않고 만년 2위에서 벗어나기 위해 더욱 혁신적일 수 있었다는 분석이 지배적이다. 오히려 최근 몇 년 동안에는 코카콜라의 위기론이 대두되면서, 2017년 코카콜라 CEO로 취임한 제임스 퀸시James Quincey는 다음과 같은 의미심장한 말을 했다고 한다. "그동안 우리 회사의 가장 중요하고 큰 자산인 '코카콜라'라는 브랜드에 더 이상 집착해서는 안 됩니다. 우리는 이 브랜드를 지키기 위해 변화해야 할 시기를 놓쳤고, 이를 지키기 위해 그동안 너무 많은 대가를 치러왔습니다."

펩시와 코카콜라의 사례를 보면서, 기업에 가장 큰 리스크는 혁신하지 않는 것이라고 감히 말할 수 있을 것 같다. 새로운 아이디어를 제시할 때마다 '리스크 킬러'가 나타나서 그 싹을 잘라 버리거나 리스크 회피 성향이 만연해 있고, 그 결과 신기술을 제때 도입하지 못하고 새로운 경쟁자가 급부상할 때 시장을 지키지 못하며 고객 니즈에 선제적으로 대응하지 못하는 경우는 여전히 많은 조직·기업 내에 비일비재하다. 물론 잘못된 리스크를 지나치게 수용하거나, 지나치게 빨리 사업을 확장하고 차입금에 과도하게 의존하며, 너무 많은 사업을 한꺼번에 추진하고 최소한의 안전마진을 유지하지 못하는 것 역시 경계해야 한다. 특히 불확실성이 극도로 높은 조건에서는 리스크를 회피하는 것이 합리적인 방어책일 수 있다. 그러나 리스크를 무조건 회피해서 혁신과 기회를 포착하는 기업의 능력이 저하된다면 결국에는 위험한 상황에 처하게 될 것이다. 즉 어떤 리스크도 수용하지 않는 것이 가장 큰 리스크라는 사실을 다시 한번 염두에 두어야 한다.

16세기 프랑스에서 군사 원정을 지휘하는 자를 뜻하는 의미로 '앙트러프러너entrepreneur'라는 단어가 사용되었다. 18세기 말에는 여기에 경제적 의미가 가미되어 리스크를 부담하는 자본가 risk-taking capitalist라는 말로 인식되기 시작했다. 그 후 기업가의 역할에 '혁신'이 강조되면서, 오늘날에 와서는 늘 위기의식을 갖고, 불확실한 상황에서도 리스크를 무릅쓰고 도전하며, 창조적이고 경쟁 우위를 가진 혁신을 통해 기회를 찾고 고객 가치를 창출함으로써 지속 가능한 발전을 가져오는 자를 '기업가'로 정의하게 되었다. 그리고 '기업가정신'은 바로 이러한 기업가의 실천을 뜻하며 시시각각 변하는 비즈니스 전환기에 불확실성을 헤쳐 나가는 해법으로 다시금 주목받고 있다.

앞을 보며 혁신을 추구하고, 뒤를 보며 X이벤트와 같은 큰 리스크와 위기에 대비하는 야누스를 생각하며, 불확실성과 위기 상황을 즐길 수는 없더라도 이를 생존을 넘어선 도약과 성장의 기회로 삼아야 한다.

공통. 원칙 준수와 절제를
엄격히 유지하라

유럽의 작은 섬나라였던 영국은 19
세기에 막강한 해군과 함께 오대양 육대주를 누비던 무역선들을
통해 세계적으로 부강한 나라가 되었다. 수많은 무역선의 활약만
큼이나 배가 침몰하는 해난 사고도 자주 발생했는데, 그 원인은
다름 아닌 과적이었다. 당시 사고의 원인을 조사하던 영국 하원의
원 새뮤얼 플림솔Samuel Plimsoll은 대부분의 사고가 선주들이 무
리하게 화물을 실어서 났음을 밝혀내고, 안전을 위해 한도를 설정
해 적정량을 싣자는 최대 적재 허용선을 입법화했다. 오늘날까지
세계 모든 나라가 국제조약으로 지키고 있는 이 기준을 '플림솔
라인plimsoll line'이라고 부른다.16

'플림솔 라인'은 생명과 직결되어 있기 때문에 아무리 화물
운송이 급하고 중요하다고 해도 임계치, 즉 정해 놓은 한도를 절
대로 넘지 말아야 한다. 만일 배가 최대치를 넘겨 선적한다면, 초
과된 화물뿐 아니라 배는 물론 귀중한 선원들의 목숨까지 다 잃
을 수 있기 때문이다. 기업 역시 마찬가지로 리스크, 위기관리라

는 관점에서 반드시 유지하고 지켜야 하는 원칙 또는 기준인 '플림솔 라인'을 소홀히 해서는 안 된다.

로마인들은 운영의 기본 원칙과 책임감을 강조하기 위해 새로 완성된 교량의 나무 지지대를 제거할 때 그 교량을 설계한 기술자들을 그 아래에 서 있게 했다고 한다. 이는 당시에 완공된 일부 교량이 2000년이 지난 지금까지도 유지되고 있는 이유를 잘 설명해 준다. 미군 낙하산 부대에서는 낙하산을 포장하는 대원들을 무작위로 선정해서 자신이 포장한 낙하산을 직접 타고 강하하게 한다. 물론 대부분의 기업에서 임직원에게 이 정도의 책임과 역량을 발휘하라고 강요하지는 않는다. 그러나 즉각적이고 때로는 치명적인 결과를 초래하는 대형 리스크 감지와 대응 체계 측면에서 로마인들의 교량 건축, 미군 낙하산부대의 사례에서 기업에 주는 중요한 시사점을 도출할 수 있다.

기업이 지속적인 성공을 이루기 위해서는 기본 원칙과 규율이 필요하다. 사실 자율성과 유연성이 큰 것으로 알려져 있는 글로벌 기업들의 조직 문화를 자세히 들여다보면 그 기저에 엄격한 원칙과 규율 그리고 절제가 동시에 자리 잡고 있음을 알 수 있다. 만약 기업에서 운영의 기본 원칙이 제대로 지켜지지 않는다면 아무리 경보 신호가 사전에 감지되어도 보고되지 않고, 실패의 잠재적 원인들도 다뤄지지 않으며, 정보의 원천도 제대로 검증되지 않을 것이다. 필수적인 안전 마진도 고려되지 않고, 경영진에 보고된 잠재 리스크에 대한 대비나 심지어는 임박한 위기 대응도 제대로 실행되지 않을 가능성이 크다.

흔히 경쟁력은 거창하거나 매우 독창적인 아이디어에서 나온다고 생각하지만, 오히려 평범한 곳에서 생기는 경우가 많다. 경쟁력 있는 기업들의 성공 사례를 보면 다른 많은 기업이 잘 알고 있으면서 실천에 옮기지 않았던 것을 제대로 실행함으로써 남다른 결과를 보여준 경우가 많다. '위기에 미리 대비해야지'라고 누구나 생각은 하지만 제대로 준비하는 사람은 거의 없기 때문에 같은 유형의 사건과 사고가 끊이지 않는 것이다.

미 해군 사령관을 지낸 마이크 아브라쇼프Mike Abrashoff 장군이 미 해군 전함 벤폴드호의 지휘를 맡았을 때, 전체 함대 중 벤폴드호의 성과가 평균에 미치지 못한 것이 마음에 걸렸다. 아브라쇼프 함장은 그 이유가 전임 함장의 리더십, 그리고 함장과 승조원들 간의 의사소통 부재 때문이라고 진단했다. 그는 전함 운영을 병사들의 시각에서 바라보게 되었고, 이를 통해 그들의 생각과 관점을 더 잘 이해하고 어떻게 병사들에게 동기부여를 할 수 있을지 깨닫게 되었다고 한다. 함장으로서 금전적인 동기부여를 할 수는 없었지만, 아브라쇼프는 승무원들이 스스로 자신이 가치 있는 사람이라고 느끼게 해서 이들이 책임감을 갖고 열심히 일하는 문화로 바꿨다. 특히 아브라쇼프 함장은 다음의 네 가지 원칙을 전함 운영의 기본으로 삼고 적용하여 결국 성공적인 변화를 이루어 냈다.

첫째, 기존의 모든 규칙에 의문을 제기하라. 장교나 사병이 아브라쇼프 함장에게 업무 결재를 받으러 오면 그는 어떤 행동이나 프로세스가 특정한 방식으로 수행되는 이유가 무엇인지, 더 나은 방법은 없는지 질문했다고 한다.

둘째, 책임감을 통해 신뢰를 구축하라. 사람들을 훈련시킨 후 책임을 부여하고 공식 체계보다 낮은 직급에서 의사 결정을 하라고 강조했다. 모든 직급의 구성원이 실제 직급보다 더 높은 수준의 임무를 수행하도록 하고, 때로는 실패하는 것을 허용했다.

셋째, 보고자를 칭찬하라. 실수, 사고, 실패는 일어날 수 있는 것이기 때문에, 리더는 비전을 제시하고 목표를 수립해야 한다는 것을 강조했다. 또한 문제점을 보고하는 것을 권장하고 그들이 스스로 내린 의사 결정에 대해 솔직하게 평가할 수 있는 신념을 가져야 한다는 원칙을 고수했다.

넷째, 리스크 수용을 장려하라. 조직 내에서 실수가 발생하더라도 대담성과 브레인스토밍, 혁신, 그리고 적절한 리스크의 수용을 통해서만 지속적인 개선이 가능하다는 것을 강조했다. 리스크를 수용한 사람들은 성과를 이루었을 때 그에 상응하는 보상을 받아야 하고, 실패하더라도 처벌받지 않아야 한다는 분위기를 조직 내부에 심었다.

넥스트 노멀 시대의 기업 면역 체계, 리질리언스를 갖추어야 하는 이유

왜 리질리언스에 주목해야 하는가

불확실한 세계에서 비즈니스를 하고 있다는 단지 그 이유로 모든 기업은 리스크에 직면해 있다. 우리는 대부분 '기업의 생존을 위해 성장은 선택 사항이 아니라 필수 불가결한 요소'라는 사실에 동의한다. 그러나 성장은 새로운 제품, 고객, 지리적 배치, 전략 등의 불확실성을 수반해 추가적인 리스크를 발생한다. 이에 기업은 리스크 관리 및 리질리언스 강화에 투자하여 직접적으로 리스크를 처리해 줄 뿐 아니라 앞에서 제시한 많은 사례에서 볼 수 있듯이 다양한 경로를 통해 간접적으로도 기업에 가치를 더한다.[1]

위험 노출, 유해성, 법적 책임 가능성 등을 좋아해서 기업이 추가적인 리스크를 선택하는 것이 아니다. 앞서 언급했듯이, 리스크는 사업 운영의 일부이자 성장과 관련되어 있다. 기업은 발전하기 위해 반드시 성장해야 하고, 성장하기 위해서는 알려진 바가 적은 새로운 사업 계획을 선택하고 그 과정에 내재된 리스크와 불확실성을 관리해야만 한다. 많은 기업이 여전히 리스크 관리를 단지 확실한 수익이 없는 또 다른 비용으로만 보고 있다. 사용되지 않는 비상 운영 센터는 사무실 공간과 회사 자원을 낭비하고 있는 것처럼 보인다. 비상 대응, 모의 훈련은 일상의 업무 시간을 빼앗는다. 추가 재고는 돈이 많이 든다. 특히 예방 전략의 경우 의심할 여지 없이 낭비로 인식될 수 있다. 이 전략이 추구하는 바는 바로 아무 일도 일어나지 않는 상황이기 때문이다. 그러나 앞에서 제시한 많은 사례와 원칙은 리질리언스에 대한 투자가 기업에 가치를 제공할 뿐 아니라 직간접적으로 성장을 지원하고 있다는 것을 잘 말해 준다.

보험보다 든든한 리질리언스

기업은 전통적으로 중단 손실의 방지와 감축이라는 측면에서 회복탄력성에 대한 투자의 가치를 추산했다. 예방은 중단적 손실의 가능성을 줄여주고, 대응은 중단의 결과물을 축소하며, 감지는 예방과 대응의 효과성·적시성을 향상해 준다. '더 나빠질 수 있었던' 사건들 각각이 바로 투자의 성과라고 할 수 있다. 예를 들어, 시스코cisco는 리스크 경감 활동과 관련한 중단적 사건 데이터베이스를 만들어 두고 있다. 데이터베이스 덕분에 리스크 경감 활동을 추적하고 그 활동의 직접적인 가치를 기록할 수 있다. 리스크 관리 과정의 결과는 복구 시간의 개선으로 나타난다. 이 기록을 통해 시스코는 수입 손실, 선적 지연, 그 밖의 핵심적 사업지표 등 파급 영향을 최소화한 내용에 대해 추적할 수 있었다.

여러모로 이 접근법은 보험에 대한 지출을 보는 것과 동일한 방식으로 회복탄력성에 대한 지출을 보고 있다. 보험료의 직접적 투자가치는 재난이 닥쳤을 때만 측정될 수 있지만, 우리는 보험을 구입해야 할 것처럼 느낀다. 그래서 기업들은 보험을 구입한다. 이런 관점에서 회복탄력성을 보면 투자 수익률을 중단 가능성과 결과물을 얼마나 줄였는가라는 측면에서 측정할 수 있다. 그러나 그렇게 하면 우리는 회복탄력성 투자의 다른 많은 이점을 놓치게 된다.

리질리언스는 주로 다음의 네 가지 이유로 기업 보험에 비해 우월하다고 할 수 있다. 첫째, 보험이 단지 재무적 보상을 제공하는 데 반해 회복탄력성은 고객 약속의 미이행에 따른 신뢰 손실과 평판 손실 방지에도 도움이 된다. 둘째, 보험은 단지 지정된 위험에 대해서만 보장해 주는 반면, 회복탄력성은 알려지지 않은, 불확실한, 불가항력적인 사건들에 대해서도 보장해 줄 수 있다. 2010년 아이슬란드 화산 폭발 이후 사업 중단 관련 보험 청구들이 있었으나 보험사들은 이를 수용하지 않았다. 화산이 보험 청구의 근거가 될 수 있는 물리적 손상을 야기하지 않았다는 이유에서다. 항공사와 공항에 대해서도 마찬가지다. 셋째, 보험은 당사자 위주의 리스크 이전이며 보험배당금의 불확실성에 직면해야 한다. 반면, 회복탄력성은 사업에 맞춰 조정된 내부적인 능력이다. 인텔은 연례 보고서에서 리스크 요인의 하나로 "우리 보험 제공자 중 하나 이상에서 보험 청구를 지급할 수 없거나 지급하고자 아니할 수 있음"을 들고 있다. 특정 사건에 대한 유효한 보험 청구가 가능할지 여부는 정확한 약관 문구와 해당 문구에 대한 법적 해석으로부터 영향을 받는다. 마지막으로, 가장 큰 차이점은 회복탄력성의 경우 중단이 발생하지 않은 경우에도 경쟁 우위를 만들어낼 수 있다는 점이다. 회복탄력성이 총매출 성과와 순이익 성과를 모두 향상할 수 있기 때문이다.

사후 반응보다 중요한 사전 예측

2012년 허리케인 샌디가 미국 동부 해안을 위협했을 때, 월마트는 무엇을 해야 할지 이미 알고 있었다. 이미 2004년 이 회사의 최고정보책임자는 다음과 같이 말한 바 있다. "회사는 많은 과거 데이터를 모아 두고 있었습니다. 따라서 일이 일어나기를 기다렸다가 반응하는 대신 주어진 상황에서 일어날 일을 예상하기로 결정했습니다." 월마트는 사람들이 생수, 방수 외투, 조명 전등, 수동 깡통따개 등을 재워 둘 거라는 점을 이전 허리케인들을 통해 알고 있었다. 딸기 팝타르 구매도 평상시의 7배로 늘어날 것이었다. 본사는 샌디의 경로에 있는 월마트 점포들에 이들 인기 품목은 물론 아모르 비엔나소시지, 스팸, 사과 같은 딱딱한 과일 등 수요가 많아질 제품을 태풍이 오기 전에 미리 주문해 두라고 했다. 또 대걸레, 사슬톱같이 태풍이 지나간 다음 필요할 청소 물품도 보충해 두라고 했다. 태풍 전후의 판매를 위해 늘려야 하는 재고를 결정하는 것만큼이나 빼야 할 재고를 검토하는 것도 중요했다. 월마트는 냉장고 전력이 끊어질 경우 상할 것으로 염려되는 고기와 부패할 수 있는 제품이 팔리지 않을 것을 알고 있었다.

월마트는 계절적 변화, 주요 명절 등의 수요 변동성에 대비하기 위해 사용한 것과 동일한 시스템을 재난 대비 데이터 관리 시스템으로 사용했다. 청량음료 수요에 대한 여름 날씨의 효과를 추적하는 바로 그 도구가 생수 수요에 대한 악천후의 효과를 추적하는 것이다. 어떤 점포에 무슨 제품이 있고, 어떤 점포가 무엇을 팔고, 어떤 배송 센터에 무슨 물건이 쌓여 있는지가 월마트의 일상적 재고 관리 시스템을 통해 나타난다. 차내 컴퓨터, 통신 시스템이 설치되어 있는 월마트 트럭들은 화물의 목적지를 언제라도 바꿀 수 있었다. 중단 기간 동안 회복탄력성과 일상 운영에서의 민감성은 동전의 양면이다.

위기 민감성이 만들어내는 운영 민첩성

일부 기업은 일상적 운영을 개선하기 위해 위기 대응을 활용한다. 2008년 금융위기로 충격을 받은 많은 기업 중에는 P&G 여성 제품 부문도 포함되어 있었다. P&G는 단순히 비용을 절감하기보다 공급망을 완전히 바꾸는 공격적인 복구 프로그램에 착수했다. P&G 경영진은 다음과 같이 말했다. "공급망을 기초로 개선에 집중함으로써 강력한 입지를 확보해 불황기를 벗어날 수 있는 기회를 보았습니다." P&G는 핵심 공급업체와의 더욱 강력한 협력은 물론 내외부적 통합 강화, 신제품 출시를 통해 성장이 재점화할 수 있도록 신속한 제품 전환 능력을 개발했다. 그 결과 제조 생산성 20% 향상과 높은 고객 서비스 수준을 유지하는 가운데 지역 재고의 18% 축소, 자재 납기 50% 이상 축소, 총 배송 비용 12% 이상 감축 등을 이뤄냈다.

2011년 새로운 쿠거포인트 칩세트에서 하자가 발견되자 인텔은 최대한 신속하게 600만 개의 칩 교체를 실행했다(4장. 'R7. 안전 마진을 설계하고 확보하라' 참조). 인텔은 '아웃풋맥스'로 불린 내부 토론 포럼을 활용해 대응하는 과정에서 필요할 때 어떻게 더 신속히 반응할 수 있는지를 배우게 되었다. 한편, 속도가 최우선 과제인 상황에서 할 수 있는 일들에 대한 기대 수준도 다시 세워지게 되었다. 인텔은 이 기준을 '쿠거포인트 속도'라고 부른다. 인텔 경영진은 다음과 같이 말했다. "쿠거포인트만큼이나 신속한 다른 방법이 언제든지 발견될 수 있습니다. 제조 부문에서 4시간을 줄여 조기 운송을 가능하게 하는 것처럼 말이죠."

캐터필러Caterpillar에서는 가시화 도구들이 중단 관리와 일상적 운에서의 대응력을 즉시 높여 주었다. 캐터필러의 경영진은 다음과 같이 말했다. "움직이는 모든 것을 볼 수 있습니다. 네트워크가 어떻게 흐르고 있는지, 그리고 이로 인한 지연 및 비용들을 볼 수 있게 된 덕분에 이제 중단에 효과적으로 대응할 수 있습니다. 항만 노동자 파업 같은 단일 중단을 관리할 수 있게 되었습니다."

회사 네트워크 역시 동일한 툴로 조정될 수 있다. "모든 것을 볼 수 있기 때문에 최적화가 가능합니다. 결과적으로 예측력이 나아졌습니다. 분석 과정과 연계할 경우, 개선을 위해서는 어떤 다이얼과 레버를 조정해야 할 것인지도 알아낼 수 있습니다. 훨씬 더 나아진 공급망을 갖게 된 것이지요." 회사의 노력은 결국 성과로 나타났다. 그 후 '가트너 공급망Gartner Supply Chain 최고 기업 25'에서 캐터필러는 두 단계 상승했다. 중단 기간의 회복탄력성과 일상 운영에서의 민첩성은 불확실성 관리, 가시성 향상에 대한 동일한 투자에서 발생하는 효익인 것이다.

호황 대응과 다르지 않은 불황 대응

보스턴사이언티픽은 이렇게 말한다. "기회를 활용할 능력이 없다는 것 자체가 리스크가 될 수 있다." 기업들은 경제적 회복기나 경쟁자의 중단 상황, 신제품을 출시했을 때 수요 급등에 직면할 수 있다. 인텔의 '아웃풋맥스' 토론 포럼은 중단 문제 해결을 위한 제조라인 생산량 극대화를 지원해 주고 있다. 그러나 인텔은 이를 통해 예측 밖의 신제품 수요 문제 역시 처리할 수 있게 되었다. 즉 하락 상황에서 다시 회복해 돌아오는 능력인 회복탄력성이 상승 상황을 향해 앞으로 나아갈 능력 또한 주었던 것이다.

리질리언스 준비가 투자 유치로

캐나다 전력회사 하이드로원Hydro One은 5년간의 엄격하고 총체적인 리스크 관리 시행 이후 무디스와 S&P로부터 좋은 신용등급을 받게 되었다. 신용등급을 매기는 과정에서 분석가들은 특별히 회사의 리스크 관리 활동에 대해 언급했다. 신용등급의 상향 조정 덕분에 하이드로원은 차입금 10억 달러에 대해 더 낮은 자본비용을 지급할 수 있었다. 2008년 금융위기 중에 채권자와 신용평가기관들은 채무자 지급 가능성은 중단 상황에서의 채무자 생존 가능성에 직접적으로 의존하고 있다는 사실을 깨닫게 되었다. S&P 같은 신용평가기관은 기업의 리스크와 준비 상태를 평가하기 위해 기업 리스크 관리ERM를 명시적으로 분석하기 시작했다. 채무자 ERM 분석 시에 신용평가기관은 리스크 관리 조직 문화, 지배 구조, 리스크 통제, 신규 리스크 대비, 전략적 관리 등을 고려한다. S&P는 공급망 중단의 모든 가능성과 파급 영향에 대한 추산을 시도하지는 않고 있으나 네 가지 광범위한 요소를 고려하고 있다. 국가 리스크, 산업 리스크, 운영 리스크, 지배 구조 등이 그것이다. 소수 핵심 설비에 대한 조직의 의존성, 재난 충격을 흡수할 금융 자원, 산업 고유의 중단 상황에 대한 기업의 민감성(테러에 대한 항공사 취약성, 원료 가격에 대한 농업 관련 산업의 취약성 등) 같은 요인이 분석에서 고려된다. 분석 결과는 취약, 적정, 강력, 탁월 등 1~4등급으로 나뉘어 기업 신용등급과 자본비용에 가감된다.

리질리언스에 대한 투자가 품질 개선으로

회복탄력성과 품질에는 공통점이 있다. 품질 투자에는 돈이 든다. 즉 저비용-저품질, 고비용-고품질 사이의 선택인 것이다. 그러나 도요타 생산 시스템이 개척한 품질 운동의 핵심적 통찰에 따르면, 하자로 말미암은 제품 손상 비용이 원자재 및 공정의 품질 확보 비용보다 더 든다. 즉 결함 부품을 방지하는 것이 결함 차량을 수리하는 것보다 싸게 먹힌다는 것이다. 예방 조치와 대체 대응 방안, 감지 시스템 등의 개발이 필요한 회복탄력성 역시 돈이 든다. 기업들은 취약한 효율성과 값비싼 견고성 사이에서 선택해야 하는 것처럼 보인다. 그러나 회복탄력성에 비해 취약성이 오히려 더 비싼 것일 수 있다. 제대로 행해진 회복탄력성 투자는 양陽의 수익을 가져올 수 있기 때문이다. "1온스의 예방(준비)은 1파운드의 치료 가치를 갖는다"는 속담은 여전히 유효하다. 그러나 앞서 언급했듯이, 이 관점은 회복탄력성 투자의 수익을 너무 좁게 보는 것이다. 회복탄력성은 비용과 회복탄력성 간의 직관적 비교가 제시하는 것보다 더 많이 기업의 비용 및 성장 목표와 일치한다.

품질과 마찬가지로 회복탄력성에 대한 투자는 빠른 복구 시간, 낮은 파급효과와 그 밖에 앞서 논의된 다수의 간접적 이점들을 통해 성과를 낼 수 있다. 그러나 최선의 투자가 어느 정도인지는 불분명하다. 기업은 품질에 과도하게 투자할 수 있다. 즉 유지 관리가 필요 없고 장기간 작동하는 차량이 만들어질 수 있겠지만 매우 비싼 차가 될 것이다. 이와 비슷하게 강화된 공장을 짓고, 모든 공급자의 행동을 모니터링하고, 완전한 재무 상태를 갖춘 공급자만 이용하는 것은 가능한 일이지만 비용이 매우 많이 들 것이다. 게다가 이 과정에서 혁신적 고흡리스크 공급업체로부터 구매하기가 힘들어져 성장 자체가 저해될 수도 있다.

회복탄력성에 대한 투자의 적정 수준은 기업별·산업별로 다양하다. 적정 투자 수준은 리스크에 상대적이다. 여기서 리스크는 지리적 요소, 산업, 공급망 내 위치, 강점뿐 아니라 고객의 지지, 기업의 전반적 평판 등에도 의존한다. 나이키는 파키스탄에서 노동력을 착취하고 아동을 고용해 비난받았던 1990년대 당시 매출과 시가총액이 급락했다. 이와 대조적으로 애플은 한 공급업체의 노동자 자살 사건으로 열악한 공급망의 작업 환경이 드러났지만, 비난의 태풍을 피하고 어떠한 판매 손실도 겪지 않았다. 애플 고객의 충성심과 브랜드의 후광 덕분이었을 것이다. 그러나 다른 많은 기업은 이런 상황을 기대할 수 없다. 많은 기업에서 회복탄력성에 대한 최선의 투자 수준은 경쟁에 따라 상대적으로 추산될 수 있다. 최소 중단과 최고 속도의 회복을 향해 달리고 있는 기업들은 산업의 지출 성향과는 무관하게 단지 동료 기업에 비해 조금 더 회복탄력성에 지출하게 될 것이다.

리스크 회피가 아니라 리스크에 숙달되기

리스크가 있는 세계에서의 경영 활동에는 진부하고 보수적인 조직이 요구된다는 가정은 흔히 눈에 띄지만 잘못된 가정이다. 오히려 반대가 진실이다. 진부하고 보수적인 조직은 리스크 관리에 결함이 있다. 극단적 사건 기간 중의 의사 결정에 대한 연구에서 한 금융기관 경영자는 다음과 같이 인정했다. "우리 회사는 오래된 조직입니다. 의사 결정이 느리고 소수의 고위 관리자에게 집중되어 있습니다. 상당히 신속한 위기 대응이 필요하고 다층적인 일들을 해야 하지만 그러지 못하고 있습니다. 이를테면 7월 7일 런던에 테러 공격이 발생했을 때 신속한 의사 결정을 할 능력이 없었습니다. 그래서 우리가 원했던 만큼 신속하게 언론에 성명을 발표하지 못했습니다." S&P의 한 애널리스트는 다음과 같이 말했다. "성공적인 리스크 문화는 개방적인 대화의 촉진에서 시작됩니다. 조직의 모든 임직원이 조직 리스크에 대해 일정 수준의 소유권을 갖고 있으며, 국지적 의사 결정의 광범위한 파급 영향이 즉각적으로 규명됩니다. 또, 대형 리스크를 상부에 보고할 경우 보상이 주어집니다. 이런 문화에서 전략적 의사 결정은 단순 투자 회수 분석이 아닌 관련 리스크 및 대체 전략에 대한 검토를 관례적으로 포함하고 있습니다."

역동적 글로벌 비즈니스에서의 리질리언스

학습하는 조직인 회복탄력적 기업들은 니체의 금언, "나를 죽이지 못하는 고통은 나를 더욱 강하게 만들 뿐이다"를 구현해내고 있다. 모든 개별적 사건, 훈련, 위기일발, 우발적 사건에 대한 시나리오 기법 등이 기업의 경계심을 고취하고 대응 레퍼토리를 더해주고 있다. 예로, 스타벅스는 매년 전년도에 전 세계에서 발생한 사건들을 검토해 다가오는 새해의 최고 리스크를 추정하고 있다. 이 과정을 통해 계획과 준비 활동이 촉발된다. 감지·반응·적응하는 이들 능력 덕분에 스타벅스는 복잡하고 역동적인 글로벌 경제에서 성장할 수 있었다.

인텔의 전 CEO 앤드루 그로브Andrew Grove의 말처럼 글로벌 경쟁의 증가로 "오직 편집광만이 살아남게 되었다." 인터넷 덕분에 고객과 소비자들은 거의 모든 제품의 범주에서 히트 상품을 찾아낼 수 있게 되었다. 그리고 글로벌 공급망은 전례 없는 규모로 이들 제품을 배송해 주고 있다. 게다가 주주와 비용을 감축하는 고객으로부터 오는 재무적 압박으로 기업은 추가 재고, 여유 생산능력과 같이 만일에 대비한 여분을 추구하기보다는 군살 없는 JIT 운영을 향해 지속적으로 나아가고 있다. 준비되지 못한 기업에 공급망 중단은 존재에 대한 위협을 의미하게 되었다.

세계는 가속적인 대규모 중단과 상상조차 못했던 '예측 불가능한 위기'를 경험하고 있다. 세계 인구는 증가하고 있으며, 특히 급성장하는 수십억 소비자들은 지구 자원을 압박하고 있다. 이 같은 장기적 변화 추세를 고려할 때 위협은 줄어들 것 같지 않다. 게다가 이 압력들은 정치적 소요, 안보 우려, 경제적 위기와도 관계되어 있다. 또한 복잡한 도시 복합체로 사람들이 이주하며 만들어진 집중된 경제 밀도는 자연재해, 감염병 대유행으로 인한 경제적 손실 증가에 기여하고 있다.

'창조적 파괴'의 속도는 가속하고 있다. 세상 모든 기업들에 가장 크지만 잘 인식하고 있지 못한 위협 중 하나는 차세대 대박 상품과 연례적 원가 절감에 사로잡혀 스스로 정체하게 되는 위험일 것이다. 글로벌 경쟁, 기술적 진보, 변화하는 사회적 책임 기준, 규제 등에 직면해 있는 기업은 진부해진 제품과 사업 부문을 교체하기 위해서라도 지속적으로 성장을 추구해야만 한다. 블랙 스완과 창조적 파괴가 넘쳐나는 이 환경에서 기업의 번성은 사실상 생존까지도 회복탄력성에 의해 결정될 것이다.

리스크를 활용해 '중단'이 판매·시장 점유·이익의 증가를 가져오도록 만들 수도 있다. 중단은 '불타는 갑판' 없이는 가능하지 않았을 중대한 변화(조직, 공정의 개선 등)의 실행 기회를 만들어준다. 특별히 잘 대비되어 있고 즉각 대응하는 기업은 덜 준비되어 있는 기업들이 할 수 없는 것들을 공급할 태세가 되어 있을 것이다. 경쟁자에 비해 회복탄력적이 되기, 중단 예방 더 잘하기, 더 효과적으로 파급 영향 줄이기, 중단 후 희소 공급 물량을 더 신속하게 통제하기 등을 통해 기업은 산업을 지배할 수 있다.

자연적·우연적·고의적 중단을 감지·예방·대응할 수 있는 기업은 공급의 지속성을 확보함으로써 히트 제품을 최대할 활용할 수 있다. 회복탄력성은 예측할 수 없는 중단에 직면한 경우에도 경쟁할 수 있도록 기업들을 도와준다. 조직에 불어넣어진 경계성과 즉각적 대응력, 유연함 덕분에 예기치 못한 사건을 신속하고 효과적으로 감지하고 대응할 수 있기 때문이다. 회복탄력성은 단순히 다시 회복해 돌아오는 것 이상을 의미한다. 회복탄력성을 창출하는 활동들은 공급망의 양방향에서 협력·조정·커뮤니케이션의 개선 또한 만들어낸다. 회복탄력성은 가능성이 풍부한 미래로 약진하기 위한 전략이 될 수 있다.

리질리언스 인덱스 진단해 보기

다음은 현재의 리질리언스 수준을 고려할 때 참고할 수 있는 비공식적인 지침이다. 과학적 방법에 근거한 진단이라기보다는 사고 체계를 구조화해 보고 현재의 조직·기업의 상황과 역량을 논의할 수 있는 하나의 도구로 제시한다. 이 도구는 어느 부분·영역에서 개선이 필요한지를 짚어내는 데 유용하게 활용할 수 있는데, 앞에서 논의한 '기업 리질리언스 실천 액션 플랜 9'를 영역별로 1~5까지의 척도로 평가해서 간단히 완성할 수 있다. 또한 주기적으로 점검하며 조직의 리질리언스 역량의 개선 추이를 파악하고 향후 전략 방향을 세우는 데 쓰일 수 있다.

1~5까지의 점수가 의미하는 바는 다음과 같다. 리질리언스 역량 부족(Level 1), 일부 능력 보유(Level 2), 중간 수준 역량(Level 3), 상당한 준비 및 역량 확보 수준(Level 4), 높은 수준의 리질리언스 보유(Level 5).

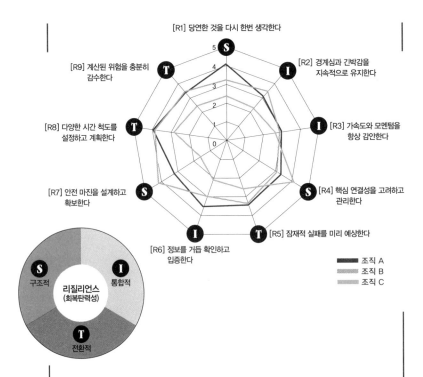

[R1] 당연한 것을 다시 한번 생각한다

[R9] 계산된 위험을 충분히 감수한다

[R2] 경계심과 긴박감을 지속적으로 유지한다

[R8] 다양한 시간 척도를 설정하고 계획한다

[R3] 가속도와 모멘텀을 항상 감안한다

[R7] 안전 마진을 설계하고 확보한다

[R4] 핵심 연결성을 고려하고 관리한다

[R6] 정보를 거듭 확인하고 입증한다

[R5] 잠재적 실패를 미리 예상한다

조직 A
조직 B
조직 C

구조적 / 통합적 / 리질리언스(회복탄력성) / 전환적

수준 예시

● 리질리언스 역량 부족(Level 1): 리스크에 임시변통으로 대응하고, 반복되는 문제에 대한 대처에 일관성이 없으며, 과거 경험으로부터 교훈을 거의 얻지 못한다.

● 리질리언스 일부 능력 보유(Level 2): 부정적 사건이나 기회에 대해 임직원 개개인 차원에서 대응하고(조직적 대응이 미흡하다), 경영진의 역할이 매우 제한적이며, 하나의 위기가 또 다른 위기로 이어지거나 다수의 위기를 경험할 가능성이 크다.

● 중간 수준의 리질리언스 역량 유지(Level 3): 경영

진 주도로 대응하고, 공식적 체계가 유지되며, 사전 대응보다는 대부분 사후 대응 측면이 강하다.

● 상당한 준비 및 역량 확보 수준(Level 4): 부정적이거나 기회가 되는 이벤트에 대해 사전 예방적인 대응이 가능하고, 리스크와 기회를 시의적절하고 신속하게 보고하며, 하향식 의사소통뿐 아니라 상향식 의사소통에도 능숙하다.

● 매우 높은 수준의 리질리언스 보유(Level 5): 중요한 리스크와 가치 요인이 중요한 비즈니스 의사 결정 과정에 내재화되었으며, 높은 수준의 경계와 대비 수준을 유지한다. 비즈니스 환경과 사업 내의 잠재적 변화 신호를 효과적으로 감지하고, 생존과 성장을 균형 있게 유지해가는 지속 가능한 비즈니스 모델과 리스크 관리 체계를 운영한다.

'넥스트 노멀' 시대의 기업 면역 체계, 리질리언스를 키워라

루이스 캐럴Lewis Carrol의 동화 《이상한 나라의 앨리스》의 속편인 《거울 나라의 앨리스》에서는, 앨리스가 붉은 여왕과 함께 나무 아래에서 계속 달리는 장면이 나온다. 앨리스는 숨을 헐떡이며 붉은 여왕에게 묻는다. "계속 뛰는데, 왜 나무를 벗어나지 못하나요? 내가 살던 나라에서는 이렇게 달리면 벌써 멀리 갔을 텐데." 붉은 여왕은 이렇게 대답한다. "여기서는 힘껏 달려야 제자리야. 나무를 벗어나려면 지금보다 2배는 더 빨리 달려야 해." 거울 나라는 한 사물이 움직이면 다른 사물도 그만큼의 속도로 따라 움직이는 매우 특이한 나라였던 것이다.

경쟁이 시장의 모든 기업을 더 강하게 만든다는 이 '붉은 여왕 가설red queen hypothesis'은 성과를 높이려 노력하는 기업은 일순간 시장의 승자가 될 수 있지만 그 지위는 실패를 만회하고자 더 분발하는 패자나 경쟁자의 위협으로부터 자유로울 수 없다는 내용으로 경영학에서도 자주 언급된다.

성공한 기업도 어느 시점에서는 실패를 했으며, 실패의 원인은 9가지 기업 리질리언스 액션 플랜에서 제시하는 원칙을 지키지 못하여 발생하는 결함과 요인에서 발견될 수 있다. 특정 상황에서 이런 결함들은, 개별적으로 또는 다른 결함과 결합되어, 기업을 위기에 빠뜨리거나 몰락시킬 수 있다. 당신의 기업의 '리질리언스 역량'은 과연 얼마일까? 혹시 당신의 기업, 당신의 조직이 다음과 같이 행동하고 있지는 않은지, 그간 조직 문화 내에 팽배해 있던 것은 아닌지 숙고해 보면 문제가 있는 부분을 짚어내는 데 유용할 것이다.

첫째, 잘못된 가정에 의존하고 있지는 않은지 살펴보아야 한다. 당연한 듯한 가정을 다시 한번 확인하고 기업에 절호의 기회가 될 수 있는 '블랙 스완'을 찾아야 한다.

둘째, 지속적인 주의와 관심이 부족하지 않은지 점검해야 한다. 운영 환경에서의 리스크 징후 감지를 통해 위협과 기회에 대한 높은 경계 수준을 유지해야 한다.

셋째, 속도와 모멘텀 요소를 간과하고 있지는 않은지 살펴보아야 한다. 리스크 발생 가능성에만 집중할 것이 아니라 그 파급 속도와 충격에서 회복하는 속도까지 고려해야 한다는 말이다.

넷째, 비즈니스에서 중요한 연관성과 복잡성 관리를 하지 않고 있는지 면밀히 살펴봐야 한다. 즉 시스템적 사고를 기반으로 기업 생존 가능성을 개선할 수 있는 핵심 연결망과 공급망을 관리해야 한다.

다섯째, 잠재적 실패를 미리 예상하지 못하고 있는 것은 아닌지 판단해야 한다. 비즈니스상의 실패 가능성은 반드시 사전에 식별하고 적시에 의사소통해야 한다.

여섯째, 검증되지 않은 정보에 의존하고 있지는 않은지 주의해야 한다. 비즈니스 의사 결정을 할 때 판단의 기준이 되는 중요한 정보의 출처와 해당 정보를 끊임없이 의심하고 검증해야 한다는 의미다.

일곱째, 안전 마진을 적절하게 유지하고 있는지 살펴보아야 한다. 비상시에 대비한 플랜B, 즉 안전 마진을 반드시 고려하고 확보해야 한다.

여덟째, 지나치게 단기 성과에 의존하고 있지는 않은지 살펴보아야 한다. 경쟁력 제고와 지속가능성 등 장기적인 관점에서 투자 기간을 설정해야 단기적 생존은 물론 장기적 성장까지 담보할 수 있기 때문이다.

아홉째, 적절한 리스크를 충분히 수용하지 못하고 있는지 점검해 보아야 한다. 치밀하게 계산된 적절한 리스크는 회피하지 말고 충분히 감수해야 가치를 창출하고 기회를 잡을 수 있다.

그리고 운영의 기본 원칙과 기준 없이 행동하고 있지는 않은지 살피는 것 역시 아주 중요하다. 지속적인 성공에는 원칙과 규율이 반드시 필요하다. 비즈니스 운영의 기본을 반드시 지키고 지속적으로 유지해야 한다.

이러한 결함 요인을 기준으로 리질리언스 역량 진단을 하여 사고 체계를 구조화해 보라. 현재의 비즈니스 운영에서 당신의 기업의 리스크, 즉 X 요인들을 어떻게 바라보고 있고, 이에 대해 무엇을 어떻게 행동하고 대비하고 있는지 논의하는 데 좋은 도구가 될 것이다. 어떤 방향으로 진행할 것인지를 결정하기 전에 현재의 위치를 먼저 판단해 보는 것은 어떨까?

최근 몇 년간 '파괴disruption'라는 말은 기업 비즈니스에서 유행어가 되었다. '파괴'는 어떤 혁신이 기존 사업자들의 몰락을 야기하는 새로운 시장이나 비즈니스 모델을 창조할 때 발생한다. 파괴적 혁신disruptive innovation, 창조적 파괴creative disruption와 같은 헤드라인이나 주제어가 비즈니스 세계에서 자주 등장하다 보니 이제는 '파괴'를 '혁신'의 동의어로 여기는 것도 매우 자연스러워졌다. 물론 파괴만이 기업의 혁신, 성장을 위한 유일한 해법은 아닐 것이다. 또한 인공지능, 빅데이터, 로봇공학, 사물인터넷 등과 같은 4차 산업혁명 기술을 무조건 도입해야 하는 것도 아닐 수 있다. 그러나 블랙 스완과 창조적 파괴가 넘쳐나는 비즈니스 환경에서 세상 모든 기업에게 해당되는 중요한 사실이 있다. 진부해진 제품과 사업에 대해 변화하지 않고 스스로 정체되는 위험이 가장 크지만 잘 인식하지 못한다는 것이다.

그 유명한 노벨상을 비롯해 퓰리처상, 간디상 등 세계적 위인들의 이름을 딴 권위 있는 상이 많다. 그런데 위인의 이름을 딴 상 중에 '다윈상Darwin Awards'이라는 것이 있다. (독자 여러분은 아마도 거의 모르시겠지만) "가장 강하거나 가장 똑똑한 종이 아니라, 변화에 가장 잘 적응하는 종이 생존한다"는 적자생존의 원칙으로 유명한 찰스 다윈Charles Darwin의 진화론과 관련된 상은 맞다. 그러나 다른 상들과 차이가 있다면 전혀 명예롭지 않은 상이라는 점이다. 1985년부터 수상자를 배출해왔지만 우리가 알 만한 사람은 전혀 없다고 봐도 무방하다.

다윈상(www.darwinawards.com)에는 엄청나게 잘못된 선택으로 스스로를 죽음으로 몰아간 사람들의 이야기가 소개되어 있다. 아직 기업 버전으로 나오지는 않았지만, 만약 기업에도 적용한다면 망한 기업 중 이런 불명예한 상을 차지할 후보 기업이 많다. 충분히 예측할 수 있었던 리스크를 무시하거나 예상했던 리스크를 제대로 관리하지 못하여, 다윈상의 강력한 후보가 되려는 기업들은 앞으로도 계속 있을 것이다. 반대로 리스크를 극도로 회피해서 성장할 수 있는 좋은 사업 기회를 날려 버리는 사례도 마찬가지로 적지 않을 것이다.

기업이 당면하는 모든 리스크를 완벽하게 예방할 수 없다는 것을 우리는 잘 알고 있다. 그러나 '리질리언스 역량'이 이미 높거나 아니면 이를 높이기 위해 노력하고 학습하며 준비하는 기업은, 리스크와 위기 관리, 즉 리질리언스 경영에 실패해서 스스로를 파산에 이르게 하는, 다시 말해 다윈상의 후보에 오를 가능성을 크게 낮출 수 있다.

글로벌 자동차 기업 GM(제너럴모터스)에서는 그간 GM이 겪은 대형 이벤트의 알파벳 글자를 가지고 프로젝트 이름을 부여한다. '프로젝트 D'는 2005년 자회사 델파이의 파산 사태, '프로젝트 J'는 2011년 동일본 대지진, '프로젝트 T'는 2011년 말 태국 대홍수, '프로젝트 E'는 2012년 핵심 공급업체였던 에보닉 공장 화재, 그리고 '프로젝트 S'는 2012년 허리케인 샌디였다. 대부분 GM의 글로벌 공급망을 심각하게 교란·중단시키고 위기상황으로 몰고 간 프로젝트인데, 이는 GM 조직 내부에 돈으로 살 수 없는 학습 기회를 제공했다고 한다. GM의 한 임원은 프로젝트 J를 회고하면서 "솔직히 프로젝트 D를 경험하지 못했다면, 우리는 더 많은 위기로 어려움을 겪었을 것입니다. 일단 한 번 위기를 겪고 나면 이후 모든 상황에 대해 매우 창조적이고 능동적으로 변해 있는 자신을 발견하게 될 것입니다"라고 했다. 코로나19 사태 대응 경험을 '프로젝트 C'로 명명하고 앞으로의 비즈니스 불확실성을 대비하는 회복탄력적 기업이 되어야 할 것이다.

다시 한번 생각해 보자. 필수 요소 없이 얼마 동안 당신의 회사가 살아남을 수 있는가? 즉 최대로 허용 가능한 수준은 어디까지이고, 어느 정도의 비상 상황까지 대비해야 하는가? 이런 고민 역시 리질리언스가 뒷받침되어야 의미가 있다. 이러한 역량을 점검하고 확보하기 위해 실제로 최악의 상황을 상정하고 생존을 위해 당신의 회사가 어떻게 대응하고 조치를 해야 하는지 임직원이 모두 모여 모의 훈련을 해볼 것을 권고한다. 워크숍과 모의 훈련을 준비하면서 9가지 리질리언스 렌즈, 고신뢰 조직의 다섯 가지 특징, 비즈니스 상호작용을 이해하고 기업 생존의 필수 요소를 찾는 SIPOC 분석, 그리고 글로벌 공급망 리스크와 기업 취약점 등 지금까지 제시한 사항들을 점검하면서 당신의 회사에 맞는 방어 기제와 면역 체계를 수립하는 기회가 되기를 바란다.

주

들어가며 위기를 기회로 바꾸는 리질리언스 경영

1 "회복탄력성이 중요한 이유", 〈하버드비즈니스리뷰〉, 마틴 리브스 · 케빈 위테이커, 류종기 옮김, 2020.7.28, https://www.hbrkorea.com/article/view/atype/di/article_no/245/page/1("A Guide to Building a More Resilient Business," *Harvard Business Review*, July 2020).

2 https://intelligence.weforum.org/topics/a1G0X000006O6EHUA0?tab=publications.

3 Martin Reeves and Raj Varadarajan, "When Resilience Is More Important Than Efficiency", Boston Consulting Group, Jan. 30, 2020, https://www.bcg.com/publications/2020/resilience-more-important-than-efficiency.aspx.

4 "지금 필요한 컨틴전시 플랜은 | 현금 챙기고 공급망 · 사업 · 채널 다각화 최악도 가정…계획 연연 않고 유연한 대응", 〈매경이코노미〉, 2020.3.27, http://news.mk.co.kr/v2/economy/view.php?year=2020&no=317463.

5 https://intelligence.weforum.org/topics/a1Gb0000000pTDXEA2?tab=publications.

1장 코로나 시대, 그 이후

1 "From thinking about the next normal to making it work: What to stop, start, and accelerate," https://www.mckinsey. com/featured-insights/leadership/from-thinking-about-the-next-normal-to-making-it-work-what-to-stop-start-and-accelerate.

2 "점점 확산하는 비대면 업무…中企도 남의 일 아니다", 〈중소기업뉴스〉, 2020.8.14, http://news.kbiz.or.kr/news/articleView.html?idxno =71199.

3 "지금 우리에게 필요한 '팬데믹 플랜'은?", 〈휴넷CEO〉 '극한 환경에서의 경영 전략: 리질리언스,' 2020.4, https://ceo.hunet.co.kr/Contents/Conte ntsView?goodsId=Y00134949.

4 Yossi Sheffi, "Supply-Chain Risks From Coronavirus Demand Immediate Action", *Wall Street Journal*, Feb. 18, 2020, https:// www.wsj.com/articles/commentary-supply-chain-risks-from-the-coronavirus-demand-immediate-action-11582054704.

5 "Against the Pandemic 최선을 바라되 최악에 대비하라", 〈동아비즈니스리뷰〉, 코로나19 특집호; "Pandemic Planning: 코로나로 기업이 '다운'되지 않으려면 1: 대면 위주 업무 재편성 계기 삼고 최악 상황 고려한 시나리오로 상시 대비", 〈동아비즈니스리뷰〉, 2020.3, 293호, https://dbr.donga. com/article/view/1203/article_no/9533/.

6 "제품 설계부터 기민성을 포함하고 신입사원부터 유연성 교육해라", 〈동아비즈니스리뷰〉, 2016.3, 196호, https://dbr.donga.com/article/pop_print/1201/article_no/7474.

7 "글로벌 공급망 위기, 제대로 알고 대비하라", 〈휴넷CEO〉 '극한 환경에서의 경영전략: 리질리언스', 2020.5, https://ceo.hunet.co.kr/Contents/ContentsView?goodsId=Y00136135.

8 "[월간대담] 요시 셰피 MIT대 교수, 중소기업, 생존·성장 '두 토끼' 잡으

려면 리질리언스 키워라", 〈중소기업뉴스〉, http://news.kbiz.or.kr/
news/articleView.html?idxno=42470; Yossi Sheffi, *The Power of
Resilience: How the Best Companies Manage the Unexpected*.

9   "넥스트 노멀에 대비하라", 〈휴넷CEO〉 '극한 환경에서의 경영전
    략: 리질리언스', 2020.6, https://ceo.hunet.co.kr/Contents/
    ContentsView?goodsId=Y00137712.

10 요시 셰피 〈월스트리트저널〉 특별 기고 "공급망·비즈니스 운영메커니즘 근
    본적 재검토는 더 이상 시기상조 아니다", 〈중소기업뉴스〉, 2020.3, http://
    news.kbiz.or.kr/news/articleView.html?idxno=65676.

11 "[기획 칼럼] 코로나 위기가 준 마지막 리허설 기회, 지속가능성", 〈중소
    기업뉴스〉, 2020.6.15, http://news.kbiz.or.kr/news/articleView.
    html?idxno=68612; Jenny Davis-Peccoud, Jean-Charles van den
    Branden, "Covid-19 Gives Sustainability a Dress Rehearsal",
    Apr. 17, 2020, https://www.bain.com/insights/covid-19-gives-
    sustainability-a-dress-rehearsal/.

12 "'新 비즈니스 질서' 따라잡는 리더가 살아남는다", 〈중소기업뉴스〉,
    2020.4.27, http://news.kbiz.or.kr/news/articleView.html?idxno
    =66675.

13 James Allen, "When and How Should Leaders Retool for a
    Post-Coronavirus World?," Apr. 20, 2020. https://www.bain.
    com/insights/when-and-how-should-leaders-retool-post-
    coronavirus-fm-blog/.

2장 코로나19 위기에서 배우는 경영전략

1   "Emerging Strategy Lessons from COVID-19," BCG Henderson
    Institute, Apr. 12, 2020, https://bcghendersoninstitute.com/
    emerging-strategy-lessons-from-covid-19-c1e5f9a7ba83;
    "'회복 탄력성' 키우는 마중물은 소통·혁신·상상력·협업·도전", 〈중소기
    업뉴스〉, 2020.4.20, http://news.kbiz.or.kr/news/articleView.
    html?idxno=66451.

2   François Candelon, "How Scenarios Can Help Companies

Win the COVID-19 Battle," Apr. 23, 2020, https://www.bcg.
com/publications/2020/win-covid-19-battle-with-scenarios.
aspx; "코로나19 충격 최소화할 경영전략 '시나리오'를 만들어라", 〈중소
기업뉴스〉, 2020.5.11, http://news.kbiz.or.kr/news/articleView.
html?idxno=67141.

3 "회복탄력성(Resilience)이 중요한 이유", 〈하버드비즈니스리뷰코리아〉, 마
틴 리브스, 케빈 위테이커, 2020.7.28, https://www.hbrkorea.com/
article/view/atype/di/article_no/245/page/1.

4 "위기 대응, 고신뢰 조직에서 배워라", 〈휴넷CEO〉 '극한환경에서의 경
영전략: 리질리언스', 2020.7, https://ceo.hunet.co.kr/Contents/
ContentsView?goodsId=Y00140147.

5 "당연한 것을 지키는 것, 사고 예방의 출발", 〈동아비즈니스리뷰〉, 2014.
5, 153호, https://dbr.donga.com/article/view/1101/article_
no/6429/.

6 Fran ois Candelon, "How Scenarios Can Help Companies
Win the COVID-19 Battle," Apr. 23, 2020, https://www.bcg.
com/publications/2020/win-covid-19-battle-with-scenarios.
aspx; "코로나19 충격 최소화할 경영전략 '시나리오'를 만들어라", 〈중소
기업뉴스〉 2020.5.11, http://news.kbiz.or.kr/news/articleView.
html?idxno=67141.

7 "Organizational Resilience: A summary of academic evidence,
business insights and new thinking by BSI and Cranfield School
of Management," https://www.bsigroup.com/LocalFiles/EN-HK/
Organisation-Resilience/Organizational-Resilience-Cranfield-
Research-Report.pdf.

8 "'新 비즈니스 질서' 따라잡는 리더가 살아남는다", 〈중소기업뉴스〉,
2020.4.27, http://news.kbiz.or.kr/news/articleView.html?
idxno=66675.

9 Martin Reeves and Jack Fuller, "CRISIS MANAGEMENT We Need
Imagination Now More Than Ever," Harvard Business Review,
Apr. 10, 2020, https://hbr.org/2020/04/we-need-imagination-
now-more-than-ever; "포스트 코로나 시대, 넥스트 노멀에 대비하는 자
세", 〈미디어허브〉, 2020.5.29, https://gscaltexmediahub.com/story/

post-corona-next-normal/.

10 "'新 비즈니스 질서' 따라잡는 리더가 살아남는다", 〈중소기업뉴스〉,
2020.4.27, http://news.kbiz.or.kr/news/articleView.html?
idxno=66675.

2부 극한 경영 환경, 생존과 성장 전략 '리질리언스'

3장 리질리언스 프레임워크 9

1 "포스트 코로나 시대의 생존 조건, '상상도 할 수 없는 위험'에 대비하라",
〈동아비즈니스리뷰〉, 2020.5. 297호, https://dbr.donga.com/article/
view/1203/article_no/9606.

4장 기업 리질리언스 실천 액션 플랜 9

1 4장에서 소개하는 '기업 리질리언스 실천 액션 플랜 9'는 *Surviving
and Thriving in Uncertainty: Creating The Risk Intelligent
Enterprise*(by Frederick Funston and Stephen Wagner, Wiley)의 10가
지 원칙을 재해석하여 정리하고, 〈휴넷CEO〉에 'X를 경영하라' 시리즈로 강
의한 내용을 주로 담았다. "당연한 것을 다시 한번 생각하라", 〈휴넷CEO〉,
2019.06, https://ceo.hunet.co.kr/Contents/ContentsView?goods
Id=Y00114324.

2 "위기 속 기업 생존과 성장 전략, 듀폰", 〈휴넷CEO〉, 2019.5, https://ceo.
hunet.co.kr/Contents/ContentsView?goodsId=Y00111699.

3 "경계를 늦추지 마라", 〈휴넷CEO〉, 2019.7, https://ceo.hunet.co.kr/
Contents/ContentsView?goodsId=Y00115067.

4   "속도와 모멘텀 요소를 고려하라", 〈휴넷CEO〉, 2019.7, https://ceo. hunet.co.kr/Contents/ContentsView?goodsId=Y00116730.

5   Mark White and Jonathan Copulsky, "Brand resilience: Protecting your brand from saboteurs in a high-speed world", Deloitte, Jul. 1, 2011, https://www2.deloitte.com/us/en/insights/ deloitte-review/issue-9/brand-resilience.html; "[매니지먼트] 명성 관리는 어떻게", 〈중소기업뉴스〉, 2020.9.14, http://news.kbiz.or.kr/ news/articleView.html?idxno=36623.

6   "핵심 연결망을 관리하라", 〈휴넷CEO〉, 2019.8, https://ceo.hunet. co.kr/Contents/ContentsView?goodsId=Y00117256.

7   Willy C. Shih, "Global Supply Chains in a Post-Pandemic World: Companies need to make their networks more resilient. Here's how," *Harvard Business Review Magazine*, Sep/Oct 2020.

8   "실패의 원인을 예측하라", 〈휴넷CEO〉, 2019.9, https://ceo.hunet. co.kr/Contents/ContentsView?goodsId=Y00117894.

9   "정보 원천을 검증하고 철저히 확인하라", 〈휴넷CEO〉, 2019.10, https:// ceo.hunet.co.kr/Contents/ContentsView?goodsId=Y00118473.

10 "위험가능성 인지부터 첫 피해까지…'발견 리드타임'을 현명하게 보내는 법", 〈동아비즈니스리뷰〉, 2015.11, 189호, https://dbr.donga.com/article/ view/1401/article_no/7303/.

11 "Future of risk in the digital era: Transformative change. Disruptive risk," *Deloitte*, https://www2.deloitte.com/us/en/ pages/advisory/articles/risk-in-the-digital-era.html.

12 "안전 마진을 유지하라", 〈휴넷CEO〉, 2019.10, https://ceo.hunet. co.kr/Contents/ContentsView?goodsId=Y00118928.

13 "'다이내믹 리질리언스: 민감성·민첩성' 창조적 파괴 시대의 생존 필수 비법", 〈동아비즈니스리뷰〉, 2017.3, 220호, https://dbr.donga.com/ article/view/1203/article_no/8010/.

14 "목표 기간을 설정하라", 〈휴넷CEO〉, 2019.11, https://ceo.hunet. co.kr/Contents/ContentsView?goodsId=Y00121039.

15 "적절한 리스크는 충분히 감수하라", 〈휴넷CEO〉, 2020.1, https://ceo. hunet.co.kr/Contents/ContentsView?goodsId=Y00124945.

16 "운영의 기본 원칙을 반드시 지켜라", 〈휴넷CEO〉, 2020.2, https://ceo.

hunet.co.kr/Contents/ContentsView?goodsId=Y00126665.

나가며 넥스트 노멀 시대의 기업 면역 체계, 리질리언스를 갖추어야 하는 이유

1   "[월간대담] 요시 셰피 MIT대 교수, 중소기업, 생존 · 성장 '두 토끼' 잡으
      려면 리질리언스 키워라", 〈중소기업뉴스〉, http://news.kbiz.or.kr/
      news/articleView.html?idxno=42470; Yossi Sheffi, *The Power of
      Resilience: How the Best Companies Manage the Unexpected*,
      https://mitpress.mit.edu/books/power-resilience; "[포스트 코로나
      직격 인터뷰] 中企 생존하려면 내년 하반기까지 대체 공급망 발굴해야',
      〈중소기업뉴스〉, 2020.9.5, http://news.kbiz.or.kr/news/articleView.
      html?idxno=68991.

RESILIENCE 9

넥스트 노멀, 위기를 기회로 만드는 기업의 생존 전략
리질리언스 9

1판 1쇄 인쇄 2020년 11월 4일
1판 1쇄 발행 2020년 11월 11일

지은이 류종기
펴낸이 고병욱

책임편집 장지연 **기획편집** 윤현주 유나경
마케팅 이일권 한동우 김윤성 김재욱 이애주 오정민
디자인 공희 진미나 백은주 **외서기획** 이슬
제작 김기창 **관리** 주동은 조재언 **총무** 문준기 노재경 송민진

펴낸곳 청림출판(주)
등록 제1989-000026호

본사 06048 서울시 강남구 도산대로 38길 11 청림출판(주) (논현동 63)
제2사옥 10881 경기도 파주시 회동길 173 청림아트스페이스 (문발동 518-6)
전화 02-546-4341 **팩스** 02-546-8053
홈페이지 www.chungrim.com
이메일 cr1@chungrim.com
블로그 blog.naver.com/chungrimpub
페이스북 www.facebook.com/chungrimpub

ⓒ 류종기, 2020

ISBN 978-89-352-1333-7 03320